Phyllida Anam-Áire · Keltische Weisheit im Alltag

Phyllida Anam-Áire

Keltische Weisheit im Alltag

Übersetzung aus dem Englischen: Wulfing von Rohr

ENNSTHALER VERLAG STEYR

Titel der englischen Originalausgabe
„Celtic Wisdom and Contemporary Living"
© Phyllida Anam-Áire 2007
First published by Findhorn Press, Scotland

www.ennsthaler.at

ISBN 978-3-85068-770-6

Inhalt

3. Natürliche und dysfunktionale Emotionen

4. Öffnung für Gnade

5. Archetypen der Göttin

9. Der heilige keltische Kalender

10. Die Zyklen von Tag und Nacht

11. Durchgänge und Verwandlungen

12. Versammelt sein

Anhang

Widmung

Dieses Buch widme ich allen von uns, die sich täglich über die Beharrung unseres Erdengemüts erheben, das uns sicher, beschützt und klein halten will. Mögen wir lernen, Liebe aus dem universellen Herzen der reinen Liebe zu empfangen und auch von dort aus zu geben.

Mögen die Arme der Großen Mutter
dich in ihrer weichen Umarmung wiegen.
Möge sie, die vom Kampf des Lehms in dir weiß,
dir einen warmen Atemhauch auf deine Augenbrauen hauchen.
Möge ihre rechte Hand, die dich hält,
mit federweicher Berührung deine Tränen abwischen.
Und möge ihr sanftes Lächeln auch die verschlossensten Teile in
dir öffnen für die Freude und andere vergessene Melodien des
reinen Entzückens.
Seá

Vorwort

Wir leben in einer modernen Welt, die sehr vom Denken und von technologischen Errungenschaften bestimmt wird. Diese Entwicklung hat uns dazu geführt zu meinen, dass es nicht notwendig ist, die Kräfte des Universums in uns zu entdecken und zu nutzen. Wir haben die innere, seelische Welt in ihrer Beziehung zur äußeren, natürlichen Welt irgendwie verloren oder vergessen. So oft haben wir versäumt, die Verbindung mit den tieferen Kräften aufrechtzuerhalten, mit den Vögeln, die sich hoch in den Himmel erheben, mit den Winden, die ihre Existenz durch Heulen unter Beweis stellen, mit den Bergen, welche die Geschichten der Vergangenheit in sich tragen, mit den Blumen, die ihre Überfülle an Farben und Düften mit uns teilen. Wo in uns findet heutzutage die Bestätigung und Verankerung dieses Lebens der Fülle statt, wo gibt es noch die rituelle Integration der Liturgie der Jahreszeiten, aber auch des täglichen Wechsels von Tag zu Nacht und wieder zum Tage? Wo werden diese Übergänge, die uns einst heilig waren, noch gefeiert? Wir achten diese Verbindung, die wir früher noch kannten, heute nicht mehr; wir schätzen die Lehrer, welche Weisheit für unser Leben übermittelten, nicht mehr. Wir feiern das ganze Leben nicht mehr und wir nehmen auch Krankheit und Tod nicht mehr als einen Teil unserer schöpferischen Reise an, die auch darin eine Bedeutung findet.

Wir haben im Grunde genommen unsere Existenz trivialisiert, weil wir ein Gespür für unsere Seele verloren haben. Ohne die Hilfe durch unsere Seele können wir in Zeiten der Krisen unsere eigene Kraft nicht bewahren. Wir wissen dann nicht, wo unsere Kraftquelle ist. Die Welt, die wir uns selbst erschaffen haben, sowohl innerlich wie äußerlich, kann uns nicht weiterbringen, wir müssen umkehren, wir müssen erwachen und wieder für den Ruf unserer Seele empfänglich werden.

Global und als Individuen sind wir geradezu süchtig nach Entwicklung durch Kampf und häufig werden wir vom Glaubensmuster beherrscht, dass „das ganze Leben ein einziges Leiden" sei. Das ist

jedoch nicht, was die Seele für uns und von uns will. Wenn wir aus
der Seele leben, dann gibt es kein Leiden, weil uns gezeigt wird, wie
wir uns von Schmerzen lösen können, wenn wir sie erst einmal ganz
angenommen haben. Leiden ist das Haften unseres verängstigten
Erdengemüts an Schmerzen. Die moderne Psychologie fördert die
Tradition der Entwicklung durch Kampf, weil auch sie die Verbindung mit der Seele verloren hat. Die falsche Annahme besteht darin
zu meinen, dass Schmerz ein notwendiger Anreiz für Wachstum sei,
anstatt zu erkennen, dass Schmerz ein letzter Versuch der Seele ist,
unsere Aufmerksamkeit zu erringen, wenn alles andere fehlgeschlagen
ist. Und doch gibt es eine Alternative zum alten Weg des Kriegers;
der Weg der Angst, des Kampfes und der Konflikte ist nicht unsere
einzige Option. Wenn wir uns auf das keltische Bewusstsein einlassen,
dann werden wir uns auf eine faszinierende innere Reise begeben, bei
der unsere Seelen ihre Lieder der Liebe singen und die Geschichten
unserer Leben flüstern.

Wenn du die Seiten dieses Buches mit deinem eigenen Geheimnis
belebst, wirst du feststellen, wie sich dein Bewusstsein öffnet und ausdehnt. Du wirst deine eigene innere Kraft, deine Autorität und dein
Kraftzentrum entdecken. Ein mahnender Hinweis: Du musst die Erfahrung des keltischen Bewusstseins wirklich leben. Nur darüber zu
lesen, und sei es noch so viel, wird nichts verändern. Du musst das
Leben aufs Spiel setzen, du musst Beziehungen riskieren und dich
auf die Gefahr einlassen, albern zu erscheinen oder missverstanden zu
werden, und vor allem auch, nein zu sagen. Du musst dich auch für
das „Risiko" öffnen, die Freude zu erleben, Liebe zu geben und Liebe
zu empfangen, eine neue Sichtweise einzunehmen, dich selbst ganz
zu integrieren und deine Projektionen zurückzurufen. Diese Reise
nimmt dich tief in das Leben hinein, sie führt in dich selbst hinein
und sie geleitet dich zu Eigenverantwortung und Einsatzbereitschaft.
Wenn du den Mut aufbringst, das Leben zu führen, dessentwegen du
auf die Erde gekommen bist, so ist dieses Buch für dich richtig.
Ich habe den wahren Wert des keltischen Bewusstseins gelernt, wäh-

rend ich mein Leben mit Krebs im fortgeschrittenen Stadium lebe, weil meine Seele mir den Reichtum des täglichen Sterbens und des ganz erfüllten Lebens beigebracht hat.

Während du deine Reise durchführst, wird dir eine neue Schönheit offenbart, mit deren Hilfe deine Lebensäußerungen und ihre Formen eine Art von Dichtung sein werden. Du wirst sowohl zum Dichter als auch selbst zum Gedicht. Wenn du das Weltliche mit dem Heiligen integrierst, bricht Macht durch alle Dinge hindurch. Neue Welten warten auf dich, so wie sie mich erwartet haben. Ich empfehle dir, dich dieser heiligen Arbeit mit offenem Herzen zu nähern, mit gespannter Vorfreude und der Bereitschaft aufzunehmen, ein neues Seelenlied hervorzubringen.

Hannah Cunnigham, Schottland, 28. Januar 2006

Einleitung

Wer bin ich?

Wer bin ich,
das deinen Träumen Fleisch verleiht,
um ins Leben zu gelangen?
Das dir den Atem nimmt,
in deinem Lauf zu mir?

Wer bin ich,
das die Gezeiten in dir aufwühlt,
zu Fontänen, die als Regenbogen übersprühen
und deine hungernden Augen
mit dem Brot meiner Barmherzigkeit erfüllen?

Ah! Du Kind der angsterfüllten Sehnsucht,
lass mich deine Tränen bunt einfärben,
damit sie zu den roten Himmeln deiner Wünsche passen,
und lass die Umhüllung meines Mantels
des Todes dich ins Leben singen,
damit das ungestüme Pferd in dir
in der wilden Kraft
meiner Liebe gezähmt wird.

Brigit der Kelten

* * *

Jeder, der schon einmal eine Sehnsucht nach etwas empfunden
hat und nicht weiß, wie er sie nennen soll;
jede, die schon einmal gespürt hat, wie ihr Herz aufbricht und in
Angst oder in Ekstase wie neben ihr herzulaufen scheint;
jeder, der schon einmal das Salz seiner eigenen tiefen Trauer
geschmeckt hat, die seine Knochen brennen lässt;
jede, die schon einmal wie ausgetrocknet auf den gütigen Strom
der Barmherzigkeit gewartet hat, um ihren Durst zu stillen;
jeder und jede, die schon einmal den Tod selbst herbeigerufen ha-
ben, damit er sie endlich sicher umfängt, wird diese Worte nicht
analysieren müssen, um sie zu verstehen.
Diese Menschen haben sie schon gelebt.

* * *

Deine Seele ist es, die aufbricht und dir täglich statt eines kleinen
Bechers von Segnungen einen Kelch überfließender Fülle an-
bietet und dein karges Brot und Wasser gegen ein Bankett austauscht,
das einer Königin würdig ist. Die Seele gibt nie auf, sie verführt durch
Schönheit und Zärtlichkeit, durch Leid und Aufregung, durch schie-
res Entzücken und tiefsten Kummer. Sie öffnet weit jene Teile in dir,
die bis jetzt noch keinen Namen trugen, keine echte Identität besaßen, die vor Scham und Schuldgefühlen dahinwelkten, die nicht
mehr zu dir zu gehören schienen. Schließlich wird das arme, verwirr-
te Erdengemüt geschwächt und wenn das erst einmal geschehen ist,
kann es sich nur noch ergeben. Es hat nichts, womit es sich verteidi-
gen kann. Es kann nur mit zitternden Händen und Füßen kommen,
erschöpft vom langen, langen Winter der Unzufriedenheit, und sich
der Geliebten hingeben, wo die beiden eins werden, wo noch nicht
einmal der Tod sie trennen kann.

In dieser entscheidenden Zeit der Evolution der Menschheit wird es offensichtlich, dass wir nach einer sanften und wirksamen Spiritualität hungern. Durch viele Jahrhunderte hindurch sind wir den harschen und engen Regeln einer institutionalisierten, sogenannten „Mutter Kirche" unterworfen worden, deren Hauptziel darin bestand, ihre Kinder „im Namen des Vaters" zu kontrollieren und zu verdammen. Selbstverständlich infiltrierte diese Philosophie auch die sozialen und kulturellen Normen und angeblich zu „unserem eigenen Besten" versagten uns sowohl Kirche wie Staat eine gesunde Selbsterkenntnis und Selbstvertrauen, die beide aus guten Vorbildern erwachsen.

Wir müssen beide annehmen und bei uns aufnehmen: die Seele, welche Eigenschaften des Weiblichen besitzt, und Spirit, der Merkmale des Männlichen manifestiert. Wir brauchen sie beide. Unsere Neigung geht zum männlichen Spirit: Vernunft, verstehender Intellekt und Setzen von Zielen. Wir müssen jedoch auch unsere Seele kennenlernen. Wir erzeugen eine Spaltung, indem wir das „Spirituelle" in Gebet, Meditation, Einsicht und Schweigen abtrennen, und das „Seelenvolle" in äußerlichere Ausdrucksformen wie Gefühl, Kreativität sowie intuitive, spontane und sinnliche Bewusstheit. Eine solche Spaltung gibt es in Wahrheit nicht. Diese Trennung ist erst durch die religiöse Konditionierung der Kirchenväter entstanden.

Ich glaube, dass sich die Seele der Menschen besonders seit den sechziger Jahren erhoben und zurückgemeldet hat. Sie erlebt eine Wiederauferstehung. Sie fängt an, ihre eigene Herrlichkeit zu besingen, und verwendet dabei eine Sprache, die das Fleisch unseres Herzens berührt, und dem können wir uns nicht länger entziehen. Die Älteren unter uns sind verwirrt angesichts unserer Unfähigkeit, den alten Glaubensmustern noch vertrauen zu können. Irgendwie können viele unter uns die Antworten des Katechismus nicht in Übereinstimmung bringen mit den Erfahrungen unseres eigenen Blutes, Schweißes und unserer Tränen. Wir brauchen eine einfühlsamere und mitfühlendere Führung, die unsere Klagerufe und unsere Freudenschreie hört und uns nicht mit den Erfahrungen der Wildnis alleine lässt. Ich glaube zutiefst daran, dass die Wiederkunft der Liebe durch eine nährende und weiche Energie fließen wird. Es fühlt sich so an, als ob das „alte, hölzerne Kreuz" und das Insistieren auf der Unterjochung des Körpers den „Quellen des lebendigen Wassers", die in uns strömen, Platz macht. Die Form muss bereit sein, ihrem Lehmkörper zu erlauben, weicher zu werden, damit ein Herz aus Fleisch und Blut darin wirklich lebendig atmen kann. Die alten Denkmuster werden einer radikalen Transformation unterzogen, damit sie sich auf den Tanz der Paradoxe einlassen können, damit sie sich auch in der Unbestimmtheit zu Hause fühlen und damit in echter Alchemie aus dem Chaos eine neue Geburt erblüht.

Ich mache nicht den Vorschlag, zurück zum Matriarchat zu gehen. Es geht nicht darum, irgendwohin zurückzugehen, sondern um eine positive Beteiligung des Weiblichen bzw. der Seele oder Anima, im Unterschied zur Beharrung auf einem männlichen Gott mit einer männlichen Ideologie und männlicher Macht für eine männliche Bevölkerung. Brigit, diese vorchristliche, keltische Göttin, verkörpert heutzutage die Seelenenergie in den Herzen von Männern und Frauen. Für diesen großen Segen bin ich sehr dankbar. In diesem Buch möchte ich mich auf diese Energie ausrichten. Letztlich spielt der Name dabei gar keine Rolle, da die Kraft des Seelenbewusstseins über Persönlichkeit, Geschlecht und Alter hinausgeht. Seele kann auch Hildegard, Magdalena, Jesus oder sogar Bob Geldof genannt werden. Man kann sie im Lächeln deines Kindes nennen, im Liebesakt mit deinem Partner bzw. deiner Partnerin, in den Tränen deiner Trauer, in den Schreien deiner Verzweiflung. Die Seele wird durch all das benannt, was dem Leben Ausdruck gibt: „Alle Namen begrenzen meine Gaben; nenne mich beim Namen der Haut, die deine eigene Seele umhüllt."

Es ist Zeit, spirituell erwachsen zu werden und nicht mehr länger nach einer göttlichen Verkörperung da draußen zu suchen, um Erlösung oder Zustimmung zu erfahren. Es ist Zeit, dass wir uns selbst als heilig betrachten und benennen, mit der Ermutigung durch das göttliche Weibliche, das von unseren eigenen Seelen repräsentiert wird und keine Hierarchien beansprucht.

Wir wollen den Archetypus der Brigit eine Weile betrachten und die Beziehung zwischen Seele und Erdengemüt besser verstehen lernen. Dann können wir auch jenen Teil von uns besser verstehen, der die Erdensprache der Erfahrung gegen die Gehirntheorien des Logos hat eintauschen müssen. Wir mussten die Poesie der Liebe gegen ein steriles Skriptum des Dogmas einhandeln und etwas Grünes in uns verwelkte, etwas Leuchtendes in uns verlor seinen Glanz, etwas Lebendiges in uns starb. Wir hätten nur gerufen werden brauchen, köstlich verführt werden und stattdessen wurden wir beschämt. Wir baten um Brot und erhielten nur Steine.

Jetzt ist das Antlitz des Weiblichen zurückgekehrt, um den schweren Regen, der sein saures Wasser auf unsere inneren Weiden goss, weicher zu machen. Wir mussten uns von unserer eigenen inneren Weisheit abspalten, um Glaubensmuster zu akzeptieren, die unserer Intuition fremd blieben, die unserem Verständnis von „heilig" fremd blieben. Wir erschöpften uns darin, einen Teil unserer selbst zu bekämpfen, den man auch Ego oder Erdengemüt nennt, das uns eigentlich nie wirklich schaden wollte, wie wir insgeheim wussten. Das Erdengemüt spiegelte lediglich jene Botschaften wider, die es von der verdammenden Stimme unbarmherziger Konditionierung empfing.

Shantideva, ein buddhistischer Meister, beschrieb das Gemüt als ein Schlachtfeld, auf dem wir das Schwert der Unterscheidungskraft benutzen müssen, um alles Negative abzutöten. Eine solche Sprache des Kampfes vermag nicht zu heilen. Wenn wir mit dem Schwert leben, das heißt, wenn wir Gewalt in irgendeiner Form gebrauchen, dann tötet es die lebendige Quelle der Liebe selbst ab.

Die Seele kommt in ihrer ganzen Herrlichkeit, in ihrer Wildheit, in ihrem terrakottafarbenen Reichtum in und durch uns wieder heim. Die Tage der Konfrontation, Kontrolle, Ausbeutung der Erde, Diskriminierung, Kriegstreiberei und kriegerischen Sprache werden sich selbst erschöpfen. Die Orden alter Siege werden in ihren schäbigen und verstaubten Kästen vor sich hin rosten, die Triumphschreie des Krieges werden nicht mehr so laut ertönen und die Rationalisierungen für Rache werden nicht mehr länger als Vorwand für ein Zurückschlagen akzeptiert. Die Angst wird ihren letzten wütenden Auftritt haben und dann kraftlos in die Arme der Liebe fallen, während wir Menschen bewusster werden. Wir alle sind verantwortlich dafür, dass dieser Tag kommt.

Alle heiligen Praktiken von allen heiligen Leuten werden nichts wert gewesen sein, wenn sie nicht dazu beigetragen haben, Angst in Liebe zu verwandeln. Alle fremden Lehren, die für unsere Erbauung übersetzt worden sind, können nicht das Herz des Menschen erreichen, wenn sie in einer Sprache gedeutet werden, die nur unserem Verstande dient.

Die schlotternden Beine alter Männer des „Höllenfeuers", der „Verdammnis" und einer rein akademischen Spiritualität werden stolpern und fallen, weil die Erde selbst sie nicht mehr länger ertragen wird. Die Fische des Fischezeitalters müssen sich zum Wasserträger, zum Wassermannzeitalter verwandeln und dem Zunehmen und Abnehmen des Mondes folgen, wenn sie den ganzen Fluss der Gezeiten genießen möchten. Es ist, als ob die alten Gesetze nicht mehr länger aufrechterhalten werden können. Moses muss seine steinernen Gebote mit dem weich fallenden Mantel der Schönheit tauschen.

Magdalena steht auf dem Altar, mit der violetten Stola ihres heiligen Amtes gekleidet, mit dem gold-roten, fließenden Kleid, das die leidenschaftlichen Brüste der Frau hervorhebt. Sie bringt ein Opfer dar, nicht das eines Menschen für einen zornigen Gott, sondern ein Opfer für die Erde, in Gestalt süßer Gewürze, exotischer Früchte und aromatischer Öle, der Ernte unserer Heimkehr. Eine Ode der Liebe erklingt lauter als die Verse der „sieben Todsünden", die wie in Eigenhypnose wiederholt werden und lauter als die längst erschlaffte Beichte eines „mea culpa, me culpa, mea maxima culpa".

Die Gläubigen geben sich nicht mehr länger mit einer Theologie zufrieden, die auf einer Hierarchie beharrt und die dem „Glauben unserer Väter" immer weniger nachfolgt. Vielmehr stimmen sie sich ein auf die Stimme der universellen Barmherzigkeit, die alle annimmt und umarmt. Die brüllenden Löwen auf der Kanzel müssen sich nun zu den Lämmern legen, die sie zum Schlachthaus geführt haben, und von ihnen ein neues Evangelium lernen, ein Evangelium der Demut, das Selbstwert, Achtung vor der Natur und Lebensfreude einschließt.

Eigenschaften der Brigit

Die Göttin Brigit (die Synonym für die Seele ist) war den Kelten als die „Mutter aller grünenden Dinge" bekannt. Sie war die Beschützerin des Tier-, Pflanzen- und Menschenreichs. Rituale waren ihre Stärke; im Ritual erschafft die Sprache der Symbole und der Seele einen kraftvollen Katalysator der Heilung. Sie bringt heilige Zeremonien und Rituale wieder zurück in unser Alltagsleben, um uns den Reichtum und die Segnungen aller Aspekte unseres kostbaren Lebens aufzuzeigen. Für jeden Übergang im Leben gibt es einen besonderen Ritus; ein Ritual, an dem man bewusst teilnimmt, ist doppelt gesegnet. Die Schöpfung begrüßt und achtet das transformatorische Element, das sich in heiligen Riten zum Ausdruck bringt.

Brigit verstand die symbolische Sprache von Tieren, Neugeborenen und Sterbenden. Ihre Dichtung kam offensichtlich von den „Orten, wo die Flüsse in Irland ihre Quelle finden". Ihre Worte waren für Menschen, die Trost suchten, wie süßer Balsam und sie waren eine Quelle der Herausforderung und Überzeugung für jene, die in der Ernte ihrer Seele faul schienen. (Später wurden der Heiligen Brigid dieselben Attribute zugeschrieben.)

Obwohl es die keltischen Völker waren, welche die vorchristliche Göttin Brigit anbeteten, bin ich überzeugt, dass ihre große Zeit jetzt kommt. Sie vermag ihre Lehren und Weisheiten nun sowohl zu flüstern als auch laut auszusprechen, für jene, die willens und sensibel genug sind, sie über dem monotonen Klagelied intellektueller Ergüsse zu hören. Ihre starke Liebe, die manchmal herausfordernd ist, ermuntert die Menschen dazu, standfest zu bleiben, auch angesichts von Verfolgung, politischen Unruhen und Angst, die aufgrund von Medienpropaganda entsteht. Es heißt, dass sich ihr Mantel des Friedens und der Liebe über das gesamte Universum erstreckt und dass sie darunter alle in ihre sanfte und unvoreingenommene Umarmung sammelt.

Schöpfungszyklen

Über das keltische Glaubenssystem gibt es keine schriftlichen Dokumente. Die Kelten glaubten nicht, dass es sinnvoll sei, irgendetwas niederzuschreiben. Lehren wurden mündlich übermittelt.

Ich habe mich angesichts dieses Umstandes darum bemüht, ein intuitives Verständnis von zeitgenössischem keltischen Bewusstsein zu erlangen, indem ich mich der Mythologie erinnert habe, der scéalta oder „Geschichten", die uns von Generation zu Generation weitergegeben wurden. Die meisten dieser Geschichten habe ich auf Gälisch und Irisch gehört und gelernt. Es kann keinen Zweifel daran geben, dass die Iren es lieben, Geschichten zu erzählen, und sie dabei gerne auch noch ausschmücken. Es steht jedoch fest, dass die Kelten daran glaubten, dass das Leben an sich einem bestimmten Rhythmus oder Kreislauf folgt und dass die ganze Schöpfung eine eigene Lebensspanne und Bewegungsenergie besitzt. Ein voller Atemzug dauerte Millionen von Jahren, sodass der große Atem immer noch dabei ist, seine evolutionäre Schöpfung auf der Erde zu erschaffen – und zwar in allen Welten und Ebenen, den sichtbaren und den unsichtbaren. Nichts ist statisch, alles befindet sich in ständiger Transformation wie das Herz-Kreislaufsystem. (Siehe auch das Buch The Unfinished Universe[1])

Die folgende Schöpfungsgeschichte ist medial zu mir gekommen, gesehen durch die Dichteraugen meiner Ahnen.

Schöpfungsmythos: Der Anfang der Spirale

Wir leben nicht auf der Erde, wir leben in der Erde. Tief im Lehm der Erde entsteht unsere Form. Spirit nimmt in uns Form an. Wir werden wieder zu Lehm, immer wieder. Lehm, Stofflichkeit ist unsere Haut, unser Heim; und der heilige Atem haucht unserem Lehm Leben ein. Der Große Geist atmete ein und inspirierte alles Leben. Die Ausatmung ist die Gestaltung des Lehms zu Form. Es ist die Aufgabe jeder einzelnen Seele, die aus dem Atem stammt, das Leben in allen seinen Formen zu erfahren. Hier vollzieht sich eine Schöpfungsgeschichte, die unsere Seelenreise stützt und fördert. Dieser Schöpfungsmythos sollte deutlich vernehmbar vorgelesen oder erzählt werden, wenn man mit Freunden an einem großen offenen Kamin oder bei Kerzenlicht am dunklen Abend sitzt.

Great Spirit, der Große Geist oder der große Gebärer verliebte sich in den weiten Himmel, der aus seinem Atem strömte, und in das blaue, wässrige Bett, das sich aus seinen Freudentränen unter ihm sammelte. Nach Millionen und Millionen von Zeitaltern, in denen Spirit die Wunder des Himmels und der Wasser bestaunte, lächelte er ein so strahlendes Lächeln, dass ein goldener Feuerball aus dem rechten Auge erglühte und ein silbern glänzender Ball aus dem linken Auge, und zusammen erhellten sie die weiten Räume über den Wassern und sahen, wie ihre Spiegelung ihnen von unten zurücklächelte.

Millionen und Abermillionen von Sternen und Galaxien ergossen sich über den blauen Himmel, so groß war Spirits Entzücken. Das große Auge sah sie alle, während sein Herz brach und sich weit öffnete, als es die schönen Farben des Wassers unter sich sah und die majestätische Stärke der großen Felsen, die sich aus den Mündern der

Wasser erhoben. Die Zeit verging, und dann noch mehr, und Spirit konnte nichts anderes tun, als sein schlagendes Herz weiter und noch weiter für solche Schönheit zu öffnen. Das Herz war den großen Augen dankbar, solch wundervolle Anblicke mit ihm zu teilen.

Als Spirit immer mehr all das liebte, was erschien, bewegten sich die Wasser plötzlich und grünes Leben schoss aus dem Untergrund hervor. Freudentränen flossen und erreichten die trockenen Lande und immer mehr Vegetation und Flora erschien auf der Oberfläche der Erde, bis alles von einem wundersamen magischen Teppich verblüffender Farben überzogen war. Spirits großes Herz schwoll an, als es die rotbraune Erde unten und die offene Weite des Himmels oben erblickte. Bald bildeten die Nebel von seinen Augen Regenbogen über die Weite des Himmels und die entzückendste Musik erfüllte den Äther. Spirit bewunderte den Tanz von allem und als die Gase aus den großen Felsen ausbrachen, die in den Wassern ruhten, schoss eine Vielfalt an roten und orangefarbenen Teilchen zum Himmel und sie fielen zur Erde nieder mit einem Ton, dessen Echo in den Wassern unten und dem Himmel oben nachklang.

Als diese riesigen Steinbrocken auf den Erdraum fielen, erzeugten sie viele Klänge und starke Bewegung. Als dieser Tanz vorbei war, öffnete sich das Herz noch mehr und es erfuhr dasjenige, das diese Inspiration überhaupt erlebte, das Beatha oder „Leben" oder „Seele" genannt wurde. Es war die Seele, welche die Erschaffung von noch mehr und mehr Schönheit inspirieren sollte und sich selbst als diejenige erfuhr, welche die ganze Inspiration erlebte.

Als Spirit das wunderschöne Lächeln der Seele erblickte, floss seine Freude derart über, dass Blumen und Kräuter die Erde schmückten, und in den Wassern unten erhob sich eine Bewegung. Spirit streckte sich der Seele entgegen, um ihre feine Energie und ihren starken Herzschlag zu ehren. In tiefster Achtung sprach er diese Worte:

„Aus dem Atem in mir rufe ich dich zu mir. Du, Geliebte meines Herzen, der ausgehende Atem meines Seins. Ich verneige mich vor deiner Majestät und mit der ganzen Liebe der Schöpfung erblicke und achte ich deine Schönheit. Willst du, Rhythmus meines eigenen Atems, dich mit mir vereinen und zum Herzschlag meines eigenen Herzens in allen Welten der Schöpfung werden? Mit großer Freude an deiner Standhaftigkeit und Liebe nenne ich dich Anam úilíoch (Überseele)."

Mit der Glückseligkeit einer Braut an ihrem Hochzeitstag ging Anam, die Seele, die Ausatmung der Einatmung von Spirit, diejenige, die seine ganze Inspiration erfährt, im Atem des Großen Geistes auf. Zusammen lächelten sie alle Dinge der Natur an und fuhren darin fort, ihre Wunder und Verzückungen zu manifestieren. Es vergingen wieder Zeiten um Zeiten, bis schließlich die Menschen geboren wurden. Deren nächste Verwandte, die Tiere, standen bei den Menschen und stimmten bewusst zu, geringer als sie zu sein und den Menschen auf jede nur mögliche Weise zu dienen. Die menschlichen Wesen statteten dem Tierreich tiefen Dank ab und gemeinsam atmeten sie in Harmonie, bis es zum Ärger zwischen ihnen kam, weil die Menschen meinten, dass die Tiere ihnen nicht ausreichend genug dienten. Von da ab gab es Streit zwischen ihnen und bald schon brach Kampf aus. Da ergriff Angst das Herz des Menschen, weil er rasch erkannte, dass das Tier körperlich stärker war als er selbst, und so nahm er eine Abwehrhaltung ein. Seither hatten diese beiden Reiche nicht mehr viel miteinander zu tun.

Die Überseele sprach die ganze Zeit zum Herzen des Menschen, aber er wollte nicht darauf hören. So entschloss sie sich, nur dann und wann in seinem Herzen zu flüstern und ihm einen glücklicheren Weg zu zeigen, wie er mit der gesamten Natur im Einklang sein könne. Die Überseele stimmte auch zu, jeder erschaffenen Form, die einen Namen erhielt, eine persönliche Seele oder Seelenführerin zu senden, damit sie alle in deren Obhut leben und sich bewegen und ihr Sein erfahren konnten. Sobald ein Atemhauch des Großen Geistes als Mensch auf die Erde kam, konnte dieser Mensch so viele Male kommen, wie er brauchte, um zu lernen, im Einklang mit der ganzen Schöpfung zu leben, und seine persönliche Seele war bereit, ihn jedes Mal zu begleiten.

Das war ein wundersames Geschenk, da sich so niemand allein fühlen musste. Die Überseele sehnte sich danach, dass die Menschen voll und ganz lebten und die Fülle einer solch reichen Welt erfahren würden. Die Aufgabe der persönlichen Seele, der Anam, bestand darin, den Menschen zu helfen, ihr individuelles Leben zu erfahren, im Einklang mit allem, ohne Angst. Spirit liebt es, sich in der Erde zu manifestieren, weil darin ein Ausgießen von Liebe erfolgt. Und das ist auch unsere Aufgabe: göttliche Liebe auszugießen.

Von Chaos zu Kreativität

Wir müssen viele Transformationen durchmachen. Was wir Chaos und Unordnung nennen, kann auch als Bewegung, Wandel und Transformation bezeichnet werden, die gerade stattfinden. Alles ist wichtig. Nichts ist ein Zufall. Alles wirkt auf die Homöostase hin, auf Selbstregulierung. Alles ist vollkommen.

Es besteht kein Zweifel darüber, dass die keltische Kosmologie mythisch ist. Die Schöpfungsgeschichte, die ich gerade erzählt habe, ist genauso sehr (oder wenig) glaubhaft wie die allgemein bekannte Schöpfungsgeschichte in der Bibel. Ein Mythos berührt die Seele und belebt eine alte Zellerinnerung, die nicht mit dem Verstand begriffen werden kann, weil sie rein sensorischer, aber nicht intellektueller Natur ist. Ein Koan, das von Meditierenden verwendet wird, geht auch über die normale Vernunft hinaus. Der Dichter Amergin, der auch als Merlin der Druide bekannt ist, schrieb ein Gedicht über die Einheit der ganzen Schöpfung, die den hypnotisch wirkenden, translogischen Rhythmus eines Paradoxons enthielt. Hannah hat ein Gedicht geschrieben, welches dasselbe Thema aufgreift.

Wer ist sie, die Feuer in meine Knochen atmet
und die Sterne über den Himmel wirft?
Wer ist sie, die Zweige ergrünen und Blumen duften lässt?
Wer ist sie, die meine Tage erwärmt
und meine Nächte erhellt?
Wer ist sie, die so verlockend in Bächen fließt
und so umbarmherzig in Strömen vorbeidonnert?
Wer ist sie, die Felsen meißelt und Berge aufwirft,
die man erklimmen muss?
Ich bin sie, die Feuer in meine Knochen atmet
und durch die Sternenhaufen reist,
Ich bin sie, die mein Leben erblühen lässt
und meinem Duft nachspürt,
Ich bin sie, die meine Dunkelheit und mein Licht wiegt,
die Verführerin von allem.
Ich bin die Steine, die Erde und die Berge –
Ich bin sie ...

Hannah Cunningham

Das Herz der keltischen Weisheit besteht darin, sich selbst als Teil der ganzen Schöpfung zu betrachten. Das war eine lebendig atmende Beziehung, während der Buddhismus, obwohl er die gesamte Schöpfung achtet, die Natur nicht zu seinem ersten Lehrer machte.

Der mittlere Weg ist ein anderer Aspekt des keltischen Weges. Buddha hat das Gleiche gelehrt und dabei Maßhalten betont. Dieser mittlere Weg oder der Weg ohne Extremismus zeigte sich daran, wie unsere Ahnen das Universum beschrieben. Das Universum wurde in drei Schichten unterteilt:

• Die Himmelswelt mit den Sternenkonstellationen, Mond, Sonne, Sternen und Milchstraßen. Zugleich der Ort hoher Götter und Göttinnen, ein Ort der Ausübung von Magie, der Spirit-Welt, des

Windes, Regens, Schnees; der Himmel als Erzeuger von Heilung, als Atem der Geschichte.
- Die Erdenwelt mit Tieren, Pflanzen, menschlichen Wesen, Bergen, Heilkräutern; der Ort der Fußspuren; Geburtsort von Spirit; geformte Erscheinungen; Flüsse, Seen; Bewegung.
- Die Unterwelt mit den Ahnen, mit Heilung, Knochen, Dunkelheit, Stille, Tod; Ort des Ursprungs des Lebens, Mysterium.

Die Erdenwelt, der Ort, an dem wir das Göttliche erden und begründen, ist der mittlere Ort, der Platz zwischen den oberen und den unteren Welten. Das heißt nicht, dass Menschen diese Orte nicht auch besuchen können, wenn sie das wollen. Meditation, Visualisierung, Yoga, Leiden, Tagträumerei und Dissoziation führen uns aus dem mittleren Platz in eine der beiden anderen Welten. Der Mensch, der nicht psychotisch ist, kann dabei „nach Hause kommen", zurück in die gegenwärtige Zeit. Der psychotische Mensch bleibt oft dort und braucht dann Hilfe, um zurückzukehren. Es gibt Menschen, die Seelen oder verlorene Seelenanteile aus anderen Welten wieder zurückholen können, damit solche Menschen wieder ganz an den mittleren Ort kommen.

Gewalt und Religion

Brauchen wir noch Kruzifixe mit oder ohne Bilder der Gewalt? Müssen wir immer noch und immer weiter darüber nachsinnen, wie ein Mensch zum Opfer gemacht wurde, und damit noch mehr Scham und Schande auf Menschen häufen, die ohnehin schon so zerknirscht sind? Brauchen wir immer noch einen weiteren Angriff auf unser sowieso schon überlastetes Bewusstsein? Muss das Patriarchat immer noch eine Opferhaltung und falsch gerichtete Emotionalität betonen? Die Bilder eines Jesus, der einen quälenden Tod an einem groben

Kreuz stirbt, helfen nicht, die Seele aus der Dunkelheit zu befreien. Ich meine, das Gegenteil trifft zu. Solche grotesken Bilder, zu denen auch die sogenannten Kreuzwegstationen gehören (die in der katholischen Kirche an den Weg von Gethsemane nach Golgatha erinnern), und das blutende, unschuldige Lamm Gottes, das die Schattenprojektionen der sogenannten Gläubigen tragen muss, öffnen nicht die Herzen der Menschen. Sie führen im Gegenteil zu Morbidität, Depression und Selbstverleugnung. Das manifestiert sich dann sogar häufig in Selbstgeißelungen und Autoaggression, wie sie in manchen Praktiken bestimmter religiöser Orden aufscheinen.

Diese Hervorhebung der Aufopferung und der Grausamkeit in einer Religion legt eine latente sexuelle Dysfunktion nahe. Der übermächtige Vater-Stereotyp ist ein uraltes Bild einer dysfunktionalen Familie. Abwendung und Verlassen des Vaters ist eine typisch patriarchalische Form einer Verzichts-Psychologie.

Unangemessene väterliche Kontrolle entsteht aufgrund eines Bedürfnisses der totalen Autorität. Um den Zorn des Vaters zu besänftigen, wird der Sohn geopfert, entsprechend des auf vermeintliche Zweckmäßigkeit gerichteten Dogmas „zum höheren Nutzen der anderen". Wir fahren damit fort, unsere Söhne zu opfern, indem wir sie in den Krieg schicken, angeblich zum Nutzen und Besten des Ganzen. Sie werden zu „Erlösern" unserer Welt und Achtzehnjährige werden an Plätzen wir Irak und Afghanistan geopfert, immer im Namen der Politik des Patriarchats.

Das heilige Bewusstsein verschreibt sich nicht mehr der Fortsetzung eines solch missbräuchlichen religiösen Fanatismus und Glaubensmustern, die Menschen unterdrücken. Wenn Gott die Welt so liebte, dass er seinen einzigen eingeborenen Sohn sandte, damit dieser für die Sünden der Menschheit sterben sollte, damit Er, Gott, dadurch besänftigt würde, dann weigern wir uns, uns vor einem derartigen Tyrannen zu verneigen und ihn anzuerkennen. Mütter wie Maria werden heute in ihre schweigende Trauer und Hilflosigkeit gestoßen, wenn Söhne wie Lämmer zur Schlachtbank geführt werden, um zu sterben, um (angeblich) ihr Land zu retten. Die Geschichte des Kalvarienbergs ist der Dreh- und Angelpunkt, dem die Kirche von Rom große Bedeutung beigemessen hat. Die natürliche Folge für die Psyche des Menschen ist Selbstekel, Schuldgefühle und Hilflosigkeit. Seelenwunden, die aus solchen Glaubensmustern entstehen, werden zu einer zu schweren Last, um sie noch tragen zu können, und viele laden ihren Schatten und ihre sündiges Selbst auf den Schultern anderer ab. So werden Kriege auf dem Schlachtfeld projizierter Angst erzeugt. Angst vor dem Feind da draußen erschafft angsteinflößende und verängstigte Wesen in unserer Welt. Solange die Kirche von Dämonen redet, welche die Welt auf der Suche nach jenen durchstreifen, die sie töten können, werden wir Terrorismus haben, terrorisierte Leute, die Angst projizieren.

Vielleicht ist es wirklich an der Zeit, Dogmen sterben zu lassen. Man kann nicht ein theologisches Prinzip durch ein anderes ersetzen – es sind immer noch philosophische Prinzipien. Die wahre Bedeutung von „Philosophie", das aus dem Griechischen stammt, ist „Liebe der Weisheit". Weisheit entwickelt sich nicht, wo Prinzipien oder Dogmen herrschen. Sie wächst vielmehr durch Mitgefühl, angewandte Heilerfahrungen, Eigenentscheidung, Ordnung, Individuation und Liebe. Die Zeit für Gebote ist vorbei. Die Zeit einer Hierarchie der Heiligkeit ist vorbei. Jetzt ist die Zeit gekommen, dass der alltägliche Mensch das Göttliche in seinem Körper erdet, in seinem persönlichen Erleben des Heiligen. Es ist Zeit, erwachsen zu werden und das Haus der Gebote zu verlassen; sich gegenseitig aus der vermeintlichen Sündigkeit herauszuhelfen. Zeit, den Tanz der Fülle zu verwirklichen.

Unsere individuelle Aufgabe, unser Lebenszweck auf der Erde besteht darin, das Göttliche in unserem eigenen Sein zu verankern. Es obliegt nicht mehr einer Kirche, zu diktieren, wie, wo und wann das geschieht. Für manche wird es sich in ihrer Arbeitsweise im Beruf zeigen, für andere besteht es darin, wie sie unterrichten, für wieder andere, wie sie ihre Kinder erziehen. Es ist eine Tatsache, dass bereits das Faktum, dass du ein lebendiges Wesen bist, bedeutet, dass du das

Göttliche in allem, was du denkst, sagst und tust, durch dich zum Ausdruck bringst. Das ist keine Angelegenheit für irgendeine Elite. Es ist Zeit, aus der Universität des Intellekts herauszukommen, das Herz für Liebe und gegenseitige Achtung zu öffnen. Universitäten sind für die Elite, für Intellektuelle, um Doktorarbeiten zu schreiben, Bücher zu lesen und akademische Grade zu sammeln. Das ist die alte Art und Weise, Wissen zu erwerben. Es ist Zeit, das, was wir spirituell aussagen, auch zu verwirklichen, Weisheit im Tun zu beweisen, nicht, sie zu predigen. Es ist Zeit aufzuhören, über Spiritualität zu schreiben und zu lernen, und anzufangen, mit der Seele zu leben. Es ist Zeit aufzuhören, an Buddha, Christus oder Gurus zu glauben, sondern Buddha und Christus zu sein, hier und jetzt für uns selbst, in unserer eigenen Familie, in unserer Gemeinschaft, in der Schlange vor der Bushaltestelle und in den größeren Bezügen der Welt.

Die erste Wahrheit des Buddhismus lautet, dass das ganze Leben Leiden ist. Dem keltischen Bewusstsein zufolge ist alles Leben ein Geschenk, eine Feier, ein Wunder. Buddha bemerkte auch, dass Festhalten am Leben zu Leiden wird. Wenn wir das Leben voll und ganz erfahren und es loslassen, dann können wir Freude finden; Freude ist die andere Seite von Leiden. Angesichts der Tatsache, dass Menschen altern, krank werden und sterben, fühlte sich Buddha angespornt, einen Ausweg aus diesem Dilemma zu entdecken. Auf der Suche nach einer Philosophie oder einem Weg zur „Glückseligkeit", um aus dieser Problematik herauszukommen, verließ er sein Heim, verließ er sein neugeborenes Kind und seine Frau in der Mitte der Nacht, wie uns berichtet wird. Viele Frauen mussten die Unverantwortlichkeit erleben, dass der Mann sich auf die Suche nach seinem Nirvana begibt, wenn die Verantwortung für die Familie zu schwer auf den Schultern drückt. Buddha verließ sein Heim, um Befreiung für alle zu finden. Jesus verließ sein Heim, um Erlösung für alle zu finden. Es sieht so aus, als ob Erlösung nicht im Rahmen einer Familie möglich war. Buddha selbst hielt die Ansicht aufrecht, dass Frauen seinem Orden Fäulnis bringen würden. Der Katholizismus verweigert Frauen immer noch die Ordination zum Priestertum. Buddha und Jesus hatten wohl eher altruistische Gründe, ihre Familien zu verlassen, aber 2.500 bzw. 2.000 Jahre später versuchen wir Menschen im Westen immer noch, viele ihrer Lehren über das Leiden zu begreifen.

Jesus der Christus wurde wegen seiner Beziehung zu Maria Magdalena diskriminiert, möge sie nun auch sexueller Natur gewesen sein oder nicht. Buddha behauptete, dass Frauen das Nirvana nicht finden könnten, weil die Frau an sich ein Hindernis auf dem Weg zur Befreiung sei. Das ist ein zu Unterdrückung und Missbrauch geeignetes Dogma, mit dem Frauen viel zu lange schon haben leben müssen.

Wie der Buddhismus glaubt die keltische Weisheit daran, Unterdrückung zu erkennen und sich dagegen auszusprechen, gegen Machtmissbrauch in der Gesellschaft, in der Politik und gegen die Natur. Wir als Kelten glauben jedoch, dass es für alle Dinge eine rechte Zeit gibt und dass es deshalb auch eine Zeit gibt, in der das Alter ganz natürlich ist und angenommen werden soll. Das Alter ist eine Zeit der tiefer gehenden Beschäftigung mit Werten der Seele, eine Zeit der Abkehr von der äußeren und der freudigen Zuwendung zur inneren Landschaft, zur Integration des Ganzen eines Lebens.

Leid und Schmerzen anzunehmen, dabei zu bleiben, die daraus folgenden Begrenzungen anzunehmen, während man sich doch zugleich immer mehr und weiter für das Leben öffnet: Das heißt leben, ohne zu leiden. Damit wird der Tod dann nicht furchtsam erwartet, sondern man wächst in ihn hinein, indem man das Leben aus vollem Herzen lebt. Darin liegt ein natürliches Loslassen von Formen, damit die Seele frei sein kann. Buddha glaubte, dass man aus dem ständigen Kreislauf von Leben und Tod ausbrechen kann, aus der Dunkelheit des Egos, indem man das Ego zerstört und so über die Illusion hinausgeht, um im leuchtenden Licht des Nirvanas zu leben. Die Welt der Illusion musste transzendiert werden, damit Schmerz und Leiden ausgelöscht werden konnten. Glückseligkeit und Licht wären dann die Folge.

Jesus der Christus forderte uns dazu auf, jeden Tag aufs Neue unsere Herausforderungen und Leiden aufzunehmen und dem Weg der Liebe zu folgen. Aus seiner Agonie am Kreuz heraus lehrte Jesus, dass die Trennung vom Selbst, von der Liebe an sich die schlimmsten Schmerzen verursachte. Er zeigte uns ganz klar, dass, wenn wir das Kreuz akzeptieren, wenn wir täglich den Schmerz des Lebens und den Tod integrieren, dass wir dann die vollständige Befreiung von Leiden erlangen. Angst ist das Element im Leid, das uns von all dem trennt, was Liebe ist.

Keltische Lehren sprechen nicht von der Auslöschung des dunklen Egos oder Erdengemüts, sondern von der Integration von Licht und Dunkel. Spirit, der Himmel, Licht, außerkörperliche Erfahrungen, das transzendente Hinausgehen über Geist und Verstand und unseren natürlichen Gefühlen zu entfliehen – all das kann uns nicht heilig und heil und ganz machen. Fleisch, Geburt, Tod, der Schoß, das Dunkel, die Erde, das Unterholz, Natur, Winter, der Dunkelmond, Blut, Schmerz und Leid, der Stoff, aus dem unsere irdische Form besteht – diese alle führen, wenn man sich ihnen in der rechten Weise widmet und sie ganz anerkennt, zu Freude, Liebe, Übereinstimmung, zum Eins-Sein im Hier und Jetzt, in einem selbst und allem, was um einen ist, wo immer die Füße einen hintragen mögen. Die Frau verkörpert eine solche Ganzheit. Besonders beim Gebären überschreiten Frauen eine Schmerzgrenze, sie spüren sie und auf natürliche Weise überschreiten sie diese Grenze; nach dem Trauma stellen sich Freude und Ekstase ein. Die Frau geht beim Gebären ganz natürlich über normale Bewusstseinszustände hinaus. Religion, in der es nur Spirit und Licht gibt, ist keine Religion für Frauen und auch nicht für Männer, die dieses Mal die Erde angenommen haben.

Jetzt ist die Zeit für die Wiederkehr, für das zweite Erscheinen; eine Zeit, in der Osten und Westen verschmelzen, um eine integrierte Kraft zu erzeugen, einen Messias, nicht neugeboren und verletzlich, sondern eine starke, mächtige Allianz. Bevor sich diese Transformation ereignen kann, muss eine Übergangszeit stattfinden. Diese Zeit des Übergangs ist jetzt. Wir lagen in den Wehen, das Fruchtwasser bricht jetzt und wir sind gefasst und bereit.

Buddhismus ohne Seele und Christentum ohne geistige Disziplin sind jeweils wie ein Vogel mit nur einem Flügel. Allein können sie sich nicht in die Lüfte erheben. Wir brauchen die Vermählung von beiden, wenn wir die Erdung der göttlichen Liebe in uns erfahren möchten. Das keltische Bewusstsein spricht vom Bedürfnis danach, Animus und Anima zu vereinen, das Erdengemüt mit der Seele, die Seele mit dem Geist; die Dreiheit. In der mächtigen Allianz der Buddha-Natur, die Mitgefühl durch Selbstbeherrschung ist, und der Christus-Natur, die Mitgefühl durch aktive Liebe ist, haben wir die beiden Flügel, mit denen wir uns erheben können. Möge dieses Zeitalter der Einung von Buddha und Christus in uns selbst unsere kleinen Erdengemüter in den Geist des Schöpfers verwandeln, den Geist des Göttlichen. Dann können unsere Seelen emporfliegen. Dann können unsere Herzen sich für die reine Freude am Sein öffnen. Wir alle sind für diese Zeit verantwortlich und jetzt ist die rechte Zeit, um achtsam zu leben, damit wir bewusst sterben können. Das allein wird die immerwährende Überfülle des Lebens sichern, das wahre Nirvana, ein Ende für alles konzeptionelle Denken.

Der Jesus-Archetyp

Live only Love: Lebe nur die Liebe
Er kam, um auf der Erde zu gehen.
Er spürte all das, was wir fühlen.
Er war verletzlich und stark.
Er wusste, dass er gekommen war,
um zu heilen und geheilt zu werden.
Und die Botschaft, die er brachte,
und die Lektionen, die er lehrte,
waren erfüllt von heilsamen Worten,
welche die Herzen jener berührten,

die voller Angst waren, damit sie hören konnten,
wenn er sagt:
„Öffnet eure Herzen weit für jede Erfahrung,
geht über eure Ängste hinaus,
durch die Trauer endloser Jahre.
Du bist nicht allein,
denn ich bin gekommen,
um nur LIEBE zu leben.
Wenn du dich lieben kannst,
gibt es keine Beurteilung und keine Schuldzuweisung.
Dann kannst du andere genauso behandeln
im Namen der Barmherzigkeit.
Und wir sagen:
„Wir öffnen unsre Herzen weit für jede Erfahrung,
wir gehen über unsre Ängste hinaus,
durch die Trauer endloser Jahre.
Wir sind nicht allein,
denn wir sind gekommen,
um nur LIEBE zu leben. "
Phyllida Anam-Áire[2]

Jesus der Mensch, der archetypische große Liebhaber aller Dinge, der menschlichste der menschlichen Wesen, lebt in den Herzen vieler und er bietet ihnen die Fülle, den erfüllten Tanz des Lebens hier und jetzt. Aber wenn wir seiner Erfahrung nicht unsere eigene hinzufügen, dann verleugnen wir unsere eigene Göttlichkeit. Seine Seelenfülle, sein weibliches „Brigit-Selbst" wurde von den Kirchenvätern nie wirklich anerkannt. Sie predigten eine Theologie des Dualismus, von der Menschlichkeit Jesu, des Opfers, als Gegensatz zur Allmacht von Jesus, dem Gott. Sein tief mitfühlendes Selbst, seine Unsicherheiten, seine sehr menschlichen Sehnsüchte, sein Bedürfnis, ein verlässliches Vatervorbild zu finden, seine Liebe zur Frau an sich, seine Liebe zu den Menschen, sein Zorn und seine Frustration, sein Bedürfnis, geliebt zu werden, seine Angst vor Einsamkeit – all das wurde als seine menschliche Natur bezeichnet, die nichts mit seinem göttlichen Selbst zu tun haben sollte. Der göttliche Aspekt war die Tatsache, dass er Sohn Gottes war, seine Wundertätigkeit, seine Wiederauferstehung, seine Fähigkeit zu heilen und lange Stunden hindurch zu beten, dass er Tote wieder zum Leben erweckte, und besonders sein augenscheinlich androgynes Selbst. All das sollte ihn von uns trennen, die wir bloß menschliche Wesen waren. Schließlich war er ja der Mittler zwischen Gott und uns und unsere Menschlichkeit wurde als sündig betrachtet aufgrund unseres Ursprungs, nämlich der Abstammung von Adam und Eva.

Jesus der Gott und Jesus der Mensch waren voneinander isolierte Teile unserer selbst, die nie dazu ermuntert wurden, integriert zu werden; so wurde ein dualistisches, illusionäres Idol zu unserem Führer im Leben. Darüber hinaus fielen für uns, als „gute Christen", der gewaltsame Tod Jesu, seine Trauer am Ölberg und seine schweren Leiden auch in unsere Verantwortung. Wenn wir nicht bereuten und uns zu unserem sündigen Selbst bekannten, konnten wir nicht geheilt und erlöst werden. Uns wurde Jesus gepredigt, anstatt ihn uns als Reisebegleiter vorzustellen, der zentrale universelle Wahrheiten mit Hilfe von Parabeln und Geschichten übermittelte. Die weisen Worte, die er sprach, waren weder dogmatisch noch theologisch, sondern sie beschrieben das Alltagsleben, wie es von alltäglichen Menschen geführt wurde, mit denen er gelebt und gearbeitet hatte. Jesus brachte die Sprache des Gefühls für die Symbolik der Seele zurück: die ungezähmten Gefühle rauer Einsamkeit und Verlassenheit, von Kummer jenseits dessen, was seine schwache Menschlichkeit tragen konnte, von einer Liebe, die es ihm erlaubte, Frauen anzunehmen und zu umarmen.

Die Sprache der Seele geht in einer Theologie verloren, die sich auf die Einhaltung von Vorschriften und Geboten ausrichtet. Jesus war das Evangelium, er war die gute Nachricht – die Nachricht des Dilemmas, ein Mensch zu sein, und die des menschlichen Mutes. Seine Sprache war die eines Liebenden, aber die Kirchenväter mussten seine schlichten Worte in intellektuelle Überlegungen übersetzen, die sie dann ausdeuten konnten, um eine unwissende, umherirrende Bevölkerung zu kontrollieren.

Jesus ging Hand in Hand mit dem Göttinnen-Archetypus. Heute ertönt seine Botschaft der Liebe wieder über den rostigen Regeln der „alten Männer im Tuch". Seine Geschichten erzählt man sich nicht unter pompösen Fanfarenklängen, sondern durch alltägliches, mutiges Leben und Verlangen, durch Versagen und gebrochene Herzen, durch Freuden und Entzücken von menschlichen Wesen, die wirklich fühlen können, gleich welcher religiösen Konfession sie angehören.

Verkörperung von Lehren

Jesus verkörperte die Lehren Buddhas. Sie beide halten dir den Kelch und laden dich ein, aus dem Becher deines eigenen kostbaren Lebens zu trinken. Sie beide lächeln dir zu, dem Kind der Gnade, und heißen dich bei deinem Seelen-Selbst willkommen. Du hast zu lange schon in einem konfessionellen Gefängnis gesteckt. Buddha sagt: „Lebe dein Leben für andere; erlerne die Lehre, dass alles Illusion ist und dass das Ego-Ich die größte der Illusionen ist."

Jesus blickt dich an und sagt: „Ich habe einen Körper angenommen, aus dem einzigen Seelengrund, um dir zu zeigen, wie du voll erfüllt in deinem Körper leben kannst." Brigit lädt dich ein, deine Tage ganz und gar zu erleben, damit du in der Freude sterben kannst, sie alle gelebt zu haben. Weisheit umfasst das weibliche Antlitz der Liebe und findet in dir und deinen Kindeskindern bis in die vierte Generation ihren Ausdruck.

Buddha versinnbildlicht den Archetypus des funktionsfähigen Animus, der heiligen Dreieinigkeit des Jugendlichen, des Vaters und des Weisen. Jesus verkörpert die Anima, die Jungfrau, die Mutter und die Weise. Brigit, die auch die Anima ist, bringt die Eigenschaften von Jugend, Elternschaft und Altersweisheit zum Ausdruck. Jedes Zeitalter muss die Lehren des vorangegangenen verkörpern, um sie so auszuweiten, dass daraus Transformation entsteht. Mögen wir die Weisheit der früheren Zeitalter hervorbringen und sie in einer neuen Form gebären, voller Mut und erfüllt von Liebe.

Heilige Hochzeit

Unsere keltischen Ahnen rufen uns mit stärkster Liebe bei unserem eigenen Namen. Sie rufen uns auf, zu uns selbst zu gelangen, und sie achten unsere menschlichen Schwierigkeiten nicht nur, sondern nennen sie heilig. Sie sagen:

> *Du bist der heilige Herd des Geliebten,*
> *der Platz, an dem der Geliebte verweilt*
> *und seine Füße in die warme Asche*
> *unseres Willkommensgrußes hält,*
> *wo er das Maisbrot von deinen Händen isst*
> *und mit seinem rechten Ohr nahe an deinem Gesicht*
> *deinen Geschichten lauscht.*
> **Phyllida Anam-Áire**

Unsere Ahnen sehen unsere Menschlichkeit als einen reichen braunen Lehm deiner eigenen Heiligkeit, als den Bauplatz für ein Haus der Liebe. Alle Gnade findet sich in diesem menschlichen Lehm. Sie raten uns: „Nimm dein menschliches Selbst an, weil es ein Ort ist, der höher steht als die nicht verkörperten Wesen, die Engel." Anders gesagt, brauchst du nicht nach oben oder nach unten zu schauen, sondern nur in deine Seele zu sehen und von dort nach außen zu blicken. Zu lange schon haben wir versucht, den Körper zu überwinden und unser übles und sündiges Erdengemüt abzutöten. Jetzt ist es an der Zeit, es anzuerkennen und anzunehmen und die Verantwortung für unsere eigene Erleuchtung zu übernehmen, nicht trotz, sondern durch und wegen unserer Inkarnation.

Was ist die Erleuchtung anderes als die Seele, wie sie das Erdengemüt verführt, sich mit ihr zu vereinigen, was anderes, als dass es heruntersteigt, herunter in den lehmigen Ort des Herzens der Liebe mit ihr, was anderes, als dass sich beide im Feuer der Liebe eines vollständigen Annehmens wärmen? An diesem offenen Ort der Nicht-Beurteilung beginnen wir unser verängstigtes Selbst mit den Augen der Liebe zu sehen:

Augen der Liebe
In den Augen der Liebe ist alles vollkommen,
in den Augen der Liebe sind wir frei,
in den Augen der Liebe sind wir unschuldig,
ich bin du und du bist ich.
Die Seele und das Ego-Ich vereinen sich.
Phyllida Anam-Áire[3]

Selbstverständlich wird das arme, unwissende Erdengemüt gegen diesen Eindringling, der es so verfolgt, mit aller Macht ankämpfen. Denn es weiß, dass, wenn es schließlich nachgibt, die Persönlichkeit nicht mehr dieselbe sein wird. Und das ist die Trauer, das Loslassen von der Art und Weise, wie die Dinge bisher waren, die klar und sicher vorgezeichnete Straße der Zielsetzungen und Errungenschaften zu verlassen. Voller Angst und zitternd schreit das verarmte Ego zur Persönlichkeit, die zu formen und aufrechtzuerhalten es beigetragen hat:

Habe ich dich nicht bisher beschützt
und dir Sicherheit gegeben?
Siehe, wie meine Obhut über dich
gute und starke Schutzwälle
gegen Leid und Schmerzen geschaffen hat.
Warum willst du diese Sicherheit aufs Spiel setzen?
Warum möchtest du das Heim, das du kennst,
eintauschen gegen eine Zigeunerkarawane
der Unvorhersehbarkeiten?

In der Vergangenheit hat uns das Patriarchat über das Übel des Erdengemüts gepredigt und wie wir es unterjochen und es dem Geist untertan machen müssen. Die Kirchenväter und auch die Philosophen jener Zeiten warnten uns, wir müssten Angst und Schrecken vor diesem Erdengemüt empfinden. Der Archetyp der Brigit fordert uns hingegen dazu auf, das Erdengemüt als einen verarmten, wohlmeinenden, lieben, altmodischen Verwandten zu betrachten, der aus der Kälte draußen hereingeholt und an unseren Herzen erwärmt werden muss.

Die Botschaft der Brigit ist nicht in Stein gemeißelt noch ist sie überhaupt niedergeschrieben. Sie besteht nur im inneren Erkennen von Wahrheit, in den tiefsten Winkeln der universalen Seele der Menschheit.

Kapitel 1

Liebe

Liebe gemäß den Lehren

GELIEBTER
Der fröhliche Klang der Musik
tanzte durch die Luft
wie ein frei schwebender Samen
auf den Brutstätten des Lebens.
Und meine Seele rührte sich,
sie umarmte den Geliebten voller Leidenschaft:
In der Wärme seines Atems – Du und Ich, eins
in Liebe, und der Geliebte
Hannah Cunningham, Januar 2006

Gemäß den Lehren ist Liebe unser natürlicher Zustand; Liebe, die göttlich ist, die Spirit ist. Wenn unser normaler Zustand spirituell ist, dann ist es ein Irrtum zu sagen, dass ich spiritueller werde. Unsere Aufgabe ist, unsere Begrenzungen loszulassen, unsere Ängste, Unsicherheiten und Selbstzweifel, damit der Fluss des göttlichen Geistes aus unserem Sein strömen kann, damit uns reine Liebe durchdringen kann – ungehindert und ungebremst.

Liebe ist ... Ordnung und Chaos, Vernunft und Paradox, Struktur und Spontaneität, Dauer und Veränderung. Liebe verkörpert alles und jeden. Es geht ihr genauso um Unordnung wie um Ordnung. Sie beinhaltet die vielen Farben des Lebens. Am Ende wird alles zur göttlichen Liebe zurückkehren und diese Liebe ist die bedingungslose Achtung des Göttlichen für die Menschheit. Nichts steht außerhalb dieser Liebe. Unsere geerdete Liebe muss all ihre Ausdrucksformen in menschlichen Wesen finden, um Ganzheit zu erreichen. Diese menschliche Liebe wird schließlich in göttliche Liebe integriert, sodass nur reine Liebe oder bedingungslose Liebe zum Ausdruck kommt. Wir müssen Liebe durch Trennung finden, Wahrheit aufgrund von Unwahrheit, Macht durch unsere Verletzlichkeit, unsere Göttlichkeit durch unsere

Menschlichkeit, Mitgefühl durch unseren Zorn, Freude durch unsere Angst und Heiligkeit durch unsere Zerbrochenheit.

Oft ist, was wir Liebe nennen, nicht mehr als Sentimentalität oder Besitzanspruch. Wenn Liebe nicht von Transformation begleitet wird, ist sie keine Liebe, sondern Abhängigkeit. Wir hängen davon ab, statisch zu bleiben. In unserem begrenzten Verständnis darf nur die Liebe nicht versagen. Sie muss genauso bleiben wie zu dieser Zeit im letzten Jahr. Allein der Gedanke daran, dass sie sich ändern könnte, ruft Sorgen und Angstgefühle hervor. Liebe ist dann eine Droge, die verhindert, dass wir depressiv werden, dass wir uns das Dunkel unserer Schatten ansehen. Wenn jemand mich liebt, dann muss ich ja okay sein. Diese Liebe muss Menschen in schwierigen Zeiten und Leiden tragen. „Wenn ich dich nicht hätte, wäre ich schon gestorben; deine Liebe für mich hält mich am Leben." Diese Art von Abhängigkeit, diese Eltern-Kind-Beziehung und emotionale Sucht wird von der Gesellschaft fälschlicherweise wahre Liebe genannt. Ich habe aufgrund meiner eigenen Sucht – Recht zu haben – erkannt, dass Suchtverhalten eine fehlgeleitete Selbstliebe ist. Man sucht an ungeeigneten Orten bzw. auf ungeeignete Weise nach Befriedigung.

Liebe, wie die Lehren des heiligen Kessels sie sieht, ist das, was alles und jeden im Universum in Bewegung und Verwandlung hält.

Liebe ist, was die verpuppte Larve in die Flügel des Schmetterlings verwandelt.

Liebe ist, was die Seele dazu bewegt, sich klein genug zu machen, in die Begrenzung von Materie zu passen.

Liebe ist, was die Seele aus der Umhüllung des Körpers herausruft, um eine weitere Sicht von sich selbst zu gewinnen.

Liebe ist, was dem Regenbogen seine funkelnden Farben verleiht.

Liebe ist, was dem Schneeglöckchen hilft, durch die harte Wintererde zu stoßen, um die Sonne zu sehen.

Liebe ist, was das ganze Leben mit Leidenschaft und Macht durchdringt.

Liebe ist, was in der stürmischen Nacht durch die Lüfte donnert und Funken auf die Wasser regnen lässt.

Liebe ist, was Moleküle und Atome verschmilzt und Organismen hervorbringt, die leben und sich vermehren, wachsen und sich verändern.

Liebe ist, was Berge durch vulkanische Ausbrüche zerstört.

Liebe ist, was den Lebensimpuls des Babys ausmacht, bevor es sich im Schoß geformt hat.

Liebe ist, was Reibung und Elektrizität erzeugt und die Feuer, die das Antlitz der Erde verbrennen.

Liebe ist, was alle Dinge im Universum auf den Kopf stellt, so-dass du deinen Alltagsverstand vergessen und in einer Spirale der Kreativität tanzen kannst.

Liebe sehnt sich danach, dass du deine Wildheit und Verrücktheiten genauso akzeptierst wie dein geordnetes Denken.

Liebe ist, was deine wohl durchdachten Pläne und Grundlagen nimmt und sie alle mit einem Tränentropfen zerschmettert.

Liebe ist, was dir die Albernheiten deiner Lebensweise zeigt und dich einlädt, das genauso anzunehmen wie deine ernsten Sicher-heiten.

Liebe ist, was dir erlaubt, die sogenannten Fehler anderer zu sehen, und dich dann dazu auffordert, sie in den Himmel zu werfen und loszulassen.

Liebe ist, was es dir möglich macht, das Geheimnis eines ande-ren Menschen zu berühren, und dir erlaubt, näher an dessen Menschsein zu gelangen.

Liebe ist, was deine Augen für die Mängel eines anderen öffnet, damit deine Seele daran vorübergehen und du Ja sagen kannst; ja, ja zum Leben und zum anderen.

Liebe ist, was dir deinen Namen ins Ohr flüstert, wenn du ver-gessen hast, wer du bist.

Liebe ist, was dir das Herz zerreißt, während es ihm eine neue Gestalt gibt.
Liebe ist, was für dich Lebewohl sagt, wenn deine Stimme kaum die Trauer der Trennung tragen kann.
Liebe ist, was dich an das Lächeln der Geliebten erinnert, wenn sie nicht mehr bei dir ist.
Liebe ist, was in deinem Herzen steht und laut ausruft „Ich bin schön", auch wenn du das nicht so spürst.
Liebe ist, was alle deine Hoffnungen zerstört, damit du hoffnungslos sein und dich der Freude hingeben kannst.
Und Liebe ist keine leichte Geliebte. Sie verlangt alles von dir, dem Geliebten, der Geliebten. Sie fordert dich auf, bereit zu sein für Größe, aber zuerst musst du deine begrenzenden Sichtweisen ablegen.
Liebe wird dich an den Rand deines kleinen Selbst führen und dich dann den Sternen zuwerfen.

Bist du bereit, dich von reiner Liebe verwandeln zu lassen, damit deine Erdenliebe von der Inspiration einer völlig reinen Liebe absorbiert werden kann? Du entscheidest selbst.

Liebe und Grenzen

ÜBERFLUSS
Die Brunnen der Trauer
können den überfließenden Kummer nicht mehr halten
und Freude ist nur ein Staubkörnchen
aus der fernen Vergangenheit.
Denn wo Liebe nicht fühlen kann,
kann keine Heilung beginnen
und das Leben hungert sich zu Tode.
Hannah Cunningham, Januar 2006

Moderne Psychologen raten, dass Menschen, die sich lieben, sichere psychologische Grenzen schaffen, damit der eine nie wirklich die tieferen Schichten der Psyche des anderen ermisst. Wenn wir uns selbst lieben können, wenn wir der göttlichen Liebe erlauben, einzufließen und durch uns hindurchzuströmen, dann werden wir frei von der Angst, überwältigt zu werden und unsere Begrenzungen werden offener. Wenn du liebst, dann öffnest du dem anderen nicht nur dein Herz, sondern dein ganzes Sein. Diese totale Verletzlichkeit führt dazu, dass du etwas lernen kannst, dass Liebe erwidert werden kann, dass Heilung geschieht und Seelen verschmelzen, um einen neuen Tanz zu tanzen, um nie wieder einsam zu sein, sondern mit dem All-eins-Sein in Frieden.

Was heißt es also, jemanden zu lieben? Sprache schränkt ein. Wenn wir eine Herzensverbindung zu jemandem haben, dann spüren wir den Wunsch oder das Verlangen, ihm nahe zu sein. Das hört sich dann etwa so an: „Ich fühle mich besser, wenn du da bist, also geh bitte nicht fort." Diese Art von Liebe ist sehr subjektiv und auf den Liebenden und die Geliebte begrenzt. Es gibt da keinen Raum für das Universelle; nur du und ich und das Syndrom „lass die Welt einfach verschwinden". Heißt das aber wirklich, jemanden zu lieben oder nur dieses Gefühl zu lieben, das diese Verbindung in dir erzeugt? Muss das alles tatsächlich immer so subjektiv sein?

Gelöste Liebe

Gelöste Liebe, nicht haftende und besitzergreifende Liebe, oder „entbundene", vielleicht sogar unverbindliche Liebe scheint ein Widerspruch in sich zu sein. Kann ich wirklich tief lieben und dennoch gelöst und nicht gebunden sein? Wenn ich auf gelöste Weise liebe, heißt das, dass ich eigentlich gar nicht richtig engagiert bin oder dass ich aufgehört habe, mir Gedanken zu machen und mich einzusetzen?

Sich zu lösen scheint zu bedeuten, dass ich mich weiter von etwas oder jemandem entferne, dass ich nicht mehr länger ein Teil von etwas bin, nicht mehr mit einem anderen innig verbunden. Ist das nicht die Antithese zu Liebe schlechthin?

Wenn ich auf eine ungebundene Weise liebe, kann ich mich dann noch auf dich wirklich einlassen, kannst du mir dann noch wirklich etwas bedeuten oder bedeutet es, dass ich Nähe zwischen uns gar nicht mehr suche und deshalb mich dir gegenüber dann auch nicht mehr dafür öffne und dir zeige, wer ich wirklich bin? Das wäre dann sicher das Gegenteil von Liebe, nämlich Angst vor Nähe.

Jesus der Christus sagte, wir sollten uns untereinander so lieben, wie wir uns selbst lieben. Das scheint eine schwierige Aufgabe zu sein. Ich kann mich selbst doch gar nicht auf unverbindliche Art und Weise lieben, denn sonst würde ich ja mein eigenes Leben vernachlässigen; aber gelöst zu sein heißt eben nicht, etwas zu vernachlässigen. Es bedeutet nicht, dass du so tust, als ob es dich nichts anginge; es ist nicht gleichzusetzen mit einem Mangel an Nähe und Intimität. Gelöst zu lieben bedeutet vielmehr, dass ich frei bin, dich zu lieben, ohne die Bedürftigkeit, dich nach meinen Maßstäben zu verändern oder dich zu beherrschen. Natürlich habe ich meinen früheren Ehemann am Anfang geliebt, ich war verliebt. Die Ehe wuchs und entwickelte sich, aber ich nicht. Als er meinen Maßstäben nicht mehr entsprach, habe ich mich entliebt. Offensichtlich war meine Liebe an alle möglichen Bedingungen geknüpft: Ich liebe dich, wenn ...

Auf eine gelöste Weise zu lieben heißt, ganz genau so zu lieben und sich zu engagieren, aber ohne zu versuchen, den geliebten Menschen zu besitzen. Du bist nicht mein Eigentum. Du bist frei und in deiner Freiheit entscheidest du dich, mit mir zu sein und mich zu lieben. Das ist das Wunder. Gelöst zu sein bedeutet, weniger Betonung auf die Persönlichkeit zu legen und sich stattdessen mehr auf die Seelenwerte zu konzentrieren. Es bedeutet, dass der geliebte Mensch frei ist, er bzw. sie selbst zu sein, ohne sich deshalb ändern zu müssen, weil er oder sie nur dann meine Bedürfnisse erfüllen kann. Jesus und Buddha konnten mit so vielen Menschen zusammen sein, weil ihre Liebe nicht klammerte, weil sie überpersönlich war. Sie standen nicht in Beziehung zur jeweiligen Persönlichkeit, sondern schauten auf die tiefere Reise des Selbst, der Seele, auf das unveränderliche göttliche Wesen. Sie waren anam-aire, Seelenhüter, oder anam-cara, Seelenfreunde. Ich habe das auch selbst festgestellt, dass es im Allgemeinen leichter ist, auf eine gelöste Weise zu lieben. Für mich tauchen die Schwierigkeiten in einer intimen Beziehung zu einem besonderen Partner auf. Es ist schwierig, mit der Persönlichkeit zusammenzuleben. Es scheint, als ob wir ständig gegenseitig herausgefordert würden, hinter die Maske des göttlichen Bewohners des jeweils anderen zu blicken. Wenn zwei eins werden, wie man eine Beziehung oft definiert, muss die Persönlichkeit der beiden ganz sicher in den Geliebten, in das Göttliche in beiden aufgelöst werden.

Wenn wir uns auf eine gelöste Weise lieben, uns also nicht nur an der Person festklammern, sehen wir die Früchte dieser Liebe am Geiste des anderen und wir sind dann weniger verliebt, sondern wir werden zu Liebe an sich und wir werden frei, universell zu lieben, ohne Grenzen, ohne Bedingungen. Ich spreche nicht von der sogenannten freien Liebe als einer Freiheit, sich nach Gutdünken unterschiedliche Sexpartner auszusuchen – wobei es selbstverständlich nicht um Liebe, sondern um Lust geht, die lediglich dem Erdengemüt für eine kurze Weile einen Genuss vermittelt.

GEBURT
Was das Herz gebiert,
immer wieder aufs Neue,
das ist seine Bereitschaft
sich für seine Sehnsucht
nach Liebe zu öffnen
und die Liebe zu sein,
die es selbst sucht.
Phyllida Anam-Áire

Die Frau empfindet ein tiefes Verlangen danach, sich inniglich mit ihrem Geliebten zu verbinden. Sie ist bereit zu verschmelzen, damit ihre Anima Harmonie mit ihrem Gegensatz, Animus, findet. Wenn jedoch ihr Animus unreif ist, wird diese Sehnsucht dysfunktional und besitzergreifend. Dann spürt sie das Bedürfnis, den anderen zu besitzen, seine Männlichkeit zu absorbieren, um das auszufüllen, was ihrer Psyche ermangelt. Wenn ihr eigener Animus jedoch in ihrem eigenen Leben Ausdruck findet, dann schützt und leitet er sie und macht ihren Blick klar. Dann spürt sie nicht mehr das Bedürfnis, ihren äußeren Mann zu besitzen, sondern sie kann ihn aus einer gelösteren Haltung reiner Liebe lieben. Sie braucht ihn dann nicht mehr und so ist sie frei, Liebe in, mit und durch ihn zu erfahren.

Das Gleiche gilt für den Mann. Wenn er zu seiner eigenen Weiblichkeit erwacht, zu seiner Anima oder Seele, und deren schöpferischer Kraft gestattet, sein Leben farbig zu gestalten, dann braucht er seine Geliebte nicht mehr zu besitzen. Er muss nicht mehr darauf warten, dass sie ihn umsorgt und bemuttert, da er von den Kräften seiner eigenen Anima genährt wird.

Wenn zwei solche Individuen, männliche und weibliche, zusammenkommen, dann können sie voller Klarheit und Intimität lieben. Sie bleiben dann mit einem Platz der Ganzheit in sich selbst verbunden.

Dasselbe kann man auch über homosexuelle Leute sagen. Es ist wichtig, dass sie diese Energien kultivieren und sie auch in sich selbst integrieren; sonst streben sie immer nach einer solchen Erfüllung und „Vervollständigung" durch eine andere bzw. durch einen anderen.

Auf grundlegende Weise scheint sich Liebe auf zwei Arten zum Ausdruck zu bringen: auf eine offensichtliche und auf eine symbolische Weise.

Offensichtliche Wege

Wir kennen die offensichtlichen Wege der Liebe ja, da wir damit aufgewachsen sind und uns ihnen angepasst haben. Keiner kann aber so
einfach akzeptieren, dass Unwohlsein und Gebrochenheit auch Verkleidungen darstellen, wie sie die Liebe manchmal trägt. Die schönen
Herzensgefühle, die Menschen allein erleben oder in der Natur oder
in Gemeinschaft mit anderen, in der Familie oder unter Freunden,
und auch die Liebe zwischen zwei sich Liebenden sind offensichtliche
Manifestationen von Liebe. Das sind Situationen, in denen sich unser
Herz ausdehnt und unsere Seele entzückt ist und sich für bewusstes
Sein immer weiter öffnet.

Wir sollten jedoch daran denken, dass Liebe uns auch in Symbolen und Geheimnissen besucht; also müssen wir wach sein für solche
Phänomene oder wir verpassen von Tag zu Tag die vielleicht weniger
deutlichen, aber dennoch aussagekräftigen Botschaften der Liebe.

Symbolische Wege

Die Sprache der göttlichen Liebe ist die Sprache des Unbewussten
und das Unbewusste enthüllt sich auf geheimnisvolle Weise selbst.
Wir müssen uns darin üben, mit dem inneren Auge der Seele wahrzunehmen und mit dem inneren Ohr der Seele zu hören, um die jetzt
noch schwache Stimme der Liebe weiter zu erwecken.

Unsere Seelen leiten uns fortwährend zu einer immer größeren Be-
wusstseinsöffnung und Erweiterung, damit wir uns auch die nonverbalen, nicht aktiven, nicht logischen und nicht rationalen Möglichkeiten, zu erkennen und zu wissen, zu eigen machen können. Die
Aufgabe der Seele in uns besteht darin, uns an die Grenzen der An-
nahmen und Berechnungen unseres Erdengemüts zu führen, um uns
tiefer und immer tiefer in den Brunnen unserer eigenen Mysterien

zu ziehen. Zu dieser Seelenarbeit gehört eine höhere Bewusstheit für Synchronizitäten und sogenannte Zufälle. Zufälle sind das, was man sonst wohl als nicht bewusst geplante Ereignisse bezeichnen würde.

Unsere Seele kennt eine andere Möglichkeit, solche „Zufälle" zu deuten. Wenn wir von einem Gesundheitsproblem besucht werden, suchen wir sofort nach Heilmethoden oder einem schnell wirkenden Medikament, um Schmerzen zu lindern. Das ist normal. Schmerz wird als eine Art „Zufalls-Unfall" betrachtet. Leiden ist lästig und stellt für unser tägliches hektisches und erfolgsorientiertes Leben eine drastische Störung oder gar Katastrophe dar. Die Linderung von Schmerzen durch Medikamente, die man ja Schmerzmittel nennt, betäubt nicht nur die leidvollen Gefühle, sondern auch den Geist, der sich dann nicht damit auseinandersetzen muss, andere als rein körperliche und „zufällige" Gründe für die Schmerzen zu suchen.

SCHMERZEN

Du kannst Schmerzen nicht mit Medikamenten abtöten; du musst sie spüren.
Achte die Botschaft darin und den Boten.
Sage nicht, dass du auf dem Wege der Besserung seiest.
Ich muss nur die Möglichkeit erkennen,
den Heiler hinter diesen Schmerzen zu entdecken.
Ich traue dir nicht, wenn du die Quelle meiner Heilung abtöten willst.
Du sagst mir, dass ich noch ein Jahr länger leben könnte, wenn ich deine Medizin einnehme.
Ich will dir sagen, Arzt: Ich lebe ewig.
Meine Heilung hat nichts mit deiner Medizin zu tun.
Hannah Cunningham, 2006

Bewusstsein und Schmerzen

Natürlich müssen wir auch einen anderen Aspekt dieses Themas bedenken und das ist das Bedürfnis des Patienten, der selbst bestimmen möchte, wenn er bei Bewusstsein ist, wie viel und wie häufig er Schmerzmittel braucht. Als ich einmal eine sterbende Patientin begleitete, die sich so fühlte, als ob sie alle Kontrolle über ihr Leben in dem Augenblick verloren hätte, als sie im Hospiz aufgenommen wurde, sagte sie mir, dass es weniger um die Schmerzen ging, vor denen sie sich fürchtete, als die Tatsache, dass das Personal dort eine ziemliche Staatsaffäre daraus machte, wenn sie um mehr Morphin zur Schmerzlinderung bat. Ich konnte aus ihren Worten deutlich ihren Zorn, die Frustration und den Mangel an Eigenbestimmung heraushören, die ihr Leid nur noch verschlimmerten.

Meine Freundin Hannah, die derzeit fast überall im Körper Krebs hat, meint dazu Folgendes:

„So gut die Schwestern (die zur Betreuung ins Haus kommen) sind, habe ich doch das Gefühl, dass die Beherrschung meiner Krankheit und meiner Schmerzen ihre Sache sei, nicht meine eigene. Ich spüre, dass ich fast darum betteln müsste, angemessene Schmerzmittelmengen zu bekommen, und dass ich mein Bedürfnis danach irgendwie rechtfertigen sollte. Was ist eigentlich mit der Auffassung passiert, wonach es der Patient selbst ist, der feststellt, wie und wie groß seine Schmerzen sind? Die medizinischen Fachleute machen sich darüber Gedanken, dass meine Atmung oder dass mein Bewusstsein beeinträchtigt werden könnten. Was meinen sie denn, was passieren könnte? Vielleicht verliere ich ein paar Wochen des Lebens in meinem Körper. Die Sterbenden leben im gegenwärtigen Augenblick und wenn sie Schmerzmittel brauchen, dann brauchen sie sie jetzt. Sie wollen die Schmerzen von morgen, die Bedürfnisse noch nicht einmal diskutieren. Wenn sie das Fenster offen haben wollen, dann wollen sie das jetzt. Sie haben keine Zeit für Nettigkeiten oder Sauberkeit. Ich bin um zehn Uhr früh vielleicht in den tiefsten Abgründen der Verzweiflung und eine Viertelstunde später ganz in der Freude. Beides sind meine Wahrheiten und bei beidem geht es darum, es bewusst zu leben.

„Ist dies hier die einzige Realität, die es gibt? Ich glaube, dass wir alle eines Tages werden wählen können, in welchem Bewusstseinszustand bzw. auf welcher Ebene wir leben. Die höheren Bewusstseinsebenen stehen mir jetzt offen, da mein Körper seinen festen Griff des Erdenbewusstseins lockert, und meine Seele nimmt mich in eine größere Dimension mit als jene meines Körpers, der sich verkrampft und wie erstickt anfühlt. Deshalb mache ich jetzt die Fenster auf, trenne mich von meinen Möbeln (zum Leidwesen meines Mannes), räume auf und weiß, dass meine Seele auf einer tiefen Ebene ihre Bewusstheit erweitert."

Freud zufolge sind wir nur zu einem Zehntel bewusst. Je bewusster wir werden, desto mehr Fragen stellen wir an die Schmerzen. Wir sehen sie dann nicht mehr nur als Räuber unserer Energie, sondern als Boten der Gnade, der uns auffordert, aufzumerken, zuzuhören, uns der inneren Umwelt bewusst zu werden, die vielleicht verändert oder irgendwie angepasst werden muss.

Wie Hannah einmal sagte: „Schmerzen sind die Kalligrafie meines Lebens, die wunderschöne Schrift, die meine Aufmerksamkeit erzwingt, deren Schönheit ich auch noch im tiefsten Leid von Schmerzen wahrnehme. Die Schönheit dieser Schrift ändert sich nicht, weil ich leide."

Vielleicht haben wir das Bedürfnis unserer Seele nach Lebensfreude, Spaß und herzlicher Liebe ignoriert. Vielleicht haben wir uns zu sehr an jemanden geklammert und sein Abschied erfüllt uns mit Sorgen und Kummer. Vielleicht halten wir an einem Groll gegen jemanden fest ... was auch immer. Wenn es im Geist Unruhe gibt, Störung, Unwohlsein, dann wird der Körper das manifestieren. Denken wir jedoch daran, dass Krankheit immer erst im Erdengemüt beginnt und dass die Seele jede nur mögliche Situation benutzt, um uns zu helfen, uns zu wandeln. Die Seele erzeugt nicht die Schmerzen, aber sie verwendet sie, um uns etwas über Bewusstsein beizubringen. Erinnere dich daran, dass die

Seele nicht versuchen wird, dich von etwas abzuhalten, was du wirklich tun willst, selbst wenn das darin besteht, deine Freude und Hoffnung zu zerstören. Dein eigener freier Wille entscheidet.

Wenn du bewusst bist, wirst du annehmen, dass alles, dem du auf deinem Weg begegnest, Buddha- oder Christus-Energie ist. Das ist einfach eine andere Ausdrucksform, um zu sagen, dass alles, was in deiner Welt auftaucht, auf irgendeine Weise eine Anleitung zu Liebe und Mitgefühl darstellt. Kann man das auch von Schmerzen sagen? Denken wir darüber einen Moment nach. Wenn du die Botschaft bewertest, die Schmerzen bewertest und zwischen einer guten Botschaft und einer schlechten unterscheidest, dann verstehst du die Botschaft der Seele nicht. Deine Seele unterscheidet nicht zwischen gut und schlecht. Unsere Seele benutzt alles, um uns zu erwecken.

Es ist so wunderbar, wenn wir von sogenannten „guten" Boten aufgesucht werden, zum Beispiel, wenn wir einen Job angeboten bekommen, der viel Geld einbringt. Manchmal verausgaben wir uns aber ganz an etwas, wir verkaufen unsere Seelen für dreißig Silberlinge. Dann verschwindet die Lebensfreude und wir atmen nur noch, um eine Beförderung zu erhalten. Als Folge treffen wir unsere Freunde nicht mehr, machen keine Pause mehr, um unsere Seele zu nähren, und unsere Gesundheit bröckelt. Wir fangen an, Darm- oder Rückenbeschwerden zu bekommen, oder Hautprobleme und dergleichen mehr, und wir wundern uns, warum uns unser Körper just dann im Stich lassen sollte, wenn wir unsere Kraft für die Arbeit brauchen. Frustration macht sich breit, wir werden deprimiert, weil wir ein paar Tage Pause machen müssen, und jemand anders bekommt die Beförderung, auf die wir gehofft hatten.

Wie können Schmerzen als Katalysator für Heilung wirken? Wie kann eine solche Situation denn überhaupt ein Bote von Liebe sein?

Wenn wir bewusster werden, werden wir kein Problem damit haben, das zu erkennen; solange wir diese Situation jedoch als eine persönliche Katastrophe ansehen, die wenig oder nichts mit Liebe zu tun hat, müssen wir sehr Acht geben.

Liebe ist der Katalysator, der Alchemist, die Alchemie und gerade jenes Gold, in das wir verwandelt werden können. Diese Transformation passiert allerdings nicht über Nacht und sie fühlt sich auch nicht immer nur süß und leicht an. Wenn der Alchemist Liebe unser unreines Erz verwandeln soll, unser Erdengemüt, und wenn daraus der goldene Geist von Christus/Buddha/Liebe werden soll, dann müssen wir eine Transformation durchmachen, eine Verwandlung, einen Tod, bevor unser Erdengemüt wieder auferstehen kann. Keine dieser Möglichkeiten macht uns wirklich Spaß, da wir Transformation und Tod mit Schmerzen und Leiden assoziieren. Was wäre, wenn wir einfach einmal unsere sprachlichen Assoziationen veränderten? Nehmen wir an, dass wir, wenn wir vom Tod sprechen, die Begriffe Verwandlung und Transformation verwenden. Wenn wir von Schmerzen sprechen, könnten wir dieses Wort durch den Begriff Empfindung ersetzen, ohne damit eine besondere Bewertung zu verbinden. Wenn wir einen schlechten Tag haben, können wir von einem interessanten Tag sprechen. Versuche das einmal und pass auf, was dann geschieht. Der Tag ist neutral, Leben ist neutral. Wir füllen unsere Tage, wir führen unser Leben; der Tag ist nie schlecht, Leben ist nie schlecht. Die Art und Weise, wie wir uns entscheiden, sie zu bezeichnen und auszudrücken, färbt unsere Definition davon.

Wenn Sprache ihren Ursprung in Gedankenmustern hat, das heißt also, wenn der Gedanke der Vorläufer des Wortes, des Symbols ist, dann symbolisieren die Worte, die wir verwenden, Gedanken, Vorstellungen und Ideen. Insofern scheint es logisch, dass wir, wenn wir unsere Denkmuster ändern, damit auch unsere Sprache verändern können, und demzufolge auch unsere Gefühlsmuster. Es kann auch umgekehrt vor sich gehen: Indem wir unsere Sprache verändern, spüren wir etwas anderes und das führt zu veränderten Gedanken. Nehmen wir an, dass du beim nächsten Mal, wenn du krank bist, dir Folgendes vorstellst: Anstatt dich darüber zu beklagen, dass du im Bett bleiben musst, sagst du zu dir selbst „Offensichtlich brauche ich ein paar Tage, um zur Ruhe zu kommen. Mein Körper braucht Liebe und Zuwendung."

Unsere Seele lädt uns ein, unsere Welten zu erfahren. Unsere Seele hängt sich nicht an ein bestimmtes Ergebnis, aber die Entscheidungen, die wir treffen, haben Konsequenzen und diese erzeugen Liebe oder Angst. Wenn wir uns für Liebe entscheiden, wählen wir ein seelenvolles Leben. Denken wir jedoch daran: Wenn ich Liebe in mein Leben einlade, wird sie mich herausfordern, mir auch alles das anzusehen, was nicht Liebe ist – meine Ängste in Gestalt meiner Unsicherheiten, meines Misstrauens, Abkehr vom Selbst, Hoffnungslosigkeit, nicht erfüllten Träumen und Verlusten. Achte also darauf, wofür du dich öffnest; wenn du aber dein Leben nicht öffnest, bist du nur halb lebendig und hast Angst zu sterben. Wenn wir nicht in Berührung mit unserem eigenen tieferen Mysterium sind, werden wir die Mysterien der Liebe in der Natur, in der Physik, in den Sternen und in allen anderen Formen verpassen. In der Physik ist Liebe die verborgene wundersame Energie, die unsichtbare Zauberin, die alle sichtbaren und unsichtbaren Erscheinungen aktiviert. Liebe ist die Kraft, welche Atome und Moleküle verschmelzen lässt, sie ist die Anziehungskraft zwischen ihnen und Liebe ist auch die aktive Kraft der Verschmelzung.

Anima – funktional und dysfunktional

Der Begriff „Animation" erinnert an Vitalität und Bewegung; Leben ist synonym mit Seele, es ist weiblich. Um seelenvoll und liebevoll auf der Erde zu leben, müssen wir uns auch den Gegensatz dazu, die dysfunktionale Anima, ansehen.

funktionale Anima (unkonditioniert)	dysfunktionale Anima (konditioniert)
liebevoll – nährt und hütet	sorgt sich, rettet, besitzergreifend
kreativ – poetisch, tänzerisch usf.	Träumer, ungeerdet
riskiert etwas – keine Angst vor Veränderung	lebt immer in Spannung
chaotisch – kann mit Widersprüchen leben	unzuverlässig
natürlich – unangepasst	rebellisch, dramatisierend
bereit, im Dunkel zu sein – nicht zu wissen	neigt zum Kränkeln, hilflos
intuitiv – hört auf innere Weisheit	kein Unterscheidungsvermögen
hört auf den eigenen Rhythmus – folgt dem eigenen Weg	egozentrisch, ich-süchtig
freies Kind – liebt es, Neues auszuprobieren	unverantwortlich; flüchtet vor dem Leben
einfach – genießt das Leben	kindisch, weigert sich, erwachsen zu werden
sinnlich	sexuelle Lecks, gibt zweideutige Signale
fröhlich	unangemessene Grenzen
seelenvoll – mit der Seelenenergie verbunden	kein Gefäß
ausdrucksstark	genusssüchtig – lebt sich aus

Animus – funktional und dysfunktional

Spirit bzw. Animus, die als männlich betrachtet werden, können gleichfalls dysfunktionale Eigenschaften aufweisen.

Funktionaler Animus (unkonditioniert)	**dysfunktionaler Animus** (konditioniert)
liebevoll, kümmert sich	sorgt sich, „rettet", besitzergreifend
Gefäß	manipuliert, kontrolliert
präsent, stabil	unbeweglich, zudringlich
aktiviert	treibt an, konkurriert zu stark
innere Autorität	überrollt
heilige Intelligenz	rationalisiert zu viel
unterscheidet	urteilt, kritisiert
setzt Grenzen	zu starr
sexuell	besessen, erdrückend, impotent
sorgt vor und versorgt	besteht darauf, sich zu kümmern
schützt	besitzt
führt	diktiert, kommandiert
fröhliches Tun	süchtig nach Arbeit
spirituell	dogmatisch
maskulin	Mannweib/Macho
philosophisch	melancholisch, intellektuell
diszipliniert	strikt, kritisch
liebt	dringt ein

Kapitel 2

Der keltische Kessel

Göttin und Heilige

D ie Göttin Brigit, die von Völkern einer erdverbundenen Religion angebetet wurde, wurde war auch unter dem Namen Dana bekannt. Sie manifestierte die Dreiheit von Jungfrau, Mutter und Weiser Frau (auf diese wichtigen Archetypen gehen wir später näher ein). Ihr Vater war Dagda, der Hüter des Kessels der Fülle, der „Undry" hieß. Er war der weise und geehrte Gott der tuatha de Dannan, des „Stammes der Dana". Wegen ihrer seelenvollen und geerdeten Spiritualität wird Brigit oft mit der spirituell und sexuell ausdrucksstarken Sheela-na-gig verbunden, einer keltischen Fruchtbarkeitsgöttin, die ihre offene Vagina zur Schau stellte, um so ihre weibliche Herrlichkeit und leidenschaftliche schöpferische Kraft zu betonen. Sie besaß innerlich auch die männlichen Zeugungsorgane. Wenn man es von einer Sicht der heiligen Vereinigung her betrachtet, kann man leicht sehen, wie Penis, Skrotum und Hoden den Vaginaltunnel zum Schoß und die Eierstöcke widerspiegeln und so die heilige Vereinigung von Seele und Spirit oder den Kessel des Lebens bilden, aus dem die Schöpfung fließt.

Mich beeindruckt besonders, dass sie den Kessel der Fülle aufrührt, den man auch Bronwyns Kessel nennt und der ihr von ihrem Vater gegeben wurde. Dieses Geschenk an seine Tochter entspricht ihrer Initiation in ihr Frausein, in die Sexualität und die Wahl eines Partners. Der Kessel der Fülle des Vaters und sein Vertrauen auf die Fülle verlieh seiner Tochter die Zuversicht, ihren eigenen Kelch aufrühren zu können. Das ließ sie dessen bewusst werden, dass es nicht darum ging, dass ihr Wesen, ihre Natur kontrolliert würden, sondern Wesen und Natur ein Gefäß, eine Ausdrucksform brauchten. Das Aufrühren des Kessels kann man in psychologischen Begriffen als die Arbeit an unerledigten Dingen bezeichnen, als die Entwicklung der Individuation und schließlich auch als die psychische Befreiung. Dieser Ort der Befreiung hieß in der Mythologie tír na-n-óg, ein gälischer Ausdruck für „Himmel" oder „ewige Jugend".

Im Hinduismus lesen wir davon, dass ein Meer der Milch aufgerührt wurde, sozusagen „gebuttert", aufgrund einer Auseinandersetzung zwischen Göttern und Dämonen; am Ende wird daraus jedoch Ambrosia. Das ist ein symbolisches Bild dafür, dass das Gute und das Böse, das sich in einem riesigen Kessel irgendwo abgesetzt hat, aufgerührt wird, woraus schließlich Seelennahrung entsteht. In den meisten Religionen finden wir mythische Erzählungen über kämpferische Auseinandersetzungen zwischen Gut und Böse, die jeweils einen Aspekt der Philosophie der jeweiligen Religion bilden. Im Buddhismus halten die zornigen Gottheiten die Energien sowohl des Guten als auch des Bösen in ihren Händen.

Die christliche Kirche hat die vorchristliche Göttin Brigit adoptiert, welche die Erde und alles auf bzw. in ihr Enthaltene verehrte und die auch davon ausging, dass Tiere als unsere Freunde und Helfer geachtet werden. Sie wurde im Christentum von der Göttin Brigit zur Nonne und Heiligen Brigid umgebildet und umbenannt, die ihr Kloster in Kildare in Irland gründete (Kildare bedeutet auf Gälisch „Eichenwald"). Die christlichen Väter waren von ihren wunderbaren Gaben und Fähigkeiten sehr beeindruckt; dazu zählte die Fertigkeit, Metall zu bearbeiten, sich um die Sterbenden zu kümmern, wunderschöne Dichtwerke zu verfassen und mutig Verantwortung und geistige Führung zu übernehmen. Obwohl die Heilige Brigid (die auch unter den Namen Brede, Bridget und Bride bekannt ist), eine mutige und direkte Frau war, die eine große innere Kraft und weibliche Weisheit besaß, ist die Göttin Brigit doch seit ihrer „Heiligsprechung" und dadurch eben seit ihrer christlichen Aneignung mancher ihrer feurigen und sehr leidenschaftlich-körperlichen Eigenschaften verlustig gegangen und wirkt als Heilige Brigid nun mehr wie eine geglättete, jungfräuliche Nonne.

Was ist der Kessel?

Das Wort „Cauldron", Kessel, kommt aus dem Keltischen calla oder caul; das war ursprünglich etwas, was den Kopf eines Neugeborenen umschloss. Von dieser Hülle hieß es, dass in ihr alle Weisheit der gesamten Schöpfung enthalten war. Ein Kind, dessen Kopf davon bedeckt wurde, würde nie im Meer ertrinken noch würden es seine Füße zu weit von zu Hause forttragen. Diese Hülle, dieser „Kessel" war ein Gefäß, ein Schutz, sie „behütete" im Wortsinne den Geist des Kindes. Auf der äußeren Ebene beschreiben die meisten Wörterbücher und Lexika den „Cauldron", den keltischen Kessel, als einen irdenen oder eisernen Topf, der zum Kochen über einem offenen Feuer benutzt wurde. Er steht auf drei Beinen und besitzt einen Griff, manchmal auch einen Deckel. Als mich eine Freundin einmal fragte, was die Bedeutung des keltischen Kessels sei, antwortete ich ihr so: „Er symbolisiert das Gefäß, in dem das ganze Leben enthalten ist, das Weibliche oder die Erdseele, die alles enthält, ohne zu bewerten."

Der weibliche Aspekt des Göttlichen sammelt jeden und alles unter ihrem Mantel des Mitgefühls und der Liebe. Der keltische Kessel macht keinen Unterschied zwischen Tag und Nacht, Geburt und Tod, sakral und profan, Gott und Teufel, gut und böse, Heiligem und Sünder, Schöpfer und Geschöpf, König und Bettelmann und so fort. Alles wird in seinem Schoß angenommen. Brigits Beziehung zum Kessel ist entscheidend. Ihre allumfassende, nichts beurteilende Akzeptanz des ganzen Lebens, verbunden mit ihrer tiefen und entschiedenen Liebe für die Menschheit, berührt die Seele der Schöpfung und die Seele in uns folgt dem, ohne zu wissen, warum. Brigit ist als die „Bewahrerin des Herzens" bekannt und das bezeichnet sowohl das Herz als auch den Herd oder die Feuerstelle, die in der keltischen Seele synonym sind.

Die Flamme der Brigit symbolisiert ihre Leidenschaft und die Tiefenreinigung, welche das Feuer ihrer Arbeit in unserer Psyche bewirkt. Sie ist die braune Göttin, wie rote Erde, die alle Menschen dazu aufruft, bewusst aus der Mitte ihrer eigenen göttlichen Natur heraus zu leben. In ihrem mächtigen Kessel rührt sie unser Erdengemüt und unsere Seele auf, bis wir gereinigt herauskommen – bereit, uns und anderen zu dienen. Natürlich diskriminiert Brigit nicht aufgrund von Geschlecht; Männer, die sich entschieden haben, bewusst in der Welt zu leben, werden zweifellos eingeladen werden, ihre Lehren in der einen oder anderen Form kennenzulernen. Sie ruft sogar besonders das männliche Geschlecht auf, in ihrem weiten seelenvollen Selbst lebendig zu werden. Ihre Botschaft an den Mann ist: „Deine Siege liegen nicht mehr dort draußen irgendwo, sondern sie flammen im Herd und im Herzen deines eigenen Feuers auf. Jetzt ist es für deine Seele Zeit, nach Hause zu kommen. Das wird dein Sieg sein."

Nachdem ich selbst durch die vergangenen acht Jahre vom Kessel gelehrt worden bin, stelle ich fest, dass sich diese Lehren in meiner eigenen Heilarbeit intensivieren. Meine Fragen ändern sich, während ich mich ändere. Sie entwickeln sich wie in einer Spirale in mir, wenn ich die Bereitschaft aufbringe, mein gesamtes kostbares Leben zu erfahren. Sie bleiben im Kern zwar dieselben, aber sie werden runder, sie sammeln mehr vom Leben ein in dem Maße, wie ich selbst das auch tue. Vor ein paar Monaten, als ich Hilfe für einige schwierige Fragen über mein Leben suchte, erhielt ich diese Antwort: „Suche keine Antworten auf diese Fragen. Strebe nur danach, jede Frage voll zu leben, damit dein Leben zur Antwort wird."

Das ist die Art von Doppeldeutigkeit, an die ich mich gewöhnt habe, immer wenn ich um Klarheit oder Hilfe bitte. Es ist, als ob die rationale Vernunft nicht mehr das Vehikel für Wissen und Verstehen wäre. Irgendwie ist es mir gelungen, lange genug bei den Fragen zu bleiben, um sie tief und ganz in meinen Knochen zu erfahren. Die Magie liegt darin, dass ich in der Lage bin, in die Höhle der Dunkelheit zu gehen (an jenen stillen, dunklen Ort, an dem das Verstandesgemüt zu schweigen weiß angesichts der Präsenz eines allwissenden Anderen) und auf die Antworten aus dem Bauch, aus dem Blut, aus den Tränen meines eigenen Menschseins zu warten. Der Kessel hat mir gezeigt, dass ich bereits über alles verfüge, um die Verletzungen der Vergangenheit zu heilen, und darin liegt Heiligkeit. Ich musste mein Bewusstsein in Bezug auf diesen Begriff „heilig" stark umstellen. Wie ich ihn jetzt verstehe, bedeutet „heilig" ganz und voll in der Welt zu leben, und dazu gehört unbedingt auch, über Ängste hinauszugehen, mehr und mehr die eigenen Reaktionen auf alles bewusst wahrzunehmen und dysfunktionale Beziehungsmuster zu heilen.

Vor einiger Zeit war ich in einer Gruppe, in der wir unsere Auffassungen von Heiligkeit austauschten. Mutter Teresa, Mahatma Gandhi und Papst Johannes XXIII. wurden alle als Beispiel für Heilige genannt. Mein Beispiel war eine 46-jährige Frau, die in einer schäbigen Ecke von Nordirland mit ihrem fünf Kindern lebt und diese durchbrachte, obwohl sie kaum Geld hatte. Sie half einer älteren Nachbarin auch noch, die unter Verkrüppelung und Schmerzen litt. Ihr Humor und ihre Bereitschaft, mehr als das zu geben, das in ihrem Leben eigentlich zu erwarten gewesen wäre, und dabei jeden Tag voll zu leben, ermutigte auch mich, jeden Augenblick so voll und ganz wie nur möglich zu leben. Der Mann, der zu seinem Nachbarn gehen konnte, den er seit Jahren gehasst hatte, und zu ihm sagen konnte: „Jim, es tut mir leid, wie ich dich behandelt habe; ich war immer so neidisch auf dich. Ich gab dir die Schuld dafür, dass du Geld hattest und ich nicht. Es tut mir leid", – das ist ein weiteres Beispiel für einen Heiligen. Wenn wir solch mutige Handlungen ausführen können, dann werden wir zu Friedensstiftern und tragen zum Weltfrieden bei. Als junge Frau glaubte ich, dass Heiligkeit mit Märtyrertum und Wundertätigkeit zu tun hätte. Die meisten weiblichen Heiligen waren zudem noch Jungfrauen. Der katholischen Kultur zufolge war etwas entscheidend Heiliges an dieser Jungfräulichkeit, das uns als junge Frauen zweifellos so beeindruckte, dass wir diese Einstellung so lange als möglich ebenfalls übernehmen wollten.

Der Kessel lehrt mich, dass ich gut informiert bin. Fragen entstehen und stellen sich aufgrund von Gnade; Fragen an sich sind bereits heilig und inspiriert. Mit diesem neuen Bewusstsein gehen wir über unsere Ängste hinaus und vergrößern unsere Seelenfülle, um das Leben freudiger und fröhlicher anzunehmen.

Der heilige Kessel

Der Kessel repräsentiert den Schoß der Großen Mutter, Mann und Frau, Yin und Yang; er wartet auf den „Rohstoff" unserer natürlichen Emotionen. Die große Mutter lädt uns ein, diese Gefühle in ihrem Kessel zu kochen, sie aufzurühren, sie zu vermischen und aus dem „Gebräu" einen großen psychischen Eintopf für die hungrige Seele zu machen. Dieser Eintopf, dieses Ambrosia, ist notwendig für das Wohlergehen der Seele. Ohne ihn stirbt sie aufgrund eines Mangels an lebendiger Leidenschaft, Kreativität und echter Beziehung mit anderen ab. Wenn wir uns auf das Risiko dieses „Brennvorgangs" einlassen, auf diesen Schmelzvorgang, gelangen wir durch diese Form von Initiation in die Fülle des Lebens. Wenn wir auf Nummer sicher gehen und am Rand des Kessels stehen bleiben, werden wir nie den brandneuen Atem unseres eigenen Herzensliedes erfahren, der uns mit Vitalität und Wohlergehen erfüllt. Wir müssen in diesen großen Schoß eintauchen, ungeachtet unserer Angst, denn sie lädt uns dazu ohnehin immer wieder ein. Es ist besser, uns ihrer „Butterung" zu unterziehen, als das wie ausgeblasene Leben eines Opfers zu führen.

Der Kessel spricht in Symbolen und deshalb repräsentiert er auch Sprache. Er zeigt sich in Dichtung, Kunst, Natur, Musik, Träumen, Sexualität, Tanz und so fort. Der Mensch, der die Weisheit des Kessels sucht, muss die Sprache der Seele verstehen.

Die Weisheit des keltischen Kessels empfängt man durch ein offenes Herz. Das Herz wird (bei vielen) anfangs vor allem durch Trauer geöffnet und Tränen aus dem Herzen machen die Tore der Kommunikation weit auf. Mit dieser geistigen Haltung wird der Kessel willkommen geheißen. Später öffnen Freude und Liebe das Herz noch weiter, damit noch mehr Raum für die Weisheit des Kessels entsteht. Das Aufrühren von Kummer und Freude, Zorn und Frieden, Angst und Liebe erzeugen das Lied der Lieder, den großen Tanz der Erneuerung, um die Seele für ihre Reise zu sich selbst zu stärken. Wer nicht riskiert, dass sein Herz zerreißt, wird fragmentiert statt integriert sein, gespalten statt eins mit dem Leben. Diese Menschen bleiben unberührt und sind unberührbar und deshalb spüren sie nichts und fühlen sich vom Leben getrennt und sie verstehen seine Paradoxien nicht. Nur jene, die riskiert haben, dass ihre Erdengemüter im Schoß der Großen Mutter zerschmelzen, können sich wirklich sicher dabei fühlen, mit Anmut und Ehre, Lachen und Liedern durch die Welt zu gehen, weil sie gelernt haben, mit dem Paradox zu leben.

Lehren des Kessels

Da die Lehren des keltischen Kessels nicht in Stein gemeißelt sind, beruhen meine Entdeckungen nicht auf üblichen Recherchen. Was ich mit dir hier teile, sind meine Seelenerfahrungen und meine Seelenenergie. Ich werde immer wieder dazu herausgefordert, authentisch zu sein, und die Lehren zeigen mir ungerodete Landschaften in mir selbst, die Heilung verlangen. So bitte ich auch dich, dein Herz für die Worte zu öffnen, und wenn dich etwas in dir dazu aufruft, tiefer zu lauschen, dann tu das. Vergiss dabei jedoch nicht, dass du in dieser entscheidenden Zeit für die Evolution unseres Planeten von der großen universellen Seele der Menschheit geführt wirst. Du kannst mit ihr mithilfe deiner eigenen Glaubensüberzeugungen in Kontakt gelangen, ob sie nun christlich, buddhistisch, islamisch oder anders begründet sein mögen. Bitte um die Hilfe, die du heute brauchst, um deine eigenen Schätze für dein Leben in deiner eigenen Seele zu finden.

Unter dem Deckel des Kessels

Der keltische Kessel ist sicher ein Symbol der Seelenweisheit vergangener Zeitalter gewesen, aber auch ein Gegenstand, der verächtlich gemacht wurde, indem der wahre Zauber des Archetypus der Großen Göttin entehrt wurde. Man verband nämlich damit auch einen „Zauberkessel" von Hexen, wie im bekannten Beispiel in Shakespeares Theaterstück Macbeth, in welchem drei Hexen in einem lächerlichen großen Kessel alle möglichen Probleme zusammenbrauten. Schwierigkeiten, groteske Aspekte des Lebens sowie dunkle Energie verband man gern mit solchen älteren, isolierten Frauen. Das lieferte den Vorwand, dass die Kirchenväter die Inquisition, die sich gegen „Hexen" richtete und die Frauen oft quälte und ermordete, noch als ein Akt der „religiösen Barmherzigkeit" darstellten, um die Gesellschaft von diesem Übel zu befreien.

Das Blubbern im Kessel steht symbolisch für die Intensität, mit der die Seele ihre Heilarbeit in der Psyche des Menschen durchführt. Wir fühlen, wie sie die neun Zehntel in unserem Kessel aufrührt, der unbewusst ist. Wir spüren, wenn dieses Aufwallen und Umrühren beginnt. Wir fühlen uns unwohl, wir spüren, wie unsere noch nicht gelebten Teile gerade unterhalb der Oberfläche herumgewirbelt werden. Etwas in uns verlangt nach Ausdruck und manchmal wissen wir nicht, was das ist. Wir fühlen uns einfach aufgewühlt. Das Herumwirbeln unserer ungelebten Träume, unserer erfüllten Leidenschaften, unserer Rufe nach guter Elternschaft (obwohl wir inzwischen vielleicht schon fünfzig Jahre alt sind) – all das ist Teil unseres Erwachens. Es kann sein, dass eine Beziehung nicht mehr funktioniert und wir uns einsam fühlen, verlassen, ungeschützt in einer großen, weiten Welt. Wir werden uns unserer verletzten Teile bewusster. Wenn wir genauer hinsehen, dann finden wir ungeheilte Muster aus der frühen Kindheit. Der Kessel wird langsam heißer und allmählich nimmt uns unser Bewusstsein tiefer in unbekannte Gefilde hinein und wir brauchen dort Hilfe. Wir dürfen uns jederzeit weigern, uns das anzuschauen, was an die Oberfläche gebracht wird. Wir können jederzeit Nein sagen. Wir müssen nichts anblicken, riechen oder schmecken, wozu wir nicht bereit sind. Sie wird jedoch beharrlich bleiben; sie wird dich unter einer warmen Hitze sanft anrühren, bis du schließlich begreifst, dass du anfangen musst, die Inhalte deines Kessels als deine eigenen zu akzeptieren, bis du sie riechst, fühlst und schmeckst.

Wenn du begonnen hast, dich mit dem Zeug direkt unter der Oberfläche auseinanderzusetzen, dann spürst du, wie sie mit der Schöpfkelle mehr aus den Tiefen heraufbringt. Der saure Geschmack deiner nicht geheilten Teile, die mit der klaren Brühe des Mitgefühls und der Selbstliebe vermischt werden, verwandelt sich in ein tieferes Verstehen und in die Annahme bisher abgewiesener Seelenfülle. Wenn du mit ihr zusammenarbeitest, mit deiner innersten Seele, dann wird sie immer tiefer gehen, bis sie am Boden des Kessels herumkratzt. Wenn du dann auf die große Heilung in deinem Leben zurückblickst, wirst du dankbar für die Weisheit sein, die in dir aufgerührt wurde, und du wirst deine eigene Integrität mehr und mehr achten.

Die humanistische Psychologie lehrt, dass wir auf andere Züge oder Eigenschaften projizieren, die wir an uns selbst nicht mögen. Das ist die große Lektion des Kessels für unser Zeitalter. Es fällt mir ja nicht leicht, mich zu meiner Arroganz zu bekennen, also verlagere ich sie in meinen Partner. Dann fühle ich mich sofort erleichtert, denn nun ist er ja arrogant und ich bin der geduldige, leidende Engel. Ich bekenne mich nicht zu meinem Unwissen, also ist die Regierung der beste Kandidat für meine Projektion. Es ist doch offensichtlich, dass Hitler ein Mörder und Diktator war, und das gilt auch für Stalin und Saddam Hussein. Das ist ja gut dokumentiert. Also muss ich mir meine Intoleranz nicht ansehen, meinen inneren „Diktator" oder meinen inneren „Mörder", solange ich dafür gute Kandidaten da draußen in der Welt finde. Selbstverständlich habe ich keinen anderen Menschen getötet, noch habe ich – zumindest nicht bewusst – jemand anderen missbraucht oder unterdrückt. Aber ich habe subtilere Formen der Unterdrückung, Intoleranz und Arroganz gelernt, die ich anwende, wenn ich nicht bewusst lebe.

In meiner Ehe war ich das liebe, gute Mädchen, freundlich und umgänglich. Mein Mann war eher ruhig und meine sogenannte Extrovertiertheit stand in direktem Kontrast zu seiner sogenannten Introvertiertheit. Wenn in einer Beziehung ein Partner seine Gefühle nicht zum Ausdruck bringt, überkompensiert der andere (unbewusst) und muss sich nun mit zweierlei Arten von Gefühlen auseinandersetzen. Es ist in einer Beziehung auch schwierig, wenn es zwei Stars gibt, wenn nicht beide ihre Heilarbeit geleistet haben. So war meine Beziehung. Ich wollte der Star sein, die Strahlende, der Engel. Wohin wanderte also mein projizierter Teil, mein Teufel? Mein armer Mann spielte diese Rolle viele Jahre hindurch gut. Ich hoffe, dass ich inzwischen gelernt habe, mehr meiner falsch platzierten Teile zu mir zurückzurufen. Ich möchte eine „heilige" Frau sein, eine heile Frau, mit allem, was zu mir gehört, auch wirklich in mir. Nur dann kann ich diese Teile heilen.

Warum fiel es mir so schwer, meine Arroganz und meinen Stolz zu sehen und als mir zu Eigen anzunehmen? Der Kessel lehrt, dass die meisten Menschen in Angst leben und deshalb nicht die Fülle des Lebens erfahren können. Er tröstet uns mit diesen Worten: „Nimm deine Ängste in die Arme, wie du es mit einem kleinen Kind tun würdest, und wärme sie am Herd (im Herzen) deiner liebevollen Güte."

Meine Angst war, zurückgewiesen zu werden. Wenn ich als Kind wütend oder anmaßend gewesen wäre, wäre ich – so dachte ich es mir damals zumindest – nicht nur von meinen Eltern, sondern auch von Gott verlassen worden, der zornige kleine Kinder (angeblich) gar nicht mochte. Deshalb lernte ich rasch, nett zu sein, freundlich und keinerlei eigene Wünsche anzumelden. Diese Angst des Lebens verfolgte mich eine lange Zeit und bestimmte viele meiner Entscheidungen.

Als ich in den 60er Jahren Nonne war, arbeiteten wir alle zusammen, beteten gemeinsam und aßen zusammen. Die Betonung lag darauf, sich selbst zu verlieren. Ich lernte zwar, wie man heilig ist, hasste mich selbst dabei aber. Ich verdrängte also die sogenannten negativen Gefühle im Hinblick auf den sogenannten Missbrauch meines Körpers und nannte das eine spirituelle Übung. In völliger Selbstaufgabe entbot ich mein junges, ungelebtes Leben Gott. Das tat ich, weil ich Jesus liebte und ihm den Rest meines Lebens dienen wollte. Wenn ich damals bewusster gewesen wäre, hätte ich bemerkt, dass ich Nonne wurde, weil ich Angst davor hatte, „in einer Welt der Sünde" zu leben. Ich fürchtete mich so sehr davor auszudrücken, wer ich war – mein ganzes Selbst –, dass ich die große Flucht ergriff. Ich hatte Angst vor meiner Sexualität, weil mir von Kindheit an gesagt wurde, dass sie gefährlich sei. Es fiel mir leichter, mich für die Leugnung meines Frau-Seins und Verdrängung zu entscheiden, als mir den Ursprung und die Ursachen meiner Dysfunktion anzusehen. Ich gab all meine Verantwortung und Macht über mein Leben ab. Die Angst vor dem Leben trieb mich in die Selbst-Zurückweisung. Genau das, wovor ich mich fürchtete, es von der Hand anderer zu erleben.

In mir köchelte und blubberte Angst unter dem Deckel des Kessels: Angst, Jesus zu beleidigen, also ging ich in langen Meditationen und Gebeten aus meinem Körper heraus. Mein Erdengemüt schützte mich wirklich davor, dass mein Herz zerbrach. Ich bemerkte gar nicht, wie aus diesem jungen Mädchen eine „gute Nonne" wurde, eine sogenannte „heilige Gottesfrau". Wie konnte die Weisheit des Kessels mir helfen zu erkennen, wie ich mich selbst um mein eigenes Leben betrog und insofern ja anderen auch gar keine echte und legitime Hilfe sein konnte?

Selbstverständlich hätte meine Ordens-Äbtissin sich intensiver mit der Frage beschäftigen können, welches die unbewussten Motive für junge Frauen sein mochten, die sich ihrer Gemeinschaft von Nonnen anschließen wollten. In jenen Tagen damals war „aus Liebe zu Gott" eine ausreichende Begründung. Viele Ex-Nonnen, mit denen ich später als psychologische Beraterin arbeitete, erkannten, dass Inzest in ihrer Kindheit der wahre Grund gewesen war, warum sie ins Kloster gingen, und das bot ihnen immerhin einen Zufluchtsort.

Gefühle der Scham und der Schande, die du in dir trägst, hindern dich daran, ganz im Leben zu sein, und für viele Frauen war das Schweigen im Kloster etwas sehr Beruhigendes und Anziehendes. Viele Frauen hatten zerbrochene Beziehungen hinter sich und entschieden sich für Jesus als Behelf. Dieser Aspekt des Nonnentums zog mich an. Ich musste mit Jesus keinen Sex haben und trotzdem liebte er mich. Ich trug auch seinen Ring und das Inbild meines Geliebten hing an einem Kreuz um meinen Hals.

Viele junge Frauen wie ich wurden von der katholischen Religion „missbraucht" in dem Sinne, dass eine verzerrte Theologie darauf bestand, dass alle Frauen an sich böse seien und automatisch auch Versucherinnen. Diese Theologie unterdrückte auf subtile Weise auch die Männer. Denn sie ging davon aus, dass Männer nur von ihren sexuellen Trieben beherrscht würden und unfähig seien, diese zu kontrollieren; letztlich stand dahinter die Ansicht, dass Männer nicht besser als Tiere mit ihren grundlegenden Instinkten waren. Mein Eintritt in das Konvent war eine Reaktion auf das Leben in meinem Körper. Wenn wir nur reagieren, handeln wir nicht bewusst. Nach den Lehren des Kessels besteht die große Herausforderung für uns in unserer Zeit darin, immer bewusster in und mit unserem Körper zu leben.

Unter dem Deckel des Kessels lagen auch meine Kindheitsmuster dafür, mich um alle zu kümmern. Und sicher war da auch jede Menge an Schuld- und Schamgefühlen vorhanden, die nur darauf warteten, Chaos zu erzeugen. Mit der Hilfe einer guten psychologisch-spirituellen Beraterin hätte ich mir diese Muster sicher ansehen und sie heilen können. Ich hätte die Gründe gesehen, die für meine Entscheidungen maßgeblich waren.

Die Lehren sagen uns, dass wir nicht allein sind, dass wir immer Hilfe und Führung erhalten, sowohl sichtbarer wie unsichtbarer Natur; aber wir wollen selbst die Kontrolle innehaben. Der Verlust von Kontrolle bedeutet, dass sich das Erdengemüt ergeben muss. Wir scheinen drei symbolische Chancen zu erhalten, um unseren Kurs wieder zu finden. Die Seele benutzt ungeschickte Entscheidungen des Erdengemüts als Mahlstoff für die Mühle der Heilung.

Nachdem ich mich auf den Weg in meine eigene Heilarbeit gemacht hatte und nachdem ich zu jenem Stadium gelangt war, wo ich die Menschen, die Übergriffe zu verantworten hatten, erkannt hatte – nicht als böse Leute, sondern als selbst verletzte und nicht geheilte

Menschen –, war ich fähig, Mitgefühl für sie als auch für mich selbst zu empfinden. Heute sehe ich ganz klar, dass alles, wozu ich mich aufgrund von ungeschickten und unbewussten Sichtweisen des Erdengemüts entschieden hatte, schmerzliche Folgen nach sich zog. Heute sind diese zu einem Teil meiner Segnungen geworden.

Der keltische Kessel lehrte mich, dass ich mir ansehen musste, inwiefern ich – aufgrund von Angst – auf subtile Weise andere manipulierte und viele Situationen kontrollierte. Wie oft habe ich anderen meinen Willen aufgezwungen, weil ich Angst vor dem Versagen hatte? Aah! Welches Mitgefühl notwendig ist, um unsere eigene Zerbrechlichkeit zu sehen und diese wieder zurück in unsere Seele zu lieben. Der Kessel lehrt, dass wir fähig werden sollen, unser eigenes Gesicht im Antlitz der ganzen Menschheit zu sehen. Nur so können wir wirklich heilig werden.

Unser Leben zu heilen braucht seine Zeit; vielleicht sogar mehrere Leben. Es wird aber einfacher, wenn man aus der Dunkelheit die Muster auftauchen sieht.

Sieben Monde der Heilung

Der Kessel lehrt, dass es sieben Monde der Heilung gibt. Diese Stadien oder aite, das gälische Wort für Plätze, sind:

1. In die Höhle der Dunkelheit eintreten.
2. Die Knochen des gebrochenen Menschen berühren.
3. Die Geschichten erzählen. (scealta)
4. Die Seele des Mitgefühls singen.
5. Die verlorenen Teile zurückrufen.
6. Die Gaben mit anderen teilen.
7. Erneut in die Höhle gehen.

1. In die Höhle der Dunkelheit eintreten

Wenn wir in die Höhle der Dunkelheit eintreten, beginnen wir eine
Reise, die sich wie eine nach oben gerichtete Spirale bewegt. Der Weg
ist nicht linear in dem Sinne, dass es einen klar definierten Start- und
Endpunkt gäbe; er ist auch nicht kreisförmig, als ob man sich immer
im Kreise drehen würde und immer wieder dieselben dysfunktionalen Orte aufsucht. Die meisten von uns gehen in diese Höhle nicht
freiwillig hinein. Unsere Seele nutzt natürlich jede Gelegenheit, die
sich aufgrund von Entscheidungen unseres Erdengemüts ergibt, um
uns an die Öffnung der Höhle zu führen. Die Iren kennen ein Sprichwort: „Wenn du nicht freiwillig in die Hölle gehst, dann zerrt dich der
Teufel bei den Haxen herein." Da steckt ein Körnchen Wahrheit drin,
obwohl ich es vorziehe, dass uns nicht der Teufel in die sogenannte
Hölle zerrt, sondern dass uns unsere weise Seele zeigt, wo und was
die Hölle ist. Für viele scheint es wie eine Selbstbestrafung, freiwillig
in die Höhle zu gehen, weil sie sich nicht ihrer Reaktionen auf ein
stresserfülltes Leben bewusst sind. Wenn uns jemand vorschlägt, wir
sollten uns doch einmal überlegen, warum wir unser Leben dysfunktional führen, dann reagieren wir darauf schnell wütend. Die Angst
rät uns, dass wir uns an das Bekannte halten sollten. So setzen wir alle
Mittel ein, um außerhalb der Höhle zu bleiben.

In meiner Arbeit mit Sterbenden bin ich vielen Menschen begegnet, die es schwierig finden, den Tod als eine Tatsache zu akzeptieren,
die zum Leben dazugehört. Der Tod ist der schwarze Mann, da wir
ja nie in seine Mysterien eingeführt worden sind. Die Vorstellung allein, loslassen zu sollen, ist bereits zu schmerzlich. Wir investieren so
viel unseres Glücks in andere, sodass unser ganzes Leben zerschmettert wird, wenn sie sterben. Die Höhlenerfahrung drängt uns, diese
Trauer anzuschauen. Was wir wirklich brauchen, ist, dass ein anderer liebevoller, nicht urteilender Mensch dabei ist, wenn wir unserer
Trauer Ausdruck geben, der uns hilft, unser Herz für Barmherzigkeit
für das eigene trauernde Selbst zu öffnen. Gefühle wie Zorn, Angst,

Eifersucht, Depression, Hoffnungslosigkeit und Abwehr oder Verdrängung müssen durch den Körper Ausdruck finden. Wir werden aufgefordert, unsere Verlusterfahrungen ganz zu erfahren, anstatt uns davon abzulenken und sie zu ignorieren. Diese Worte aus einem meiner Lieder sollen uns dazu ermutigen:

> *Tanze in den Schatten, bis du*
> *den Klang deiner Füße auf dem Boden hörst.*
> *Tanze in den Schatten, bis die Angst in dir*
> *dein Schweigen mit seinem heilenden alten Ton zerbricht.*

Wie kann Angst einen heilenden Ton haben? Der natürliche Klang von Angst ist ein Schrei. In meiner Arbeit habe ich Menschen helfen können, ihre Ängste durch Töne zum Ausdruck zu bringen, die schließlich zu einer Musik werden. Die Hymne „Amazing Grace" von J. Newton (1725–1807) sagt in ihren Zeilen, dass es gerade die Gnade selbst ist, die uns unsere Ängste zeigt und sie auch auflöst.

2. Die Knochen des gebrochenen Menschen berühren

Ein Mann gab mir gegenüber vor einiger Zeit zu, dass seine Angst vor der Höhle mit seiner Angst vor der Dunkelheit zu tun hatte; und seine Angst vor der Dunkelheit hatte mit seinen eigenen Emotionen zu tun, die er vor sich selbst versteckt hatte. Seine Botschaften aus der Kindheit waren, dass Emotionen beherrscht werden mussten, weil sie sonst uns beherrschen würden. Der Begriff E-motion hat ja bekanntlich mit Bewegung zu tun. Das Gegenteil scheint jedoch viel wahrer zu sein: Unsere dysfunktionalen, negierten oder unterdrückten Gefühle drücken sich auf unangemessene Weise aus. Unterdrückung braucht immer Ausdruck und so manifestieren sich solche nicht anerkannten und gelebten Emotionen als Krankheit, Unfälle oder sogar Herzanfälle.

Den folgenden Dialog führte ich mit einem Gefangenen in einem der Gefängnisse in Schottland. Er demonstriert die Tragödie, die sich hinter verdrängten und unterdrückten Gefühlen aufbauen kann.

Phyllida: „Warum hast du deine Frau getötet, John?"

John: „Weil sie immer genörgelt hat, sich immer über mich beschwert hat."

Phyllida: „Worüber hat sie genörgelt?"

John: „Über alles; dass ich nicht gut genug bin, dass ich nie etwas richtig mache, so was."

Phyllida: „Wer hat denn sonst noch an dir rumgenörgelt?"

John: „Meine Mutter hat nie damit aufgehört; sie hat mich mein ganzes Leben lang kritisiert."

Phyllida: „Sonst noch jemand?"

John: „Meine Lehrerin auch; sagte, dass ich nichts richtig mache und es nie schaffen werde. Sie war eine richtige Schl....."

Phyllida: „Tut es dir leid, dass du deine Frau getötet hast?"

John: „Ja, das tut mir leid; weißt du, es sieht so aus, als ob ich die falsche Frau getötet habe, oder nicht?"

John (nicht sein echter Name) hat dabei nicht gelacht. Er erkannte, dass seine Leiden schon lange, bevor er seine Frau traf, begonnen hatten. Sie erinnerte ihn an seine Mutter. Ich frage mich, wenn John die Gelegenheit gehabt hätte, Heilarbeit im Hinblick auf seine Mutter und seine Lehrerin zu machen, ob er dann seine Frau überhaupt getötet hätte. Das entschuldigt niemals einen Mord oder irgendeine andere Form der Aggression; es ist jedoch ein psychologischer Beweggrund, warum manche Menschen andere töten. Manche Menschen, sicher nicht alle, müssen Opfer finden, die sie verfolgen, um ihre eigenen Schmerzen zu lindern, um sich selbst mächtig zu fühlen. Dr. Elisabeth Kübler-Ross meinte, dass wir alle einen „Hitler" in uns tragen und dass wir alle Gewalt ausüben könnten, wenn wir dazu gebracht würden. Sie fügte aber hinzu, dass wir alle auch eine „Mutter Teresa" innen haben.

3. Geschichten erzählen (scealta)

Das ist ein solch wesentlicher Bestandteil für den Heilungsprozess. Wir Iren lieben eine gute Geschichte. Wir erzählen gern von Fionn McCull und seiner Horde Kriegern oder von den Missetaten böser Elfen und Gnome. (Es fällt bedeutend schwerer, sich die Geschichten vom Bösen anzuhören, das jetzt auf unserer Insel passiert, die einmal die „Insel der Heiligen und Gelehrten" hieß.) Wenn man unsere Geschichten bewusst zur Kenntnis nimmt und sie entsprechend achtet, in einem Kreis einfühlsamer Zuhörer und Zuhörerinnen, dann fließt an alle verletzten Stellen Heilung und wir werden gerechtfertigt. Als Kelten glauben wir, dass es einen unmittelbaren heilsamen Einfluss auf die Lebenden und die Toten hat, wenn wir Geschichten unserer Ahnen erzählen. Ich meine, dass das Sprichwort „Wenn man die Geschichte des Vaters erzählt und hört, muss der Sohn sie nicht wiederholen" viel Wahrheit enthält. Wenn man die Geschichte des Vaters nicht kennt, dann nimmt die Psyche des Sohnes sie auf und versucht sie zu Ende zu bringen. Dasselbe gilt für Mutter und Tochter. So viele junge Leute müssen die unerfüllten Träume ihrer Eltern ausleben. Ein Vers in einem meiner Lieder sagt:

> *Weißt du, junger Mann, du kannst nicht ganz allein heil werden,*
> *du hast deine Mutter und deinen Vater an deinen Knochen kleben.*
> Phyllida and Healing Voices[4]

4. Die Seele des Mitgefühls singen

Das ist etwas, was uns nie beigebracht worden ist. Der Kessel lehrt uns, wie wir das Liebeslied unserer Seele für uns selbst singen können. Die Lehren sagen uns, wann und wie wir Mitgefühl für unsere eigene Zerbrochenheit entwickeln können, damit wir unser eigenes Leiden mit den Augen der Liebe betrachten. Dieser Blick der Liebe wird von Gnade und Segen erfüllt und das ist es, was uns heilt. Solange wir uns selbst verurteilen und verdammen und Schuldgefühle aus unserer Vergangenheit mit uns herumschleppen, können wir nicht geheilt werden. Wenn wir nur unsere Unschuld erkennen würden, würden wir uns sofort in uns selbst verlieben und es würde eine unmittelbare Heilung geben. Aber alte Botschaften bleiben lange in der Psyche eingeprägt, lange noch nachdem die Überbringer dieser Botschaften schon längst wieder fort sind. Wenn wir uns von alten Fehlentscheidungen besetzen lassen, dann ist das nichts anderes als eine subtile Art von Eigensabotage. Wir gestatten uns dabei selbst keinen Seelen- und Herzensfrieden. Es ist, als ob das Drehbuch unseres Lebens vorschreiben würde: „Du bist schuldig und ich werde dich daran ständig wieder erinnern." Wenn wir unsere zwanghaften Muster erkennen, mit liebevoller Güte, wird uns das helfen, mit ihnen richtig umzugehen und sie schließlich zu heilen. Das ist die Botschaft des heiligen Kessels.

5. Die verlorenen Teile zurückrufen

Das ist nur möglich, nachdem wir bereits Mitgefühl für uns selbst entwickelt haben und unsere Zerbrochenheit gefühlt und erkannt haben. So viele Menschen rufen ihre Projektionen wieder zurück und fühlen sich dann noch schuldig, dass sie überhaupt projiziert haben! Falls du dich noch in Bezug auf irgendetwas schuldig fühlst oder dich für irgendetwas schämst, dann ist jetzt nicht die richtige Zeit, diese Übung durchzuführen. Voreilige sogenannte Vergebung und das Loslassen von Schuldzuweisungen sind nicht von Dauer, weil sie nicht durch echte Eigenliebe gestärkt werden, sondern auf Angst beruhen. Du musst dir genau anschauen, warum du verlorene Teile deiner selbst zurückrufst. Du tust es in der tiefen Erkenntnis, dass „ich das bin, was ich in anderen benenne, und weil ich eine ganze Person sein möchte, einschließlich jener irrtümlich abgespalteten Teile meiner selbst, die ich nun zu mir heimrufe, in mein Herz". So können verlorene Selbstanteile geheilt werden. Denke daran, dass es für alle Dinge unter dem Himmel eine richtige Zeit gibt. Dein „Timing" ist entscheidend.

Im Buddhismus legen die Karmalehren nahe, dass alles, was auch immer ich erschaffe, eines Tages zu mir zurückkehrt. Karma ist sowohl persönlich wie unpersönlich. Alle Symptome sind karmisch und diese Symptome sind Botschaften über Disharmonie, über Inkongruenz. Tatsache ist, dass das Universum uns das sendet, was wir bildlich in der Welt aktiviert haben. Das ist die Lehre vom „Was wir säen, das ernten wir". Im Buddhismus gibt es die Symbolik der Bettlerschale, mit welcher der Mönch (oder die Nonne) in das Dorf geht und demütig darauf wartet, dass die leere Schale von anderen gefüllt wird. Dieses Füllen der Schale gibt ihm bzw. ihr symbolisch das zurück, was er oder sie zunächst gegeben hat.

Unsere keltischen Ahnen benutzten die Schale auf symbolische Weise. Sie stellte unser Leben dar – das bereits gelebte und das noch zu erlebende. Wir kommen in die Welt und sind bereit, unsere Geschichte fortzusetzen, die Schale oder den Kessel erneut zu füllen. Er wird während jener Transformation geleert, die wir Tod nennen. Dabei empfängt die große Lebenskraft unsere Schale und während sie von Mysterien überfließt, leert sie die Schale, lässt die Erfahrungen dieses Lebens Revue passieren, setzt sie in Beziehung zu den anderen Leben, die wir bereits gelebt haben, und mit derselben Schale reisen wir zurück zur Erde, um sie erneut zu füllen. Diese Schale nenne ich, wie man sich selbstverständlich denken kann, Seele. Seele ist ein Wort, das der Buddhismus nicht verwendet. Die Menschen mussten warten, bis der Christus kam, damit wir sie, die Seele, ganz verstanden. John Tarrant, ein buddhistischer Lehrer und Autor, spricht von emotionaler Heilarbeit, von Seelenarbeit, im Unterschied zur Erfahrung durch Meditationsübungen.

6. Die Gaben mit anderen teilen

Das ist das Stadium, in dem sich das kreative und gebende Selbst an seiner eigenen Seelenfülle begeistert. Wenn ich die Tiefen meiner inneren Wildnis berührt habe, komme ich mit Gaben beladen zurück. Diese Gaben enthüllen meine eigene Lebensfreude und stärken die Lebensfreude von anderen. Ich bin immer wieder erstaunt über die vielfältigen kreativen Fähigkeiten, die in der Psyche der Menschen verborgen sind. Offensichtlich können wir diese Gaben erst entdecken, wenn wir uns unseren Schatten stellen. Die Menschen selbst sind ganz überrascht, wenn sie feststellen, was „in ihnen steckt". Ihre kreativen Talente waren so unter psychischem Schutt verborgen, dass sie gar nichts von deren Existenz wussten. Unser Erdengemüt hält uns klein, macht uns verlegen und beschämt uns und hält uns isoliert.

Ich bemerke immer wieder, wenn ich ein Konzert gebe, dass ich vor Beginn etwas nervös bin. Wenn ich erst auf der Bühne stehe und den Menschen dort in die Augen blicke, verlässt mich die ganze Nervosität. Ich bin mit Freunden zusammen. Der Geliebte von uns allen übernimmt für uns alle die Inspiration und Führung. Es gibt kein sogenanntes „richtig" oder „falsch", wenn es in Wahrheit um die Liebe geht. Dann gibt es nur noch Liebe.

7. Erneut in die Höhle gehen

Das sollte man nicht mit dem ersten Besuch in der Höhle verwechseln. Erinnern wir uns: Wir gehen nie an den genauen Anfang zurück, wenn es um unsere Heilarbeit geht. Wir gehen vielmehr mit neuer Erkenntnis und geistigem Licht, mit mehr „Erleuchtung" erneut in die Höhle, um alle Gefühle zu klären, die von der Oberfläche verdrängt wurden. Es wird nie mehr so dunkel wie zuvor sein, beim ersten Besuch. Es ist wichtig, dass wir dieses siebente Stadium auch dann durchlaufen, wenn wir meinen, es gäbe nichts mehr zu klären oder zu lösen. Es stellt einfach eine gute Übung dar, sich alle sechs Monate oder so zurückzuziehen, um in der eigenen Energie und Kreativität zu sein. Brigit spricht von „der Notwendigkeit, sich selbst wieder zu sammeln". Ich glaube, dass diese Art von Sammlung ein notwendiger Teil der Heilung ist. Je mehr Klarheit wir von unserer Zeit in der Höhle erlangen, desto bewusster werden wir. Ich freue mich schon auf die Zeit, wenn wir alle nur noch unsere Gaben des Friedens und der Liebe untereinander austauschen, ohne dass wir erneut in die Höhle gehen müssen. Bis zu diesem Zeitpunkt bin ich indes bereit, immer wieder hineinzugehen, um neue Schätze zu entdecken.

Die keltische Frau[*]

Die keltische Frau war empfänglich für Dichtkunst und Philosophie. Sie besaß eine Stärke, die nicht von der Muskelkraft kam, obwohl sie auch sehr fit war, sondern aus einem tiefen und sicheren Gespür für ihre eigene innere Autorität. Wenn sie ein Ritual durchführte, waren die Männer von ihrer Würde beeindruckt und achteten ihre Autorität, die nicht benutzt wurde, um zu unterdrücken, sondern um aufzubauen. Sie wusste, dass sie die Göttin Dearcú repräsentierte, die „rote Hündin". Diese symbolisierte Geschwindigkeit und Geschmeidigkeit, Stärke und Loyalität, Wissen und Schutz, Leidenschaft und die Fähigkeit, Gefahren vorauszuahnen. Sie betrachtete alle Formen des Lebens als heilig. Ihr Zauber war ihre Stärke, die sie einsetzen konnte, um zu heilen oder zu zerstören. Ihr Menstruationsblut befruchtete das Land. Es diente auch dazu, um junge Frauen zu salben, die sich mit den Dämonen der Selbstzerstörung auseinandersetzten, mit Selbsttötung. Es hieß, dass es sie zurück zu ihrer Blutslinie brachte.

Babys wurde die Plazenta als Nahrung gegeben und Frauen, die im geburtsfähigen Alter waren, nahmen sie auch als Speise, um ihre Fruchtbarkeit zu erhöhen. Die keltischen Frauen verbrannten ihre

Toten mit ausgefeilten Zeremonien von Gesängen, Heulen und Tänzen und sie bemalten ihre Körper. Sie liebten Schmuck, das Färben der Haare, Armreifen, Schmuck an den Fußknöcheln und das Färben von Kleidungsstücken. Oft färbten sie ihre Haare, um die Männer zu verwirren. Keltische Frauen waren sehr emotional und leidenschaftlich; ihre Sexualität drückte sich auch in Initiationsriten aus. Während der Rituale zeigten sie große Selbstbeherrschung und folgten der Priesterin genau.

Sie besaßen eine „Zigeunerinnen-Mentalität" und liebten es, sich frei zu bewegen und von Zeit zu Zeit ihre Wurzeln an ganz neuen Orten zu schlagen, um ihren Horizont zu erweitern. Von Deirdre der Sorgen, der keltischen Göttin der trauernden Frauen, hieß es, dass ihre Wildheit genau so mächtig war wie ihre Tränen der Leidenschaft und der Trauer, und ihr Kummer war das Kind ihrer Lebensfreude, das sie mit sich herumtrug. Das gibt ein ungefähres Bild von der paradoxen Welt, in der unsere weiblichen Vorfahren lebten.

Lebendiges Paradox

Die keltische Frau wusste, dass sie nicht nur das Leben auf der Erde erfährt, sondern dass sie auch selbst das Leben ist, welches sie erlebt. Sie wusste sich nicht getrennt vom Leben innerhalb einer Erfahrung. Sie war auch die Antithese ihrer Erfahrung, insofern, als sie sich von sich selbst lösen und distanziert bleiben konnte. Die Frau ist die, welche das Leben gibt, und sie ist auch das Leben, das sie selbst erzeugt. Sie ist auch die Zerstörerin. Sie ist bereit, im Akt der Schöpfung auch selbst zerstört zu werden.

Wenn die keltische Frau trauert, dann ist sie nicht vom Akt des Trauerns getrennt, und sie ist auch nicht vom dem getrennt, was sie betrauert. Wenn die Frau ihre verlorenen Lieben betrauert, ihre vergangene Jugend, ihre unerfüllten Träume, dann ist sie sowohl der

Vorgang des Trauerns als auch Subjekt und Objekt ihrer Trauer. Die keltische Frau in diesem Sinne war also nicht nur das Subjekt ihrer Lebenserfahrungen, sondern auch das Objekt dieser Erfahrungen. Sie erzeugt nicht nur ihre Erfahrung, sondern sie ist diese Erfahrung auch selbst und genauso das Leben, das sie lebt.

Wenn sich die keltische Frau am Tanz des Lebens erfreut, dann beklagt sie zugleich, obschon unbewusst, ihre Trauer. Wenn sie ein Lied der Liebe und Leidenschaft singt, dann beweint sie zugleich ihr liebeloses und trauriges Leben. Ihr Akt der Trennung schafft einen Raum, in dem das eine sich über das andere erhebt – der Widerspruch bleibt jedoch bestehen. Da die gesamte Schöpfung aus ihrem Schoß fließt, ist sie der erste Urgrund des Lebens. Und sie ist auch der letzte. Sie ist die heilige Leere, der Ort des nicht rationalen Wissens. Wenn die Entwicklung der menschlichen Form abgeschlossen ist, wird sie sowohl diejenige sein, die diese Verfeinerung bewirkt hat, als auch diejenige, die verfeinert worden ist.

Die „Frau des Schoßes" ist im Herzen der ganzen Schöpfung. Das ist sowohl wahr wie falsch, denn sie ist auch das Herz selbst; jener Ort der reinen Leere, aus der alle Welten erschaffen werden. Deshalb ist sie nicht nur in der Schöpfung, sondern sie ist die Schöpfung selbst. Ihre Stimme erklingt nicht nur über den Wassern, sondern sie ist auch die Wellen. Sie beklagt nicht nur den Verlust ihrer Kinder auf der Erde, sondern sie ist selbst auch der Akt der Trauer und ebenfalls die Kinder, die sie betrauert. Die „Frau des Schoßes" weiß aufgrund ihres Wesens, dass das Leben einerseits nicht von Dauer ist, andererseits jedoch ewig, dass es flüchtig ist und doch ganz im Hier und Jetzt, dass es laufend neu stirbt und immer lebendig ist.

Die keltische Frau ist sowohl das Subjekt ihrer Liebe als auch der Akt der Liebe an sich. Deshalb kann sie gar nicht anders, als Extreme zu fühlen. Ihre Emotionalität ist tiefer und unmittelbarer als die des Mannes. Der Mond und seine Zyklen wirken auf sie. Bei Vollmond ist diese Frau nahe einer „Verrücktheit", gemessen daran, was als „normal" betrachtet wird (was jedoch nicht immer „natürlich" ist). In dieser Zeit des Vollmondes ist die „Frau des Schoßes" in Kontakt mit ihrer nicht-dualen Natur und mit den paradoxen Ereignissen des Lebens.

Der keltische Mann

Vom keltischen Mann sagt man, dass er hungrig war und seine Zeit mit Kämpfen verbrachte. In Heuneburg und Hochdorf in Deutschland gibt es zahlreiche Hinweise auf keltische Siedler, die in Europa vielleicht die ersten Kelten waren. Archäologen haben herausgefunden, dass der keltische Mann ein geschickter Handwerker war, der sein Haus als Rundbaus baute (im Bewusstsein des Weiblichen), der es weiß anmalte, um die Sonne widerzuspiegeln (den männlichen Aspekt), und der dieses Haus innen nur sparsam ausstattete und schmückte. Es waren hart arbeitende Bauern, die sich um Land und Vieh kümmerten und mit der Natur tätig waren. Griechische Einflüsse werden sichtbar in der kunsthandwerklichen Gestaltung von kunstvoll verzierten Reifen und Ringen, Schwertern und Schmuckstücken. Sie bauten auch ihre eigenen dekorativen Kampfwagen und „Kutschen", die später mit ihnen begraben wurden.

Ihr Handel mit den Griechen half ihnen, ihre eigenen Fertigkeiten bei Töpferwaren und Eisenbearbeitung weiterzuentwickeln. Manche Forscher meinen, dass das Wort „Kelte" aus dem Griechischen stamme. Es war ein Begriff, der eher eine Kultur als einen Stamm umschrieb. In Hochdorf fand man einen goldenen Reifen und ein Schwert, die anscheinend einem Anführer gehörten. Die Eisenzeit machte die Kelten sehr reich. Ihre handwerklichen Fähigkeiten bei der Eisenbearbeitung waren offensichtlich. Sie sprachen sowohl Lateinisch als auch Griechisch. Das alles setzte sich in Irland fort bis zur Zeit der „Verfolgungen", als die keltische Erziehung offiziell verboten wurde und Lehrer hinter Hecken und in Gräben ihre Schüler unterrichteten, während jemand Wache hielt.

Wo und wie findet der biologische Mann sein Wesen? Ein Junge findet seine Identität zunächst über seine Mutter. Ihre Unterstützung und Zustimmung bedeuten zunächst alles, weil sonst sein Selbstwertgefühl in Frage steht. Die Weisheit eines Mannes speist sich aus einer anderen Quelle als die der Frau, dabei nicht weniger machtvoll oder von kreativen Fähigkeiten beseelt.

Die Weisen Männer der Kelten, die Schamanen, verwendeten eigene Spucke und Schleim (wie es auch Schamanen in den Anden oder der Mongolei tun), um ihre Weisheit weiterzugeben. Sie glaubten, dass Körperflüssigkeiten medizinisch wirksame Eigenschaften der Lebenskraft besitzen und dass man, wenn man entsprechend dafür begabt ist, so die eigenen schöpferischen Lebenssäfte weitergeben kann. Im Westen betrachten wir das Ausspucken als einen Akt der Aggression; im vorchristlichen Irland galt das Ausspucken jedoch als Zeichen dafür, dass der Erde ein Geschenk gesandt wurde. Manche Zigeuner in Irland führen auch heute noch eine Zeremonie durch, bei welcher der Urin der Verlobten am Morgen ihrer Hochzeit miteinander vermischt wird. Das war ein Symbol der Vermischung der Stämme und der gegenseitigen Akzeptanz. Der vermischte Urin wurde dann als Segnung in die Erde gegossen.

Der Mann drückt sein Leben weniger emotional aus als die Frau und eher in Form von Konzepten. Das ist für ihn natürlich. Wenn er jedoch seine Emotionen aus Angst unterdrückt, dann gerät er in eine Dysfunktion, die wie bei einer Frau sein Wohlbefinden beeinträchtigt. Es ist für einen modernen Mann sehr schwierig, seine eigene Quelle zu finden, seinen eigenen fruchtbaren Ort der Männlichkeit. Vom Arbeitsplatz wird er oft durch die Automatisierung verdrängt, zu Hause wird er häufig durch Babysitter ersetzt und in der Beziehung zu seinen Genossen wird sein Erfolg meist an der Größe seines Besitzes gemessen. Männer haben es heutzutage schwer zu erkennen, wie sie ein Teil der Erde sein können. Ein Mann vertraute mir vor einiger Zeit an: „Phyllida, ich weiß gar nicht mehr, wie ich eigentlich leben soll. Wenn ich zu männlich bin, dann werde ich als Macho oder Chauvinist beschimpft. Wenn ich zu weiblich bin, dann gelte ich als Softie und Frauen wollen das auch nicht. Wie soll ich mich denn als ein Mann verhalten, der als liebevoll angesehen wird, der ab und zu auch zornig sein darf, der Zweifel hat und zugleich doch bestimmt ist? Ich weiß das einfach nicht."

Ich gab ihm meine Antwort in Gestalt eines Fragebogens:

1. Was ist Männlichkeit?
2. Wie definierst du dein eigenes Geschlecht, wenn du mit der Feststellung beginnst „Alle Männer sind ..."?
3. Was sind deine Ängste im Hinblick auf dein eigenes Geschlecht?
5. Was sind deine Glaubensmuster über deine Verantwortlichkeiten?
6. Wie war deine Beziehung zu deinem Vater?
7. Wie war deine Beziehung zu deiner Mutter?
8. Auf welche Weise musstest du dich ändern, um von anderen akzeptiert zu werden?
9. Setze diesen Satz fort, der mit den Worten „Alle Frauen sind ..." beginnt.
10. Was tust du, um geliebt zu werden?
11. Definiere „Erfolg".

Nachdem er die Fragen einige Zeit lang überlegt hatte, rief er mich an und sagte, dass er die Antworten mit mir besprechen wolle. Wir trafen uns einige Zeit danach und er berichtete mir von den Problemen, die er mit sich selbst und demzufolge auch mit anderen hatte. Die strenge Art seines Vaters hatte ihm gezeigt, dass der Platz einer Frau zu Hause war und dass der Mann die Kontrolle innehatte – allerdings hatte das so nicht mehr funktioniert. Seine Freundin drängte ihn, all seine Gefühle mit ihr zu besprechen, und das schien ihm nicht richtig zu sein, da er zu verschiedenen Themen keine so starken Gefühle hatte wie sie. Als er eines Tages seiner Freundin die Tür öffnete, sagte sie ihm, dass sie selber die Tür aufmachen könnte und es ihm wohl nur um Sex ginge.

Als er einmal eine andere Frau wegen deren Stärke und Kraft bewunderte, meinte seine Freundin, dass er sie nicht liebte aufgrund ihrer Schwäche. Er fand, dass Frauen denken, dass alle Männer nur Sex wollten, und dass die Frauen wissen müssten, dass alles, was die Männer wirklich wollten, ist, geliebt zu werden, genauso wie die Frauen selbst das ja auch nur wollten. Männer verhalten sich anders und jeder ist ja nur hier, um sich mit anderen über die jeweiligen Probleme und die Unterschiede auszutauschen, und sich gegenseitig zu helfen und zu heilen. Frauen wüssten ja gar nicht mehr, was sie eigentlich von den Männern wollten, und das ist für beide Geschlechter ziemlich verwirrend. Er fügte dann noch hinzu, dass seine Mutter nie wirklich an ihn geglaubt hatte und dass sie ihn lange Zeit in Abhängigkeit von ihr hielt.

Der keltische Mann lernt wie die keltische Frau von der Natur. Von ihr lernt er etwas über die innere Stärke, über Grenzen, Selbstbeherrschung und den Schutz für Junge. Der keltische Mann war auch ein Poet und sogar in seinen Kriegen kreativ. Die Achtung vor seinem Feind war ebenso wichtig wie das Schwert, mit dem er ihn tötete. Seine Gestalt verwandelte sich in das Tier, das er jagte, und er nutzte die Eigenschaften von Tieren, wenn er kämpfte. Er war so in Kontakt mit seinem eigenen Tier-Selbst, dass es keine Trennung mehr zwischen ihm und dem äußeren Tier gab. Es war selbstverständlich, sich selbst zu achten; so war es auch ganz natürlich, die gesamte Schöpfung zu achten. Er musste nicht das sesshafte Leben führen und sitzende Tätigkeiten ausüben, wie es Männer heute tun, noch musste er sich mit dem Stress aufgrund finanzieller Sorgen wegen eines Mangels an Arbeit herumschlagen. Rollenidentität verlieh Männern und Frauen sowohl Sicherheit wie auch Anerkennung, deshalb waren die Kinder zu Hause weniger desorientiert; es gab klare Vorbilder.

Die großen Götter der keltischen Welt, wie Lugh und Cú Cúchlainn, waren von Stärke, Weisheit und Disziplin durchdrungen und der keltische Mann stand in unmittelbarer Beziehung zu ihren Energien. Die Rolle des Vaters im Leben von Lugh, während er seinen Sohn Cú Cúchlainn behütete, wenn dieser seinen traumlosen Schlaf schlief (den man übrigens auch als tiefe Meditation bezeichnen könnte), bestand darin, den Sohn vor körperlichem Schaden zu schützen. Lugh bewachte die männliche Bevölkerung mit seiner Weisheit des Initiators in den Wirklichkeiten einer anderen Welt. Diese geistigen Reisen dienten dazu, Wahrheiten zu sammeln und sie dem Stamm zurückzubringen.

Die Götter waren die Hüter der Stämme und der keltische Mann hatte die wichtige Verantwortung, die Werte und Normen des Stammes an die jüngeren Generationen weiterzugeben, damit Sitten, Rituale und Zeremonien überliefert wurden und fortbestehen konnten. Der keltische Mann liebte Drama und Tanz, und bevor er sich auf die Jagd begab, bemalte er seinen Körper, führte er seinen Sonnentanz aus und er rief seine Ahnen um Hilfe an; dann ging er mit dem Segen des ältesten Mannes in seinem Stamm nach draußen, um ein Tier zu jagen und zu töten. Dieses Ritual wurde als ein natürlicher Austausch mit dem Tierreich vollzogen, da er seine eigenen Körper bei seinem Tod den Tieren anbieten würde. Normale Leute hatten die Wahl, ob ihr Körper nach dem Tode in der Erde begraben werden sollte, damit das Tierleben sich am Körper beteiligen konnte, oder ob sie verbrannt werden wollten. Höherrangige Leute wurden mit ihren Streitwagen und irdischen Besitztümern begraben.

Kapitel 3

Natürliche und dysfunktionale Emotionen

Natürliche Emotionen und
ihre Funktionen bzw. Dysfunktionen

Dr. Elisabeth Kübler-Ross lehrte, dass es nur fünf natürliche Gefühle oder Emotionen gibt: Zorn, Angst, Liebe, Eifersucht und Trauer. Diese Emotionen werden aufgrund unserer konditionierten Lebensweise oft verzerrt. Ich zähle Sexualität ebenfalls als eine natürliche Emotion dazu. Außerdem glaube ich, dass wir unerledigte, nicht erlöste und dysfunktionale Beziehungsmuster von einer Inkarnation in die nächste mitnehmen.

Das keltische Bewusstsein lehrt, dass wir destruktive emotionale Energien von unseren Eltern und Vorfahren in uns weitertragen und dass sie, sozusagen rückwirkend, dann auch heilen können, wenn wir diese Energien in uns heilen. Die Kelten waren überzeugt, dass alles, was wir auf der irdischen Ebene tun, alle überall und irgendwo erschaffenen Erscheinungen beeinflusst. Es ist zwar sehr wichtig, dass wir heilende Räume und Heilweisen finden, um unsere nicht akzeptierten Emotionen zum Ausdruck zu bringen, aber ich betone immer sehr, dass wir nicht an ihre ursprünglichen Geburtsorte zurückgehen müssen – in die Kindheit. Wir müssen nicht den Schorf einer Wunde abkratzen, wenn er sich denn schon gebildet hat! Viele Menschen traumatisieren sich immer wieder aufs Neue, indem sie sich immer wieder an ihre unglückliche Kindheit erinnern, Übergriffe und Missbrauch wieder ausgraben, die sie erlitten haben, anderen Schuld zuweisen und ständig neu das Grab „ausrauben", indem der Leichnam immer wieder aufs Neue ausgegraben wird. Das ist eine Methode, die Opferrolle beizubehalten und nie die eigene innere Autorität und Verantwortung als Erwachsener anzuerkennen. Für andere ist es ermüdend, unserem „Klatsch und Tratsch" über uns selbst zuzuhören, damit wir Liebe oder Aufmerksamkeit erlangen. Wenn wir heil geworden sind, brauchen wir die alte Wunde nicht mehr drücken, damit sie sich wieder öffnet und erneut zu bluten beginnt.

Natürlich	Funktion	Dysfunktion
Zorn	Hilft uns, unsere Bedürfnisse zu erfüllen und „Nein" zu sagen, wenn etwas weder uns noch der Gemeinschaft dient.	Wut, Gewalttätigkeit, Aggression, passive Aggression, Frustration, Zynismus, Sarkasmus, tratschen, kritisieren, andere bedrohen, andere klein machen.
Angst	Zeigt uns, wo wir vorsichtig sein müssen; zeigt uns unsere Unsicherheiten; die instinktive Reaktion des Kämpfens oder Flüchtens; es gibt nur zwei natürliche Ängste, nämlich 1. lauter Krach von hinten und 2. aus hoher Höhe herunterzufallen.	Phobien, Neurosen, zwanghafte Verhaltensmuster, automatische Abwehrhaltungen.
Liebe	Austausch über unser Leben; Gefühle des Wohlbefindens; Öffnung für andere Menschen. Austausch unserer Kreativität. Selbstvertrauen in wer wir sind.	Besitzansprüche, Bedingungen wie „Ich liebe dich, wenn …", Kontrollansprüche, Koabhängigkeit, Sentimentalität.
Eifersucht	Zeigt uns, was wir wollen und wem wir gleichen möchten; das „Ich auch"-Syndrom.	Neid, projizierte Besitzansprüche; „Denen werde ich es schon zeigen."
Trauer	Hilft uns, miteinander Tränen zu vergießen und unsere Gefühle auszudrücken; führt uns aus der Isolierung; wirkt transformierend; zum Ausdruck gebrachte Liebe; die Lebensgeschichte erzählen.	Trägheit, Abwendung, hemmungsloser Tränenfluss; unangemessene Abhängigkeit von lieben Verstorbenen, Feststecken, Überarbeitung, Taubheit, Verwirrung, Nostalgie, unangemessene Schuldgefühle.

93

Sexualität	Den Körper auf sexuelle Weise erleben; man achtet Grenzen, Ausdruck von Spiritualität, kultischer Brauch; Zeugung; man geht über das konzeptionelle Denken hinaus.	Vergewaltigung, ungehemmte Sinnlichkeit, Pornographie, Hinweise auf den heranwachsenden Körper eines Kindes, unangemessene Berührungen, Sex als Strafe, Süchtigkeit nach Orgasmen.

Bei Workshops mit Elisabeth Kübler-Ross wurde immer ein sicherer Platz geschaffen, an dem Menschen Ängste, Tränen und Wut aus ihrer Kindheit ausdrücken konnten, die ihr ganzes emotionales System verstopft hatten. Das war selbstverständlich erst der Anfang ihrer Reise zu sich selbst. Ich glaube, meine tiefsten Meditationen fanden statt, wenn ich Menschen begleitete und ihnen helfen konnte, Kontakt mit ihrer Wut aufzunehmen und sie in ihrem Kummer, ihrer Trauer, ihren Ängsten äußerlich sichtbar zu machen, und wenn sie dann schließlich ihre Freude tanzten, wenn sie die Menschen, die Übergriffe verübt hatten, loslassen und damit vergeben konnten. Das war für mich immer so etwas wie eine heilige Zeit, eine Zeit, in der ich anderen half, in ihre Ermächtigung zu gelangen, soweit ich das Risiko einzugehen bereit war, in die Hölle ihrer Schmerzen zu gehen, ihre Verrücktheit zu empfinden und ihre Freude mitzuerleben. Elisabeth war der Ansicht, dass Therapeuten ihre Klienten nur so weit nehmen können, wie sie selbst gegangen sind. Sie war gar nicht glücklich darüber, wenn Leute versuchten, ihrem Leid durch positives Denken und unrealistische Affirmationen auszuweichen. Diese Zeit, bei einer emotionalen Entwicklung zu bleiben, wirklich gegenwärtig zu sein, während ein anderer Mensch durch seine persönliche Hölle geht und schließlich darüber hinaus gelangt an einen Ort der Selbstannahme, des echten Mitgefühls und der Öffnung für andere, stellte für mich sowohl die Zerbrochenheit des Menschen wie seine Heilung dar – alles in einem. Ich habe nie allein gearbeitet. Aus meiner Sicht war die Geliebte, die

Überseele, immer dabei, und alle sogenannte negative Energie, die zum Ausdruck kam, wurde transformiert, wurde von der großen Alchemistin „Liebe" selbst verwandelt. Wir führten mit diesen Menschen keine Entspannungstherapie durch. Wir mussten ihnen keine Meditationsmethode beibringen. Wir brauchten ihnen nicht zu erzählen, was Mitgefühl ist; sie erfuhren es einfach. Unser Singen und Tanzen, unser echtes Lachen und die Offenheit füreinander waren sichere Zeichen, dass eine Transformation stattgefunden hatte und diese Transformation sich auch fortsetzen würde.

Im Buddhismus betrachtet man Wut als eine ungeschickte Art zu reagieren und man verbindet damit ein niedrigeres Sein. Ja, es stimmt: Wut ist eine sehr ungeschickte Art und Weise, sich auf andere zu beziehen. Wenn Zorn angehäuft und blockiert wird, wird daraus Wut und dann verüben wir grauenvolle Schrecklichkeiten, sowohl gegenüber anderen wie gegen uns selbst. Ich habe miterlebt, wie Wut eine Gemeinde in Nordirland terrorisiert hat, und ich gehörte zu denjenigen, die diese Wut abbekamen und auszuhalten hatten. Wut in einem selbst endet oft in Selbstmord oder in Mord oder beidem. Manche buddhistische Meister meinen, dass wir die Erde aufgrund zorniger Gefühle verschmutzen. Wenn wir unsere sogenannten negativen Gefühle bei uns behalten und unterdrücken, dann verschmutzen wir uns nicht nur selbst, sondern üben auch negative Wirkungen auf das Universum aus.

Die große Überseele transformiert alle zum Ausdruck gebrachten Gefühle in Liebe. Unser Singen und Tanzen, unsere Lebensfreude und Liebe füreinander bei solchen Treffen sind bereits ein Beweis dafür. Jede Bewertung unserer Gefühle ist eine Verurteilung und Glück zu suchen zulasten der Heilung der Wut unserer Kindheit ist sinnlos. Im Kloster habe ich den ganzen Tag lang meditiert und doch half mir das nicht, Lebensfreude und Fröhlichkeit zu finden. Erst als ich meine Ängste aus der Kindheit in einer liebevollen Umgebung ausdrücken konnte, in der die bedingungslose Annahme mir erlaubte, auch meine Wut mitzuteilen, konnte ich die Freude in mir entdecken, die auf mich bereits wartete.

Wir werden die sechs genannten grundlegenden Emotionen zwar nicht alle einzeln und tief gehend behandeln, aber ich meine, es ist notwendig, dass wir uns blockierten Zorn ansehen und wie natürlicher Zorn, wenn er angemessen zum Ausdruck kommt, sowohl uns als auch anderen helfen kann.

Zorn

Ich habe in zwei Gefängnissen in England gearbeitet. Dort erfuhr ich, dass die meisten Männer, mit denen ich gearbeitet hatte, in einem sehr frühen Alter selbst Opfer gewesen waren und später ihre Opfer gefunden hatten. Ich habe schon vorher betont, dass dies keine Entschuldigung für Gewaltanwendung ist, aber es ist doch ein psychologischer Grund für solche unbewussten Handlungen in unserer Gesellschaft.

Natürlicher Zorn hält nach Elisabeth Kübler-Ross 15 Sekunden an. Natürlicher Zorn heißt, einfach „Nein" zu sagen. Er ist die innere Autorität, die weiß, was uns dient und was nicht. Er muss nicht „geladen" sein. Natürlicher Zorn ist nicht laut, nicht gewalttätig, er schreit nicht und ist nicht aggressiv. Er ist der bzw. die Erwachsene in uns, der oder die klar mitteilt, was seine bzw. ihre Bedürfnisse sind. Wenn unsere Bedürfnisse als Kinder nicht erfüllt wurden, haben wir oft geschrien, um auf diesen Umstand aufmerksam zu machen; das ist ein natürlicher Ausdruck von Trauer oder Kummer. Ein kleines Kind bekommt dann bisweilen einen Wutunfall, um noch mehr Aufmerksamkeit zu bekommen. Das Kind, das natürlichen Zorn ausdrücken und dabei positive Aufmerksamkeit bekommen kann, wird sich natürlich besser entwickeln als ein Kind, dem der Mund verboten wird, das eine Ohrfeige bekommt oder geschlagen wird, weil sein natürliches Bedürfnis, sich mitzuteilen, nicht akzeptabel erscheint. Viele Kinder, denen nicht erlaubt wird, ihren natürlichen Zorn zum Ausdruck zu bringen, lassen das dann an kleinen Tieren aus oder werden passiv aggressiv, um sich so an den Erwachsenen zu rächen. Darüber möchte ich eine kleine Geschichte erzählen.

Meine Freundin Hannah durfte kein „Nein" sagen und ihr wurde nie zugehört. So reagierte sie auf eine Weise, wie nur ein Kind seine Aggression ausdrücken konnte. Sie wanderte mit einem Eimer in der Nachbarschaft herum und bat alle um Raupen aus ihrem Garten. Nachdem sie einen ganzen Eimer voll gesammelt hatte, nahm sie die Raupen in ihren Garten und setzte sie sorgfältig auf die Rosenkohl-pflanzen ihres Vaters. Welche Machtdemonstration! Mit jedem Biss einer Raupe an einem Blatt der heranwachsenden Pflanzen fühlte sie ein Stück legitimer Rache.

Ist dein „Nein" als Kind gehört worden? Musstest du erst einen Wutanfall haben, damit deine Bedürfnisse erfüllt wurden, oder konn-test du auch auf passive Aggression zurückgreifen? Passive Aggression ist kein natürlicher Zorn mehr, der zum Ausdruck gebracht wird, son-dern die Anhäufung von Frustration. Denke daran, dass die Bedürf-nisse eines Kindes oft ganz anders aussehen als das, was es möchte. Liebe kann also in diesen Fällen auch bedeuten, „Nein" zu sagen.

Wenn man dysfunktionalen Zorn heilen möchte, das ist also ein Zorn, der eine Ladung hat, eigentlich Wut, dann ist es sinnvoll, das Gegenteil auszuüben, wenn in einer therapeutischen Umgebung der erste Ausdruck dieser Wut hat stattfinden können. Indem ich das Ge-genteil praktiziere, habe ich dann das Heft in der Hand, nicht mehr mein dysfunktionales Gefühl. Wenn ich ein ungeduldiger Mensch bin, muss ich Geduld üben. Ich suche mir einen Tag aus und am Morgen dieses Tages verspreche ich mir selbst, dass ich „heute Situa-tionen anziehen werde, durch die ich Geduld lerne". Dann bitte ich um die Hilfe meiner Seele. Wenn ich arrogant bin, dann werde ich Si-tuationen suchen, in denen liebevolle Güte diese Arroganz auslöscht. Wenn ich eine Lüge erzähle, gehe ich selbstverständlich zu dem Men-schen und beichte und am selben Tag bitte ich darum, Umstände anzuziehen, in denen ich die ganze Wahrheit sagen werde. Diese

Übungen helfen unserem Erdengemüt, eine andere Wirklichkeit anzuerkennen, als die in uns eingeprägte und konditionierte. Bereits, dass wir uns dysfunktionaler Gefühle bewusst werden und wann sie ausbrechen, ist die erste Hälfte ihrer Heilung.

Trauer

Wozu dienen Trauer und Kummer? Woher kommen sie? Wie hilfreich ist Trauer? Wie gehen wir am besten damit um?

Wir werden nicht versuchen, alle diese Fragen zu beantworten, denn das würde nach einem Extrakapitel für jede Frage verlangen und es gibt bereits zahlreiche Bücher zum Thema Trauern. Es sind einfach Fragen, über die man mit einem offenen Herzen und mit einem neuen Blick und frischen Geist nachsinnen kann.

In meinem Buch „Keltisches Totenbuch" 5 nenne ich sechs Stadien des Trauerns. Es sind Leugnen, Handeln, Zorn, Depression, Akzeptanz und Hingabe. Viele Menschen meinen, dass Hingabe passiv sei, etwas einfach hinzunehmen oder gar aufzugeben. Für mich bedeutet Hingabe, über den bisherigen Glauben, die Hoffnung und das Vertrauen hinauszugehen und mit der Versicherung der Seele, dass sie uns führen wird, loszulassen. Ich glaube, dass sich Angst oft mit der Gestalt von Hoffnung und Vertrauen maskiert, die ja ein bestimmtes Ergebnis anstreben. Hingabe ist eine Bewegung, die alles loslässt und alles der Führung allein durch die Seele überlässt.

Die oben erwähnten Stadien laufen nicht unbedingt chronologisch so nacheinander ab, sondern man kann sie jederzeit während des aktiven Trauerns aufsuchen. Das bedeutet allerdings auch nicht, dass unser Trauern etwa keine Fortschritte machen würde, sondern einfach, dass es eine bestimmte Zeit gibt, wann diese Stadien erfahren oder auch wiederholt erlebt werden, und dass jedes Stadium eine Transformation an sich darstellt.

Der alte irische Spruch, „Tränen, die man nicht vergießt, werden zu einem Brunnen des Kummers und der Trauer, in denen die meisten von uns ertrinken", legt nahe, dass Tränen heilen. Tränen aber, die man nicht vergießt, überwältigen uns, lassen uns ertrinken. Eine ertrinkende Person kann nicht mehr den Boden unter ihren Füßen fühlen. Ein ertrinkender Mensch kann nicht ganz im Leben sein. Er wird von Angst beherrscht, die ihn daran hindert, irgendetwas anderes als die bevorstehende Auslöschung zu spüren. Dass wir gemeinsam Tränen vergießen, ist ein ganz natürlicher Akt. Wenn wir diesen Ausdruck von Gefühlen nicht zulassen, so entfremden wir uns von uns selbst, wir werden weniger menschlich und wir verstecken uns in unseren eigenen Welten, in denen Lebensfreude canadh a bfuil caillte ionam ist – „ein Lied, das in mir verloren gegangen ist". Wenn wir unfähig sind, unsere Verluste aktiv zu betrauern, ob es nun der Verlust eines geliebten Menschen ist oder die Trennung von etwas in unserem Leben, das uns viel bedeutet hat, dann treten wir in etwas ein, das ich inaktive oder nicht zum Ausdruck gebrachte Trauer nenne.

Wann haben wir Menschen angefangen, Trauer zu unterdrücken? Für viele hat das in der Kindheit angefangen. Ein kleines Kind schämt sich nicht für seine Gefühle, es ist nicht verlegen, wenn man darüber spricht. Verlegenheit und Scham rund um Gefühle, die gezeigt werden, entstehen erst, wenn das Kind lernt, dass gewisse Gefühle in ihrer Umgebung nicht akzeptabel sind. Ich kann mich deutlich erinnern, dass in meiner Familie traurige Gefühle nicht annehmbar waren, und Zorn wurde sogar als eine Sünde betrachtet. Es hieß, „hör auf zu weinen, sonst bekommst du etwas, worüber du wirklich weinen kannst". Später in der Schule wurde uns gesagt, dass Gott ein zorniger Gott war und dass Jesus am Grab von Lazarus weinte. Uns wurde geboten, den Herrn zu fürchten, aber wir durften vor der Dunkelheit keine Angst haben. Gott durfte zornig sein. Gott durfte eifern und eifersüchtig sein. Jesus waren seine Tränen und wütend zu sein erlaubt, aber als ich fünf Jahre alt war, waren meine Tränen nicht akzeptabel, meine Angst vor der Dunkelheit war nicht erlaubt, meine Wut war nicht annehmbar. Das war sehr verwirrend für mich, um es mild auszudrücken. Ich verbrachte Stunden damit, all das an einem stillen Ort unter der Treppe zu überlegen. Kein Wunder, dass ich die komplexe Welt der Erwachsenen schwer zu verstehen fand.

Männer und Trauer

Bei Workshops stelle ich häufig fest, dass es für Männer schwierig ist, ihre Trauer auszudrücken. Jahrelang haben sie gehört, dass „echte Männer nicht weinen". Also nehmen sie sich zusammen und leugnen ihre eigene Weichheit und Verletzlichkeit. Männer mussten ihre Herzen verhärten, um überleben zu können, um ihrem Land als Soldaten zu dienen. Männer finden, wenn die Trauer und der Kummer unerträglich werden, Zuflucht bei einer Flasche, im Sex, in zu viel Arbeit, in immer höheren Leistungen. Oft weinen Männer, wenn sie sich betrinken, weil sie das enthemmt, sodass sie einen besseren Zugang zu ihren Gefühlen bekommen. Diese Art des Ausdrucks führt zwar immerhin dazu, dass Tränen aus den Augen quellen, aber auch häufig zu Melancholie und Bedauern. Später kommen dann noch Schamgefühle hinzu, weil sie realisieren, was sie „unter dem Einfluss von Alkohol getan haben". Viele Männer finden es auch schwer, ihren Zorn auszudrücken oder Themen direkt und konfrontativ anzusprechen, besonders wenn ihre Eltern zu Hause viel gestritten haben. Die Konditionierung aus der frühen Kindheit lässt sie in die Haltung des verängstigten Kindes zurückfallen.

Schuld

Was ist sie? Wie haben wir Schuld gelernt? Wie hilfreich kann sie sein? Wie gehen wir damit am besten um?

In keltischen Zeiten, wenn festgestellt wurde, dass jemand die bretonischen Gesetze Irlands verletzt hatte, versammelten sich die Ältesten mit den Druiden um eine Eiche und hielten Gericht, um einen Spruch zu fällen. Es gab eine Hierarchie der Vergehen und auch eine Hierarchie der Strafen. Jemanden zu verfluchen, die Götter anzurufen, um jemandem zu schaden oder Zaubersprüche zu formulieren, um einen anderen untauglich zu machen, wurden alle durch den Verlust eines Glieds bestraft, durch Verlust des Besitzes oder durch öffentliche Schande. Der Schuldige durfte nach seiner Bestrafung in die Gesellschaft zurückkehren und weiterleben wie zuvor. Die Schuld wurde angemessen und sichtbar für alle vom Schuldigen in ihren Konsequenzen gespürt, und so war der Stamm zufriedengestellt.

Schuld ist ein Gefühl, das wir haben, wenn wir einem anderen Menschen Unrecht getan haben. Es ist ein natürliches Gefühl der Selbstregulierung. Angemessene Schuldgefühle helfen uns, miteinander umzugehen, in Liebe und Mitgefühl, anstatt andere entweder gering zu schätzen oder zu unterdrücken. Unangemessene Schuldgefühle besitzen eine große Macht, den Selbstwert zu beschädigen, womit wir uns selbst für vermeintliches Fehlverhalten bestrafen. Sie rauben uns unsere Selbstliebe und halten uns in unserem eigenen Gefängnis fest. Schuldgefühle halten die stille Drohung bereit: „Wenn die anderen erst wüssten, wie schlimm du eigentlich bist …". Damit fangen wir an, unsere Eigenverurteilung auch noch zu glauben. Wir werden durch die Tatsache, dass wir uns nicht selbst verzeihen und uns selbst im Stich lassen, von anderen Menschen isoliert. Das ist die unerwünschte Last, die wir in unserer Opferrolle gerne zu tragen bereit sind.

Wann haben wir diese Schuldgefühle „gelernt"? Wenn wir klein sind, erwerben wir unser Selbstgefühl durch die Erwachsenen in unserer Umgebung, vor allem durch die Eltern, Lehrer, Gemeindepriester und später durch unsere gleichaltrigen Kameraden. Wenn wir in einem Klima der Kritik aufgewachsen sind, in dem wir es nie jemandem recht machen konnten, immer für die anderen da sein mussten, niemals unsere eigenen Bedürfnisse berücksichtigt wurden, dann sind wir emotional verkrüppelt. Später verinnerlichen wir diese Stimmen und Botschaften und fangen wirklich an zu glauben, dass wir nicht gut genug wären. Wenn Gott als jemand hochgehalten wurde, der auch unsere kleinsten Vergehen verurteilte, der alle unsere Bewegungen und Handlungen sah und kritisierte, dann kritisieren und beurteilen wir unsere eigenen Taten und verdammen uns schon, bevor jemand anderer das tun kann.

Meine Freundin Eolath MaGee, die im Juli 2005 starb, stellte fest, dass der innere Richter drei spezielle Eigenschaften besitzt, die sich auf folgende Weise zeigen können:

- Er weiß alles – Jeder weiß ja schon, dass du zu nichts zu gebrauchen bist, dass du unrecht hast; was sollte man von dir schon erwarten können?
- Er kann die Zukunft vorhersagen – Du wirst schon sehen, dass du dafür noch bezahlen wirst; du schaffst es nie, alles richtig zu machen.
- Er hat immer recht – Du hättest das ganz anders machen sollen; das hättest du doch wirklich wissen können; es ist deine Schuld.

Mein eigenes Gefühl von Schuld, das ich viele Jahre mit mir herumtrug, entstand aufgrund religiöser Übergriffe. Im Alter von fünf Jahren schon erzählte man mir, dass ich Schuld am Tod des armen Jesus trüge; das blieb als eine schwere Bürde der Schande und Scham auf mir lasten, die man nur verstehen kann, wenn man Kinder versteht, die irgendeine Form von Missbrauch erlitten haben.

Wie hilfreich sind Schuldgefühle? Du brauchst dich in Bezug auf deine Schuldgefühle nur selbst zu fragen: „Hilft diese Stimme / diese Botschaft mir jetzt im Hinblick auf meine Situation?" Wenn sie das nicht tut, dann sind die Schuldgefühle rein negativ und stellen keine heilsame Kraft in deinem Leben dar. Wann hast du diese Botschaften zum ersten Mal gehört? Wer hat dir gesagt, du seiest nichts wert? Wer hat dir gesagt, du seiest dumm, lieblos, zu nichts zu gebrauchen? Der innere Richter geht sehr weit zurück. Geh und finde ihn und sprich mit ihm. Du wirst feststellen: Das Ergebnis dieses Gesprächs wird dich in Kontakt mit deinem berechtigten Zorn bringen, der die andere Seite von unangemessenen Schuldgefühlen ist. Zorn hat Energie. Schuldgefühle sind depressiv, servil und sie stagnieren.

Wie geht man mit Schuldgefühlen um? Da Schulgefühle das Ergebnis von Selbstverurteilung sind, müssen wir deren passiv-aggressive Natur erkennen. Wenn Zorn in deiner Familie nie akzeptabel war, wenn jeder immer nett sein und die Regeln einhalten musste, wenn es nie Raum genug gab, um nach dem „Warum?" zu fragen oder irgendetwas in Frage zu stellen, dann musstest du auf deinen natürlichen zornigen Gefühlen den Deckel draufhalten. Passive Aggression ist die Dysfunktion von Zorn. Wenn wir mit unserem Zorn auf der Ebene unseres inneren Richters umgehen können, können wir damit beginnen, Schuldgefühle zu heilen. Unser innerer Richter setzt uns Ziele, die weit jenseits unserer Fähigkeiten liegen, nicht aber auf eine liebevolle Weise, die uns ermutigt, so gut zu sein, wie es uns möglich ist. Er lacht uns aus, wenn wir diese unrealistischen Ziele nicht erreichen, und beschämt uns und erfüllt uns so mit Selbsthass. Der letzte und schlimmste Akt des Selbsthasses besteht darin, dass wir uns selbst nicht vergeben. Das ist eine sogenannte „Sünde wider den heiligen Geist", nämlich die Liebe, wenn ich mich den Händen des inneren Tyrannen überlasse, der durch die Konditionierung des Erdengemüts erst erzeugt worden ist. Wenn man sich mit Schuldgefühlen nicht auseinandersetzt, dann tauchen sehr rasch Depressionen auf.

SEGENSÜBUNG

Umgang mit Schuldgefühlen

Mache dir eine Liste von all den Dingen in deinem Leben, für die du dich irgendwie schuldig fühlst. Dann schreib auf, was die Stimmen der Verdammung zu dir sagen. Dann erkenne den Richter als das, was er ist, und tritt in den Dialog mit ihm ein. Sprich mit allen seinen Stimmen. Werde zornig, werde ärgerlich.

Lass die Wut raus, wenn welche da ist. Dann schreibe dem Richter einen Brief. Sag ihm, dass du das Beste getan hast, was dir möglich war und dass du bereit bist, dir selbst zu verzeihen, auch dann, wenn er das nicht tun würde.

Nach einer gewissen Weile wirst du erkennen, dass dieser innere Richter dein konditioniertes Erdengemüt ist, das voller Angst, voller Sorge steckt und das einfach versucht hat, dich auf einem geraden und klar überschaubaren, engen und dabei sicheren Lebensweg zu halten. Auch dieser Richter muss an einen Ort des Mitgefühls in dir eingeladen werden, wenn deine Schuldgefühle ganz geheilt werden sollen.

SEGENSÜBUNG

Umgang mit Angst

Behandle deine Angst, als ob sie eine Person wäre. Wie würdest du mit jemandem umgehen, der sich fürchtet? Setze „Angst" auf ein Kissen auf dem Stuhl, gegenüber von dir. Nun spricht mir ihr und frage sie, was sie braucht. Sieh sie als unreif an und als jemanden, der versucht hat, dich zu schützen. Teile ihr mit, dass es für dich nicht stimmig ist, der Stimme der Zerstörung zuzuhören, und lade die Angst ein, in dein Herz zu kommen. Das ist es nämlich, wonach sie sich gesehnt hat, aber nicht wusste, wie sie darum bitten soll. Gehe nun zum Stuhl, nimm das Kissen in deine Arme und umarme und drücke es. Spüre, wie die Liebe durch dich fließt, bis deine Angst oder dein sich selbst beurteilendes Selbst von der Liebe deiner Seele eingehüllt wird und ihr beide glücklich seid. Das dauert vielleicht einige Zeit, bleibe aber beharrlich dabei. Angst ist nur dein Erdengemüt, das Zuwendung von deiner Seele braucht.

Es sieht so aus, als ob sich Frauen allgemein eher erlauben, ihren Gefühlen Ausdruck zu geben, und doch finden es viele Frauen schwierig, Zorn auszudrücken. Wir scheinen Trauer mit Tränen gleichzusetzen, aber nicht mit Ärger oder Wut. Schuldgefühle, die sich nach dem Tod eines geliebten Menschen einstellen, sind üblicherweise harte Bewertungen unserer selbst, „Ich hätte dies und jenes tun können ...“, oder, anders gesagt, „Ich bin es nicht wert zu trauern, weil ich selbst Schuld habe“. Als ich mit einer deutschen Freundin ein ehemaliges Konzentrationslager in Deutschland besuchte, sagte sie unter Tränen: „Wie sollten wir trauern können, wenn wir uns so schuldig fühlen?“ Das hat mich an die kollektiven Schuldgefühle erinnert, die in der Psyche des deutschen Volkes noch festgehalten werden.

Eine der Folgen solcher kollektiven Schuldgefühle ist das Bedürfnis, das Allerbeste zu leisten und in allem perfekt zu sein. Wir wollen, dass uns der Rest der Welt als zumindest gut, wenn schon nicht perfekt ansieht. Diese Haltung, als perfekt angesehen werden zu wollen, ist ein Versuch, Schuldgefühle auszulöschen, verinnerlichte Trauer und vermeintliche Schuldzuweisungen von anderen. Unterdrückter Zorn, der dann zu Depressionen führt, ist eine weitere Folge solcher Situationen.

Einer der Gründe, warum ich eine tiefe Verbindung mit deutschen Leuten spüre, sind neben unserer gemeinsamen keltischen Natur unsere beinahe kollektiven Schuldgefühle. Ich habe als Frau aus Irland (dem „Süden“ der Republik Irland) 24 Jahre lang in Nordirland gelebt und schleppe mit mir die Kreuze eines in sich zerstrittenen, sich bekämpfenden und wütenden Volkes herum. Das erkannte ich, als ich anfing, mich mit meinen deutschen Freunden auszutauschen. Eine Engländerin hat mich einmal gefragt: „Kann denn aus Nordirland jemals irgendetwas Gutes hervorkommen?“ Unbewusst wollte ich beweisen, „Ja, es kann etwas Gutes aus Nordirland kommen“. Ich trug diese unbewussten Schuldgefühle mit mir herum im Hinblick auf all das, was sich „mein Volk“ gegenseitig angetan hatte, angeblich aus Liebe zu Gott und ihrem Land. Wie einfach es dem Opfer fällt, zum Täter zu werden.

Meine Arbeit in Deutschland seit 1994 hat mich bereichert und ich bin voller Achtung für die Entschlossenheit vieler Menschen, die Sünden ihrer Väter zu heilen. Möge ich nun, inzwischen bewusster geworden, den Frieden in meinem Herzen nach außen fließen lassen und helfen, die Brüche und Spaltungen zwischen Familien und Menschen in meinem eigenen Land zu heilen. Frieden beginnt bei mir selbst.

Oh, mein Land,
komm und lege deine Geschichte ab.
Du hast sie schon viel zu lange mit dir herumgeschleppt.
Komm und lege deine Geschichte ab.
Phyllida Anam-Áire[6]

Hilfreiche Anregungen zum Umgang mit Schuldgefühlen nach dem Tod eines geliebten Menschen

Schreibe einen Brief an die verstorbene Person; sage ihr alles, was du wirklich fühlst. Lies dir diesen Brief jeden Tag neu durch, bis du nicht mehr auf den Inhalt reagierst, bis du den Brief in einer Haltung des Mitgefühls und der Liebe für euch beide lesen kannst. Führe ein Gespräch mit einem leeren Stuhl oder mit einem Foto des verstorbenen Menschen. Sprich mit ihm, als ob er wirklich da wäre. Teile ihm bzw. ihr deine Schuldgefühle, deinen Zorn und so fort mit. Schrei, wenn das notwendig ist. Führe auch mit deinem inneren Kritiker einen Dialog, mit der Stimme, die dich schuldig spricht. Gestatte dir alle Ausdrücke und Redewendungen, die du am liebsten verwenden möchtest.

Rufe dein eigenes inneres weises und liebevolles Selbst, jenen Teil in dir, der nur Mitgefühl und Liebe ist. Höre, was dieses weise Wesen dir sagt, um dich zu fördern und anzuerkennen. Höre diese Stimme, wie sie dir sagt: „Gehe sanft mit dir selbst um. Sei in Frieden. Fühl dich nicht mehr schuldig." Schreibe dir von diesem bedingungslos liebenden, verständnisvollen Selbst aus einen langen Brief an dich selbst. Lies diesen Brief jeden Tag, bis du ihn tatsächlich in deinem Herzen hörst und dort spürst, dass er wahr ist. Halte ein weiches Kissen an dein Herz. Lass deine Tränen der Trauer und des Kummers fließen, Tränen für den geliebten Menschen und für dich selbst.

Schuldgefühle werden allmählich verschwinden und Wertschätzung und Mitgefühl für sich selbst werden ihren Platz einnehmen. Du wirst nicht mehr in Reue leben (um erneut zu sterben) und wirst dich wieder in Liebe für das Leben öffnen. Schuldgefühle berauben uns unserer Lebensfreude, denn sie bedeuten, dass man sich selbst allein lässt, dass man nicht mehr an sich glaubt. Mitgefühl mit einem selbst hilft, dass wir unsere Herzen erheben, um die harschen Stimmen des Erdengemüts zu integrieren und schließlich diese kritische Elternrolle loslassen, die uns dazu veranlasst, nur nach Kontrolle zu streben, um uns so zu schützen. Allmählich wirst du erkennen (und dränge nicht darauf, dass das rasch geschieht), aufgrund deiner eigenen Erfahrung, dass Liebe niemals stirbt, dass Leben nicht stirbt, wir gehen nicht fort, um zu verschwinden, es ist alles eine Sache der Transformation.

Diese Erkenntnis taucht aber erst dann auf, wenn du dir genügend Zeit zum Trauern und Heilen gegeben hast. Solange wir uns selbst die Schuld für den Tod eines anderen Menschen zuschreiben, verhindern wir die Möglichkeit, durch aktive Trauerarbeit zu heilen. Wenn man Menschen hilft, ihren Zorn zum Ausdruck zu bringen, und ihnen zeigt, dass es einfach darum geht, festzustellen, was für sie in Ordnung ist, und dass es aber auch akzeptabel ist, „Nein" zu sagen, dann realisieren sie meistens, dass unter ihrem Zorn und Ärger Tränen über Verluste steckten. Es scheint gesellschaftlich annehmbarer zu sein, dass Männer zornig werden und dass Frauen weinen. Schließlich bringen wir jungen Männern ja bei, andere Männer zu töten, niemals die zu betrauern, die sie getötet haben, und sich auch nicht mit deren Angehörigen zu treffen – und so wird es unmöglich gemacht, sich selbst und anderen zu verzeihen. In Nordirland erkannte ich, dass Männer andere Männer erschießen, weil sie ihre Wut unterdrückt und so ihre Herzen verhärtet hatten. (Außerdem steckte in ihnen auch die Wut von Jahrhunderten, die Wut ihrer Ahnen.)

Sie brauchten ein Opfer. Ich sage es so und meine es wirklich so, dass nur ein Körper ohne jede Lebenskraft bzw. Seele ein Gewehr in die Hand nehmen und einen anderen Mann erschießen kann, seinen Nachbarn, seinen Nächsten. Er muss sich in einem veränderten Bewusstseinszustand befinden, um einen solchen Gewaltakt überhaupt ausführen zu können. Eine Person, die wahrhaft bewusst ist, die „wach" ist und mit ihrem eigenen Schatten arbeitet, kann und wird solche Grausamkeiten nicht verüben. Wenn wir Angst haben, kann jeder beliebige Anlass zum legitimen Grund dafür werden, dass wir uns ein Opfer suchen, auf das wir unsere innere Not projizieren. Mögen wir uns alle mit der angestauten, unerledigten Trauer aus unserer Kindheit auseinandersetzen und zu echtem Frieden in unserer Welt beitragen. Frieden beginnt in mir und durch mich. Seá.

Die Rolle des Opfers

Wenn ein Kind enttäuscht ist, weil es nicht genug körperlichen Kontakt mit den Eltern hat, zum Beispiel liebevolles Berühren oder Streicheln, liebevolle verbale oder symbolische Ausdrücke, oder aufgrund eines Mangels an Empathie und Verständnis der Eltern für ihr Kind, dann zieht es sich in sich selbst zurück und wird depressiv oder es lehnt sich auf und schreit noch lauter, manchmal, ohne selbst zu wissen, warum eigentlich. Depression und Melancholie beginnen in einem sehr frühen Alter. Diese Art von Depression reicht sehr tief in das Unbewusste hinein und das Kind wird in eine Opferrolle gedrängt. Von diesem Platz eines Opfers aus fühlt es sich unfähig, weiter nach vorne zu gehen. Die Welt wird ein Ort, an dem man nicht sicher leben kann, weil sich keiner wirklich um einen kümmert, so zieht sich das Kind aus der äußeren Welt zurück (und häufig wird ein solches Kind später in ein Kloster oder eine schweigende Gemeinschaft gehen). Schweigen wird seine Zuflucht, weil es dort im Schweigen keiner verletzen kann.

Aus dieser Opferrolle heraus übernimmt das Kind oft die Rolle des Fürsorgers, um so die Liebe zu erhalten, die es braucht. Ich habe diese Rolle in einem sehr frühen Kindesalter übernommen. Ich kümmerte mich um meine Eltern und verlangte nichts für mich selbst. Ich bekam wenigstens das Lächeln meiner Mutter, das genügte, um mich glücklich zu machen. Je mehr sie mir zulächelte, desto mehr passte ich mich an ihr Bedürfnis an, zu Hause Frieden und Ruhe zu haben. Das Gleiche tat ich mit meinem Vater. Von frühen Kindesbeinen an konnte ich mich auf seine Stimmungen einstellen. Wenn er traurig war, war ich sehr still und man sah und hörte mich nicht. Ich war dann „ein gutes Mädchen", ein „stilles" Mädchen. Später im Leben stellte ich allerdings fest, dass ich mich an einen männlichen Kollegen auf die gleiche Weise anpasste. Wenn er gute Laune hatte, sang ich und machte Scherze. Wenn er in einer niedergedrückten Stimmung war (wie mein Vater), hielt ich mich zurück und war still. Er hat das selbstverständlich nie verlangt, aber alte Muster bleiben lange bestehen.

Selbstversenkung

Kinder reagieren unterschiedlich, wenn ihre Bedürfnisse nach Liebe und Nähe nicht erfüllt werden. Manche Kinder ziehen sich zum Beispiel ganz in sich selbst zurück. Sie haben gelernt, dass andere Leute keinen Trost bieten können und es oft auch nicht tun. Manchmal wird eine Hauskatze, ein Hund oder sogar ein Hamster zum Retter des Kindes, weil dieses Tier jene Liebe und Wärme gibt, welche die Eltern nicht geben können. Wenn dem Kind erlaubt wird, sich aufzulehnen, dann wird es nicht Niedergeschlagenheit und Schwermut mit sich herumtragen müssen, sondern kann mit Selbstvertrauen vorwärts gehen und sich weiterentwickeln. Das führt dann zu Selbstliebe, die eine Antithese zu Selbstversenkung oder Egozentrik darstellt. Dann wächst die eigene innere Autorität des Kindes und es erkennt klar, was es braucht. Mit der Hilfe von verständnisvollen Erwachsenen erkennt es, dass zwar vielleicht nicht alle seine Bedürfnisse sogleich erfüllt werden (können), dass es aber ein Recht hat, sie zu äußern, ohne dass es deshalb kritisiert oder zum Schweigen aufgefordert wird.

Wenn jede Form der „Auflehnung" aber als negativ angesehen wird, als schlecht, böse, zu fordernd oder gar sündig, dann wird sich das Kind noch mehr in sich selbst zurückziehen und seinen Zorn gegen sich selbst richten. Häufig wird sich ein solches Kind selbst verletzen, um mit seiner Not klarzukommen, oder es wird dazu übergehen, andere Kinder herumzukommandieren oder zu unterdrücken, oder, wie schon erwähnt, kleine Tiere schlagen. Es ist, als ob solche Kinder dann ein Opfer bräuchten, über das sie ihr Leid wie durch ein Ventil ablassen können. Diesen Kindern helfen weder unsere Gegenmaßnahmen in Form von „Rache" noch, dass wir sie verstoßen und „entfremden". Sie brauchen vielmehr unsere Zuwendung, unser Verstehen und unsere Liebe. Es ist wesentlich, dass diese Kinder einen geschützten Ort bekommen, an dem sie ihre Tränen und ihre Wut aus sich herauslassen können; sonst würde sich diese Art der Selbstversenkung bis in ihr Erwachsenenleben fortsetzen. Diese Erwachsenen verbringen ihre Tage dann in Selbstmitleid und egozentrischen Einstellungen. (Ich habe große Säcke benutzt, die mit Styroporkugeln gefüllt sind, damit Kinder ihre Wut herauslassen und ihre Angst herausschreien können. Danach wurden sie richtig kreativ.)

Depressive und in sich gekehrte Kinder erlauben den kleinsten Dingen, sie herunterzuziehen, und sie reagieren auf jede kleine Unbequemlichkeit. Sie schieben immer anderen Schuld zu und finden in ihrem Leben keine Ruhe und keinen Frieden. Wenn sie später Beziehungen aufnehmen, werden Kindheitsmuster wieder aktiviert. In einer Beziehung zu sein, kann dysfunktionale Kindheitsmuster heilen, wenn wir diese erkennen und an deren Heilung arbeiten.

Viele Erwachsene haben Angst vor Konfrontation. Sobald ihr Partner sich auf eine Weise verhält, die sie als „nicht akzeptabel" bewerten, „Nein" sagt, entziehen sie ihm ihre Liebe und tauschen sich mit dem Partner nicht aus, bis er aufhört, sich so zu verhalten, bis er aufhört, „kindisch" zu sein. Wenn man jemand anderem die Schuld gibt oder ihn kritisiert, weil er bzw. sie „Nein" sagt, dann ist das auch eine Reaktion aus der Kindheit. Zornig zu sein wurde als schlecht oder hässlich betrachtet; dann wird also die alte Platte in dieser Beziehung immer wieder neu gespielt und der Beziehung fehlt dann Ebenbürtigkeit und Achtung. Wenn ein Partner seine Bedürfnisse mit innerer Autorität vorbringt, dann kann im anderen Partner ein kritischer innerer Elternteil darauf reagieren. Dann kommt es zu Aussagen wie: „Wenn du dich so benimmst, dann bleibt mir nicht anderes übrig, als mich zurückzuziehen." Solche Reaktionen stammen direkt aus der Kindheit und aus einer Opferrolle. „Ich kann nicht anders, als ..." sagt deutlich aus, dass ich mich hilflos fühle.

Es passiert nun wieder, was einem selbst früher passiert ist. Wenn ein Erwachsener an einem anderen einen Mangel an Lebensfreude und Glücklichsein kritisiert, dann geht das eindeutig auf die Vergangenheit zurück. Innere Autorität stellt einfach Bedürfnisse fest und das passiert nicht auf laute oder aggressive Weise. Wenn man dein „Nein" nicht zur Kenntnis nimmt, dann ziehe dich bewusst aus dieser Situation heraus, nicht im Zorn oder in Hilflosigkeit, und teile deine Bedürfnisse ein anderes Mal klar mit. Diese Art der Bewusstseinseinstellung bewahrt dich in deiner erwachsenen Präsenz.

ÜBUNG

Achtsamer Umgang mit sich selbst

Fang heute an und entscheide dich, was du dir für diesen Tag wünschst. Du kannst vielleicht nicht frei wählen, wie du lebst, und vor allem Frauen haben offenbar immer mehrere Dinge gleichzeitig, um die sie sich kümmern müssen. Das ist eine Angewohnheit und zugleich auch eine Möglichkeit, alles unter Kontrolle zu haben. Aber sieh genau hin. Was würdest du gerne ändern, verwandeln? Gibt es eine Möglichkeit, wie du irgendwelche Einzelheiten in deinem Tagesablauf so ändern kannst, dass du mehr Zeit für etwas hast, was du wirklich gern tun möchtest. Du musst also die Kinder zur Schule bringen, dann einkaufen fahren, zum Arzt gehen, eine Freundin im Krankenhaus besuchen und zeitig genug wieder zu Hause sein, um das Essen für die Familie zu kochen ... so was! Wie kannst du es nun einrichten, trotzdem Zeit für dich selbst zu finden? Kannst du jemanden anderen bitten, die Kinder zur Schule mitzunehmen oder dir etwas vom Supermarkt mitzubringen? Wenn du nach dem Arztbesuch nach Hause kommst, kannst du dich dann eine halbe Stunde lang gemütlich hinsetzen und deine Lieblingsmusik hören, bevor zu mit den Essensvorbereitungen beginnst? Gibt es eine Chance, dass du doch nicht alles tun musst, was du meinst, oder dass andere nicht unbedingt sehen müssen, wie viel du erledigst? Du kannst wirklich Zeit für dich und deine Herzenswünsche gewinnen, wenn du deine Zeiteinteilung für den Tag neu ordnest und wenn du anderen erlaubst, dir auf irgendeine Weise zu helfen. Dazu musst du jedoch deine Willenskraft aufrufen und einsetzen.

Du musst vielleicht den Kontrollknopf loslassen und einer Freundin oder einem Verwandten gestatten, dass sie oder er dir hilft. Denke daran, dass wenn du dich um alles selbst kümmerst, du sogar dir selbst einreden kannst, dass alles wunderbar läuft. Dann ärgert dich eines Tages irgendeine triviale Sache so sehr, dass du explodierst: „Ich kriege ja nie Hilfe in diesem Haus; ich muss immer alles alleine machen. Sieht denn keiner, dass ich Hilfe brauche?" Es ist wirklich wichtig, dass du dir Zeit für die Dinge nimmst, die dir Freude machen, weil du sonst gegen die Menschen in deiner Umgebung voller Vorwürfe stecken wirst.

Kapitel 4

Öffnung für Gnade

ÜBUNG 1

Gefühle ausdrücken

Was sagt dir dein Leben in diesem Augenblick? Was sind deine Bedürfnisse? Fühlst du dich geliebt, gut genug, anerkannt? Sagst du anderen oder Kindern, dass du sie liebst, dass sie gut genug sind, dass du sie schätzt?

Das dankbare Herz empfängt doppelt

Warte nicht darauf, dass du einen „besonderen" Menschen triffst – einen Liebhaber bzw. eine Liebhaberin, einen Seelenpartner bzw. -partnerin –, um diesem Menschen dann zu sagen, wir wichtig er für dein Leben ist. Sage deinen Nachbarn, wie dankbar du bist, dass sie dir nahe sind. Lächle Menschen an, die du nicht kennst. Lass keine Gelegenheit verstreichen, ohne dass du jemanden daran erinnerst, wie schön es für dich ist, dass er bzw. sie in deinem Leben ist. Wenn du jemanden attraktiv findest, sage es ihm oder ihr. Das bedeutet nicht, dass du eine tief gehende Beziehung aufbauen musst. Sage ihnen einfach aus dem Herzen heraus, wie du dich fühlst, dass sie in deinem Leben sind. Das ist alles. Dann kannst du weitergehen und hast eine andere Seele an ihren Wert, an ihre Göttlichkeit erinnert. Wer weiß: Vielleicht hast du einfach durch diese Aussage wieder die Flamme der Selbstliebe in dieser Person entzündet.

Sprich zu den Bäumen von ihrer Schönheit, Stärke und so fort, auch zu den Blumen, zu Kindern, zu allem oder jedem, was ein Gefühl des Wohlbefindens erzeugt. Wenn jemand dein Herz öffnet oder dich berührt, sage es ihnen. Halte deine Freude nicht zurück. Wenn du das tust, dann hältst du Gnade zurück. Freude löscht Sorgen aus.

Das Erdengemüt liebt Probleme und fühlt sich so wichtig, wenn es ein Problem zu lösen hat. Es glaubt, sein Job sei es, Probleme zu lösen! Dann fühlt es sich überlegen: Ich bin ein Problemlöser des Lebens!

Es versucht, das Leben als ein Problem anzusehen, das gelöst werden muss. Wenn es kein Problem gibt, dann erzeugt es eins. Warum habe ich kein Problem zu lösen? Lebe ich gar nicht mehr richtig, denn schließlich sollte sich das ganze Leben doch um Leiden drehen und bei Problemen geht es immer um Leiden?

Sieh dir dein Leben an: Ist es voller Stress? Bist du in der Einstellung gefangen, dass du hier bist, um zu leiden? Dann bist du nicht im gegenwärtigen Augenblick präsent, nicht in der Seelenzeit präsent und auch nicht in der chronologischen Zeit, sondern im Kontinuum von Vergangenheit und Zukunft. Wenn man sich rigide Ziele setzt und dazu noch enge Zeitgrenzen steckt, um sie zu erreichen, dann fördert das Angst und Sorgen.

Zu viel Betonung auf positives Denken ist ein Befreiungs- oder Fluchtmechanismus aus dem Jetzt, von der Akzeptanz des Jetzt. Wenn ich über jemanden verärgert bin, oder über einen Umstand, kann ich das entweder akzeptieren oder loslassen oder, wenn du das willst, es den anderen wissen lassen, damit du es dann loslassen kannst. Alternativ dazu kann ich sagen, dass ich mich nicht ärgere, dass ich ganz im Frieden und ganz ruhig bin. Ärger ist ein Gefühl, eine Emotion, die mir zeigt, dass ich eine Situation verändern muss und für meine Gefühle verantwortlich bin. Es ist nur ein Gefühl und Gefühle können sich verändern, wenn wir sie erst einmal erkennen, sie spüren, sie annehmen, sie loslassen, ohne Bindung daran und ohne Widerstand dagegen. Das Gefühl jedoch zu leugnen und zu behaupten, es existiere nicht, heißt, Lügen zu leben. Das Erdengemüt löst den Ärger durch Lügen, dadurch, dass es so tut, als ob das Problem nicht existiert. Das Erdengemüt löst auch das Problem von Krankheit, indem es fordert, dass ich lüge und sage, dass es mir gut geht, wenn ich mich nicht wohl fühle, oder dass ich mit mir zufrieden bin, wenn ich mich nicht zufrieden fühle. Das Erdengemüt will mich verändern; die Seele akzeptiert wo und wer ich bin und lässt Veränderung zu, indem sie sich nicht dem widersetzt, was ist.

Schreibe die Antworten auf die folgenden Fragen auf, ohne irgendeine davon zu bewerten:

• Welche Gefühle kannst du nur schwer ausdrücken?
• Kannst du Trauer und Tränen mit anderen teilen?
• Was machst du mit deinen zornigen Gefühlen?
• Wenn dich jemand verletzt oder ärgert, wie gehst du dann damit um?
• Hast du immer noch Wutanfälle?
• Kannst du deine Unzufriedenheit mit jemandem deutlich zum Ausdruck bringen, ohne dich deshalb in einen „Krieg" mit ihm zu begeben?
• Wirst du manchmal oder jemals passiv aggressiv und beschämst du einen anderen oder reduzierst du ihn auf ein „freches Kind"?
• Wenn du auf einen Freund neidisch bist, was tust du dann? Denke daran, dass Sarkasmus und Zynismus sowohl mit Eifersucht als auch mit Zorn zu tun haben. Würdest du je daran denken, dich mit ihm darüber auszutauschen.
• Schämst du dich je für deine sexuellen Fantasien?
• Was verstehst du unter Sexualität?
• Teilst du deine Freude und guten Neuigkeiten leicht mit anderen?

Wir vergessen manchmal, dass im Unbewussten auch sogenannte Lichtschatten wie Freude, Fröhlichkeit, Barmherzigkeit, das freie Kind, Tanz, Wildheit, Musik enthalten sind. Wir müssen all das in unseren Knochen fühlen können und es auch zum Ausdruck bringen, damit die Lebensfreude in uns, die Ekstase zum Ausdruck kommt. Wenn du fröhlich und glücklich bist und Freude deine Knochen erfüllt, teilst du das jemals mit anderen? Für mich gibt es einen großen Unterschied zwischen „glücklich" und „Freude". Glücklich zu sein bedarf eines äußeren Anreizes, etwas, worüber ich glücklich bin. Freude ist innewohnende Liebe, ein Gefühl, das über Gefühle hinausgeht, weil es keine äußerlichen Anreize braucht. Selbst in meinen dunkelsten Momenten kann ich noch den Saum dieses großartigen Bewohners in mir berühren. Dabei geht es um unsere innere Göttlichkeit, die nichts und niemand zerstören kann und die oft unter unseren unerledigten emotionalen Angelegenheiten verborgen ist. Ich wünsche mir, dass meine Freunde sich mit dieser Freude jeden Tag verbinden können. Das ist die Freude, die ich allen fühlenden Wesen sende, da sie nicht aus meiner Persönlichkeit kommt, sondern weil es das Göttliche in mir ist, welches das Göttliche in einem anderen berührt – und das ist echte Beziehung. Wenn wir uns auf diese Weise begegnen, dann fühlen wir uns ermächtigt, geliebt und wir spüren unser eigenes Gefühl der Anbetung.

Wir müssen uns auch zu unserer eigenen „Gutheit" bekennen. Dann sind wir fähig, große Dinge zu leisten, wie unsere Projektionen zurückzurufen; unseren sogenannten Feinden zu vergeben; denen zu helfen, die weniger Glück haben wie wir; mit einem Gefühl der Akzeptanz großes Leid zu ertragen; zu lächeln, wenn es Mut kostet, das zu tun, und so fort. Unser heller Schatten und unser dunkler Schatten: Beide sind zwei Seiten der Medaille der Gnade. Warum sollten wir nicht auch unsere Güte annehmen?

ÜBUNG 2

Den eigenen goldenen Schatten besitzen

Nimm dir nun Zeit, deine „guten" Eigenschaften aufzuschreiben, zum Beispiel:

deine eigene Göttlichkeit

deine Talente

deine Mitfreude, wenn jemand anderer Glück hat

wie du für Freunde da bist

die selbstlose Art und Weise, wie du Menschen im Krankenhaus usf. besuchst

deine Aufrichtigkeit, Vertrauenswürdigkeit, Zuverlässigkeit

deine Integrität

Wenn du die Liste fertig geschrieben hast (und höre nicht auf, bevor du nicht mindestens 20 „gute" Dinge über dich selbst notiert hast), bitte einen Freund, sozusagen als Zeuge mit dabei zu sein, wenn du sie noch einmal laut vorliest. Für viele Menschen wird das schwierig sein, weil wir so sehr in Vorstellungen über Stolz und Eigensucht gefangen sind. Demut ist zu wissen, wer wir sind, und aus dieser Wirklichkeit zu leben. Es hat nichts damit zu tun, unsere guten Seiten zu verleugnen.

Stell dir deinen ersten Schultag vor und der Lehrer oder die Lehrerin würde sagen:

Wie schön, dass du hier bist. Ich freue mich schon darauf, viel von dir zu lernen. Sag mir, wie es dir hier gefällt. Danke, dass du hierhergekommen bist. Ich fühle mich geehrt, dass du unsere Schule ausgesucht hast.

Stell dir vor, was für eine Wirkung das für deine gesamte Schulzeit gehabt hätte, wenn du so empfangen worden wärest! Stell dir vor, du wärest für das gelobt worden, was du schon vor der Schule gelernt hast! Die meisten von uns sind für das getadelt worden, was wir nicht wussten, ohne jemals das anzusprechen, was wir wussten.

Ein junger Mann, der aus einer Landwirtschaft stammte, erzählte mir einmal: „Ich wusste viel zu viel über Dinge, die unwichtig waren, als über die Sachen, die wichtig waren." Als ich ihn fragte, was er denn damit meinte, antwortete er: „Ich wusste, wie man Gras recht und die Hennen füttert. Ich wusste, wie Kälber geboren werden. Ich wusste, dass man der Kuh Heu zu fressen geben muss, wenn man sie melkt. Ich wusste, dass es genau Mittag ist, wenn sich die Blüten öffneten. Ich wusste, dass es Regenbogen nach dem Regen und Donner vor den Blitzen gibt. Ich wusste, wie man die Butter nach der Butterung formen musste. Ich wusste, dass Sterben nicht gefährlich ist. Wir lagen mit unserer Mutter zusammen im Bett, als sie starb, und wir umarmten sie, um ihr Lebewohl zu sagen. Ich wusste, dass es wichtig war, den Nachbarn zu helfen, Heu zu machen. Weißt du, ich wusste ziemlich viel, aber der Lehrer nannte das nicht Wissen. Wissen war, wenn man Mittwoch richtig buchstabieren und wenn man 16 und 13 richtig zusammenzählen konnte. Irgendwie sah ich mich selbst nie als gut genug an."

Er fuhr fort, mir zu erzählen, wie er mit einem Handtuch um den Kopf in einer Ecke stehen musste, während die anderen Kinder sangen: „Dummer, dummer Johnny, er kann nicht Mittwoch buchstabieren." Er war damals sieben Jahre alt. Der Selbstwert dieses jungen Mannes war sehr niedrig, weil ihm eingeimpft worden war, dass nur das, was er „Bücherwissen" nannte, etwas gelten würde. So viele von uns empfinden es als schwierig, dass wir uns dazu bekennen, in Ordnung zu sein, geschweige denn, uns heilig zu nennen.

Helles Sein und dunkles Sein

Besonders im Hinduismus gibt es die paradoxe Gottheit von Gut und Böse in den Formen von Shiva und Kali. Kali, die Frau Shivas, war der weibliche Aspekt, die den dunklen Zerstörer von allem repräsentierte. Sie war tatsächlich die große Verwandlerin, die, während sie wie Shiva Mitgefühl in ihrem Herzen bewahrte, zugleich ihr Schwert der Zerstörung erhob.

Im keltischen Bewusstsein scheint es, dass viele Götter und Göttinnen über die Welten der Dunkelheit und des Lichtes herrschten, die Welten von Geburt und Tod, die Welten scheinbarer Dualität, die Welten der Paradoxien. Eine der besonderen Eigenschaften eines Gottes oder einer Göttin war, dass sie nicht zwischen Dunkelheit und Licht unterschieden, zwischen Geburt und Tod. Bili war der Gott des Todes oder des Dunkels, aber seine Nachkommen wurden „die Kinder des Lichtes" genannt. Der Gott Lugh, der Sonnengott, war zugleich der Herr der Unterwelt. Der große Gott Dannan übte seine Herrschaft über das Dunkel aus, an duach, wie die Unterwelt auch genannt wurde, die jedoch zugleich auch „Land der Lebenden" hieß.

Wir mussten erst lernen, die Dunkelheit zu fürchten. Das Dunkel ist im Christentum der Ort, an dem Luzifer, der „Fürst der Dunkelheit" oder der „gefallene Engel" regierte. Das Licht wurde dagegen als die „strahlende Engel" oder als der „Bote der Liebe Gottes" dargestellt; uns wurde dementsprechend auf dem Lande in der irischen Schule energisch aufgetragen, alles von uns zu werfen, was nicht hell, strahlend und schön ist. (Gott selbst schickte den Fürsten der Dunkelheit aus dem Himmel, weil er keinen Schatten ertragen konnte!) Dies ist die Doktrin des Patriarchats gewesen, die Jahrhunderte hindurch gegolten hat. Es ist gar nicht so einfach, in ein neues Evangelium zu treten, eines, das uns als „Kinder des Lichtes" annimmt, wozu dann auch das Dunkel gehört. Wie alle Götter regiert der Archetyp Brigit in den Unterweltreichen des Unbewussten und sie wies immer darauf hin, dass alle kriegerischen Auseinandersetzungen durch unsere Angst und Dunkelheit entstanden, die wir in die Welt gesandt haben.

Diese Angst und Dunkelheit manifestiert sich schließlich als eine eigene Wesenheit und wir können die Fülle eines reichen und von Schönheit erfüllten Lebens gar nicht erfahren, solange da draußen irgendetwas Gefährliches und Mächtiges herumschleicht. Unsere eigenen Ängste und ungelösten Emotionen wie Rache und Neid werden zum „schwarzen Mann", sie werden zu den von uns selbst geschaffenen Feinden, die zu uns zurückkommen, um uns nachzustellen. Ich glaube, dass alle unsere „schwarzen Männer" in unsere eigene Psyche zurückgeliebt werden müssen, wo sie durch Liebe in einen Segen verwandelt werden. Uns ist nicht beigebracht worden, wie man das macht, und deshalb leiden wir so sehr.

Mit dem inneren Judas klarkommen – Unerledigte Dinge

Judas' Schuld und Schande verdammten ihn. Sein eigenes Gefühl der Hilflosigkeit und Verzweiflung verdammte ihn. Sein Selbsthass verdammte ihn. Seine Not war unerträglich, sodass er nicht mehr länger bei sich selbst bleiben konnte. Die große Lektion hier lautet: Jeder von uns ist Judas. Sobald wir uns selbst verkaufen, sobald wir uns selbst betrügen oder unser Licht so verdunkeln, dass wir nicht unsere eigene Wahrheit aussprechen, betrügen wir unsere Seelen. Wenn wir nicht sagen können: „Es tut mir leid", wenn wir uns selbst wegwerfen und uns als der Liebe unwürdig betrachten oder wenn wir uns selbst ausnutzen und überbeanspruchen oder wenn wir zu viel von uns selbst erwarten – in dem Moment übernehmen wir den Judas-Archetyp. Wir glauben dann wirklich, dass unverzeihlich sei, was wir getan oder gelassen haben, das Lieblose, das Unberührbare. Unser Mangel an Mitgefühl mit uns selbst und unsere Selbstvergessenheit wird zum Seil, mit dem wir uns aufhängen. Im keltischen Bewusstsein nennt man das ag cur an marbh orainn, was wörtlich „unser eigenes Todesurteil sprechen" heißt. Mitgefühl für uns selbst bringt dem inneren Judas Barmherzigkeit entgegen und so muss er nicht von unserer eigenen Hand leiden.

Wenn der Archetyp des Christus in uns ist, so ist auch der Archetyp des Judas in uns. Das zu akzeptieren fällt vielen Menschen schwer. Der Weg zur Heiligkeit besteht darin, dass wir uns selbst unmittelbar vergeben, damit wir nicht unter Schuld- und Schamgefühlen leiden müssen, die ja keinem helfen. Der Christus-Archetyp in uns hat großes Mitgefühl für den Judas. Die Lektion ist, der Stimme der Geliebten zu folgen, der Seele, damit Judas dorthin zurückgeliebt werden kann, wo er hingehört, nämlich bei Christus zu sitzen. Judas auszuschließen und ihn als unwert unserer Barmherzigkeit anzusehen heißt, Judas in die äußere Welt zu projizieren und ihn in anderen zu sehen.

DER ZEIGEFINGER

Lass den Finger auf einen Freund zeigen
und kehre in tiefem Mitgefühl zu deinem Selbst zurück,
damit du nicht durch dein Zeigen niedergestreckt wirst,
wenn der Tod zu einer unerwünschten Zeit erfolgt,
und nicht Gottes Gericht ein Urteil über dich fällt,
unter dessen Finger du mit Sicherheit niederkauern musst.
C. McGill (mein Großvater; 1930)

ÜBUNG 3

Die Integration des dunklen Schattens

Denke an eine Person, die du für arrogant hältst.
Was war an ihr arrogant?

Okay; nun erinnere dich an eine Gelegenheit, bei der du arrogant warst.

Geh so weit zurück wie nötig und lade diesen Teil von dir in dein Bewusstsein ein.

Gut! Du hast diesen verlorenen Teil deiner selbst gefunden. Gut gemacht!

Nun bitte diesen Teil von dir, in dein Herz zu kommen.
Wie fühlt sich das an?

Gestatte dir zu realisieren, dass du keine schlechte Person bist, weil du arrogant gewesen bist. Damals war das die einzige Möglichkeit, wie du dich aufgrund deines begrenzten Wissens hast verhalten können.

Jetzt verzeihe dir selbst.

Dann sieh, wie dieser bisher verlorene Teil vom sogenannten guten Teil von dir angenommen wird. Sieh, wie sich beide umarmen. Großartig! Du hast diesen verlorenen Teil von dir nach Hause gebracht.

Es wird die Zeit kommen, wenn du zu der anderen Person gehen und mit ihr darüber sprechen kannst. Du hast dir selbst verziehen und kannst deshalb jetzt auch um Vergebung bitten. Wenn die andere Person sich immer noch ärgert, dann ist das ihre Sache; lass dich nicht in ihre Angelegenheiten verstricken.

Jetzt beginnst du zu erkennen, was Brigit mit Heiligkeit meint!

Die sogenannten guten Teile, die bei uns heimisch geworden sind, unsere Lichtschatten, müssen von uns anerkannt werden; wir müssen unser eigenes Engelselbst kennen, unsere eigene Göttlichkeit. Wenn dann die dunklen Schatten Zuflucht bei uns suchen, weisen wir sie nicht ab, sondern können sie in Barmherzigkeit voll integrieren.

Timing

Diese Lehre ist wesentlich, weil sie dazu rät, nicht zu überstürzen, eine Veränderung der Dinge herbeizuführen, die für unser Leben nicht mehr stimmig ist. Die Lehre der rechten Zeit weist darauf hin, dass alles seinen eigenen Rhythmus besitzt und dass es nicht weise ist, diesen zu unterbrechen oder zu versuchen, ihn zu manipulieren. Das Schlüsselwort hier ist Bewusstheit. Wenn wir merken, dass wir ein Bedürfnis nach Veränderung haben, dann gibt diese Erkenntnis der notwendigen Veränderung den Raum, sich zu vollziehen. Die Natur ist dafür unser Vorbild. Sie wird die Jahreszeiten nicht beschleunigen, nur weil sie eine Veränderung möchte. Die Rhythmen der Frauen sind anders als die Rhythmen der Männer, wie wir wissen. Die Frau braucht mindestens 28 Tage, um ihre intuitive Erkenntnis mit ihrer mentalen Einschätzung in Übereinstimmung zu bringen, wenn sie eine entscheidende Veränderung in ihrem Leben beginnen soll. Die tiefe Intuition der Frau signalisiert ihr, wenn die Veränderung notwendig ist. Wenn sie solche Zeichen ignoriert und nur von ihrem Erdengemüt her darauf reagiert, dann fühlt sie sich später unter Umständen verwirrt.

ÜBUNG 4

Intuition

Hast du öfters gewisse „Bauchgefühle" im Hinblick auf Menschen oder Dinge, aber beachtest sie nicht weiter, nur um später festzustellen, dass du besser doch darauf gehört hättest? Lerne, nach innen zu horchen; das ist der Weg der Integrität und Anmut und es ist auch der Weg des Schöpfers. Wenn du zuerst nach innen hörst, wird sich das, was du hervorbringst, als Segen erweisen.

Die Seele liebt Einfachheit und den Aha-Moment. Der Weg der Intuition ist das Gegenteil von Illusion; es ist der Ort, an dem die Dualität nach Hause geliebt wird. Unser Herz spürt die Impulse der Intuition und wenn wir auf unser Herz hören, dann hören wir auf die Seele. Das weise Herz trägt die Fähigkeit der Unterscheidung und Integrität in sich. Das unreife Herz trägt die Wünsche des Erdengemüts mit sich herum. Wir können lernen, zwischen diesen beiden Herzen zu unterscheiden, wenn wir unsere inneren Stimmen lernen, wahrzunehmen. Unsere Intuition wird von der Seele durchdrungen, unser Erdengemüt von unserem Verlangen. Wenn wir mit dieser inneren Weisheit lauschen, dann stimmen wir uns in das Wissen unserer Ahnen ein, welche die Welt von innen nach außen spürten.

Intuition ist mehr als nur Instinkt. Es ist Instinkt mit Bewusstheit und Kreativität. Sie ist der Platz, an dem die Konditionierung des Erdengemüts dem Allwissen der Seele Raum gibt. Intuition muss nicht analysieren, konzeptionalisieren, vernünftige Gründe anführen, gute Berechnungen anstellen und noch nicht einmal Logik besitzen. Intuition ist in der Tat genau das Gegenteil von alledem. Lernen wir, in uns den Geist des Christus zu erschaffen, den Geist Buddhas, den Geist des Kindes, das noch nicht voll gestopft, sondern von wunderbarer Einfachheit ist und voller Staunen. Intuition begreift das Paradox und weiß um es. Das Paradox ist sogar das Wesen von Intuition. Hannah Cunningham stellt fest: „Intuition ist echtes Wissen, intellektuelles Bedenken ist nur Theoretisieren."

Intuitive Entscheidungen sind nichts, was man in die Zukunft projizieren könnte. Intuition ist unmittelbar präsent, in diesem Augenblick, und es heißt nicht, dass Entscheidungen, die wir aufgrund von Intuition treffen, für alle Zeit weiter gültig bleiben müssten. Das mag für viele verwirrend sein, die gerne möchten, dass Entscheidungen ein für alle Mal stimmen und ewig gültig bleiben. Als ich meinen letzten Partner traf, dachte ich, dass er richtig für mich sei. Ich dachte, dass diese Beziehung für immer war! Nach vier Jahren erkannte ich, dass die intuitive Einsicht damals richtig war und stimmte – dass er für damals der richtige Partner war – und ich habe keinen Fehler damit gemacht, damals den Vertrauenssprung zu wagen. Die Geschenke der Selbsterkenntnis, die ich in und aus dieser Verbindung erhielt, waren wie kostbare Edelsteine. Das einzige Problem war, dass ich wollte, dass diese Beziehung andauern würde, das war jedoch nicht die Natur dieser Beziehung.

Kapitel 5

Archetypen der Göttin

Die dreifache Göttin – Dreifache Archetypen

Brigit verkörpert die Archetypen der dreifachen Göttin in der Integration von Jungfrau, Mutter und Weiser Frau. Diese reichen Eigenschaften durchtränken sie mit allen Manifestationen des göttlichen oder heiligen Weiblichen und sie enthalten auch deren Antithese. Was kann das Attribut der Jungfrau uns heute noch bieten? Wir werden das zunächst in Bezug zur jungen Frau vor der Mutterschaft ansehen und dann das Gegenstück im männlichen Geschlecht betrachten.

Die dreifache Göttin wird von den Farben Weiß, Rot und Schwarz symbolisiert.

Weiß symbolisiert die Jungfrau oder die, die sich selbst wirklich kennt. Das männliche Pendant ist der Jungmann oder der noch nicht Initiierte, der noch im Haus seiner Mutter ist und noch nicht den väterlichen Segen für seinen eigenen Weg hinaus empfangen hat.

Rot symbolisiert Mutterschaft oder das rote Blut der Leidenschaft und Kreativität. Beim Mann steht Rot für leidenschaftliche Sexualität, die Energie des Sonnenuntergangs und die Suche nach den Vätern seines Vaters.

Schwarz symbolisiert die Weise Frau und deren Fähigkeit, sich selbst zu verwandeln. Sie wählt und entscheidet mit Integrität. Sie besitzt innere Autorität und ihr steht es zu, den Segen der Frau zu erteilen. Im Manne symbolisiert das jemanden, der seine Anima und seinen Animus integriert hat und die Erlaubnis hat, jüngeren Männern Rat für das Leben und über Frauen zu geben. Er erzählt Geschichten über seinen Vater und hat nur wenig oder nichts, was er noch bedauert.

Die Jungfrau *(An Maighdean)*

Es sieht so aus, als ob die übliche Bedeutung des Wortes „Jungfrau" als einer „Maid, in die noch nie ein Mann eingedrungen ist" hier nicht passt. Das ist viel zu starr. Im alten Gälischen bezeichnete das Wort Jungfrau jemanden, „der sich ins Leben ruft". Das bedeutet eine junge Frau, die noch keine Mutter ist, aber dabei ist, ihr eigenes Selbst zu erkennen. Sie ist willens, ihre Seele in ihren Körper hineinzugebären. Die Vorstellung der Jungfrau hat auch mit der Naivität oder Unschuld zu tun, mit der wir in die Geburt gelangen - Unschuld der Absichten, Unschuld der Motivation. Die junge Frau wird meistens nur von den Wünschen ihres Herzens motiviert. Sie spürt ihre Welt als jeder Rationalisierung entgegengesetzt. Ihre Gefühle auszudrücken ist für die Jungfrau ganz natürlich. Ihr Gespür für ihre Individuation entwickelt sich in der Pubertät, wenn sie in die Bewegungen ihres Unterkörpers aufgrund der Menstruation eintritt. Die niedrigeren Chakren oder Energiezentren sind die natürlichen Bausteine für ein starkes und effizientes Erdengemüt, ohne das wir in unserer Welt nicht überleben könnten.

Den jungfräulichen Zustand des standfesten Vertrauens, das sich gegen die Wirbelstürme des Betrogenwerdens und der Veränderungen behauptet, kann man oft bei jungen Mädchen beobachten, wenn sie erleben, wie ihre Herzen in der Liebe gebrochen werden. Sie lassen ihr Herz aufbrechen, stehen wieder auf, sammeln sich und versuchen es erneut. Dieses Selbst, das unerschrocken von negativen Erfahrungen wieder neu beginnt, das ist die Energie der Jungfrau. Es ist auch der Ort der normalen Magie, in der Jugendlichkeit und Mut ihre Kühnheit vor einer übervorsichtigen Welt zur Schau stellen, die ihr müdes Haupt voller Missbilligung schüttelt.

Wenn allerdings die Mutter der Jungfrau ihre Kühnheit manipuliert und sie drängt, weniger stolz zu sein, sondern sittsamer und prüder, dann wird sie an einen Ort des Selbsthasses gelangen und in ihrem Auftreten kleiner gemacht. Wenn die Mutter nicht ihre eigene Jungfräulichkeit integriert hat, wird sie zweifellos aufgrund von Eifersucht und Herrschsucht die Unschuld ihrer Tochter abtöten, die voller Schuld und Scham zurückbleibt. Die Geschichte von Aschenputtel und ihrer grausamen Stiefmutter beschreibt den intensiven Neid einer dysfunktionalen Stiefmutter auf ihre Stieftochter. Aschenputtels Schönheit und Jugendlichkeit machten sie rasend. Sie konnte sich darüber nicht entzücken, weil sie ihren eigenen Alterungsprozess nicht mit Anmut angenommen hatte; so ließ sie die junge Tochter leiden, um ihren eigenen Schmerz des Neides zu lindern.

Die Jungfrau will nichts im Leben aufschieben. Sie glaubt daran, dass man im Augenblick leben sollte. Wenn sie traurig ist, zeigt sie das. Wenn sie zornig ist, lässt sie den Dampf ebenfalls aufsteigen und nach einem Augenblick ist alles wieder vorbei und sie ist fröhlich mit etwas anderem beschäftigt. Sie vertraut ihren Gefühlen und schämt sich nicht, sie zu zeigen. Wir wissen, dass die junge Persephone bald in die Unterwelt geführt wird, von einem nichts ahnenden jungen Liebhaber, und wir älteren Frauen sehnen uns nach ihrer Heimkehr in uns zurück, denn sie erinnert uns an unsere eigene Schönheit, obwohl diese nun verinnerlicht ist. Wir haben viel von unserer Begeisterung für das Leben verloren, weil wir die Jungfrau in uns gezähmt haben und sie durch starre Regeln ersetzt haben, die ihre Kreativität und ihre emotionale Entwicklung behindern. Leider vergessen wir die Zeiten, als wir uns selbst auch einmal gestattet haben, Risiken einzugehen und ganz und gar im Augenblick zu leben, ohne jede Angst vor einem Morgen. Jedoch ist es die nicht integrierte Jungfrau in uns, die an Burnout leidet, die sich selbst verzehrt, die nicht weiß, wann sie ihre Ressourcen nicht erschöpfen darf.

ÜBUNG 1:

Risiko eingehen
Die Jungfrau fragt dich, ob du wirklich weißt, wer du bist? Sie fordert dich auf, dein Leben voll zu leben, bevor du stirbst. Wenn du sie flüstern hörst, „Tu es, lebe deine Träume", dann mach das auch. Gib das zusätzliche Geld aus, schreib dich bei der Tanzgruppe ein und vergiss die Nachbarn! Welchen Träumen

hast du erlaubt, in dir zu sterben (im Unterschied zu unerreich-
baren Träumen, die du losgelassen hast)?
- Schiebst du Dinge auf, verzögerst du Dinge?
- Höre auf die Worte in diesem Lied und dann schreibe auf,
  was sie heute für dich bedeuten.

Keine Schuld

Führst du das Leben, das du möchtest?
Lebst du den Traum von jemand anderem?
Liebst du die Person, mit der du schläfst?
Ist dein Leben in Wahrheit nicht das, als was es erscheint?
Phyllida Anam-Áire[7]

Gebet an die Jungfrau in uns

Jungfrau, zeige mir meine Unschuld,
öffne mein Herz für die Liebe,
tanze mein Leben zur Trommel meines eigenen Fleisches.

Der Jungmann *(An Óige)*

Wenn die Jungfrau ein Archetyp der dreifachen Göttin ist, dann ist
der Jungmann deren männliches Gegenstück, das auch in ihrer Psyche ist, denn die Göttin ist ohne Geschlecht und Unterscheidung.
Den Ort des Jungmannes findet man sowohl in jungen männlichen
als auch jungen weiblichen Personen, aber er wird normalerweise als
„ein junger Mann" oder als „ein Junge" definiert. Aus irgendeinem
Grunde wird er nicht so mit Sexualität assoziiert wie die Jungfrau.
Deshalb könnte man annehmen, dass Sexualität in der jungen weiblichen Psyche eine wichtigere Komponente darstellt und deshalb auch
im Begriff zum Ausdruck kommt.

Der Jungmann ist der Ort der Entdeckung und Erfahrung, der nicht mit ähnlichen Eigenschaften der Jungfrau verwechselt werden sollte. Unbedachtheit und Jugend scheinen Synonyme zu sein. Es bedeutet, sich „natürlich" zu verhalten, nicht „normal" im Sinne einer Konditionierung. Es hat damit zu tun, sich frei zu entscheiden. Diese Unbedachtheit ist etwas, was oft als „vergeudete Jugend" hingestellt wird. Es ist eine Zeit der Erforschung, des Abenteuers und der Zerstreuung, um Aufregendes zu erleben, um Spaß zu haben. Der Jungmann-Archetyp der Göttin bezieht sich auf einen Ort der Unverantwortlichkeit und Wildheit. Das heißt nicht, dass es ein gefährliches Gebiet wäre und deshalb erobert und kontrolliert werden müsste. Im Gegenteil: Es handelt sich um einen lebendigen Organismus vitaler und lebensspendender Säfte, die ihren Antrieb aus der Natur selbst erfahren.

Die Dynamik des Jungmannes, wenn man ihm seine eigene Magie und sein Wunder zeigt, kann ihn mit Kreativität beleben, die über seine wildesten Träume geht. Der Jungmann braucht einen Vater, der nicht seine eigene Jugendlichkeit im Inneren verloren hat, die ihn stärkt. Wenn der Vater patriarchalisch ist und Herrschaftsmechanismen benutzt, um die wilden Eigenschaften des Jungmannes zu zähmen, dann wird dessen Seele welken und sterben. Wenn der Jungmann dem, wer er ist, vollen Ausdruck geben darf, und ihn die verständnisvolle Energie des Vaters unterstützt, dann fließen seine kreativen Impulse und sein animalisches Selbst ist frei, seinen wilden Tanz der schieren Lebenskraft und Lebensenergie auf der Erde zu tanzen. Es heißt, dass, wenn der Jungmann das Tier in ihm lebendig tanzt, ohne Scham oder Verlegenheit, die Erde ihm ein Lied zurücksingt, in das die Ahnen einstimmen.

ÜBUNG 2:
Die natürliche Wildheit unterdrücken
- Wann ist der Jungmann in dir ausgelöscht worden?
- Wann hast du zum letzten Mal deinen Rucksack über die Schulter geworfen und bist aus reiner Freude, ohne irgendein

festes Ziel, ohne Plan, ohne Landkarten, in ein Abenteuer-
wochenende gestartet?
- Wann hast du dich zum letzten Mal von den weltlichen
Verpflichtungen der Erwachsenen ablenken lassen, zum Beispiel, indem du in einer Band mitgesungen oder einen Baum
umarmt hast?

Die traurigsten Worte, die ich je von einem sterbenden Menschen gehört habe, waren: „Ich wünschte, ich hätte das getan,
was mein Herz wollte, anstatt immer ‚das Richtige‘ zu tun.“
Wenn man nur arbeitet und keine freie Zeit mehr genießt, dann
wird das Leben sehr langweilig.

- Hast du andere Menschen, die deinen Enthusiasmus für das
Leben teilen?
- Hast du das Interesse an deiner Umgebung verloren, weil dir
keiner das gibt, was du brauchst?
- Erinnere dich an den Jungmann in dir, der sagt: „Das Leben
ist kostbar; es liegt an dir, was du daraus machst; du bist der
Gestalter deiner Tage.“
- Lebst du in der Vergangenheit, als ob das alles in deinem
Leben wäre?

Der Jungmann in dir hat noch Zeit, dir etwas zu sagen, auch
wenn du 70 Jahre alt bist, aber du musst ihm zuhören und bereit
sein, Risiken einzugehen!

Gebet an den Jungmann in uns
Junger Mann meiner wilden Wege,
gieß deine geschwinden Füße
in meine müden Beine
und schleudere mich über meine eigenen Grenzen hinaus.
Seá

133

Die Mutter *(An Máthair)*

Der Begriff „Mutter" legt Leidenschaft nahe, Sexualität, Gebären, Nähren, Geben und Fürsorge. Von Brigit heißt es, dass „das rote Blut aus ihrem Körper die gesamte Schöpfung nährt", und die roten Beeren des Stechginsters sind Tropfen ihres Blutes. Die blutende Frau kennt den Tod und das Leben; sie stirbt alle 28 Tage und erweckt sich selbst wieder zum Leben. Ihr Menstruationsblut besitzt, so unsere Vorfahren, mysteriöse und magische Eigenschaften. Das war einer der Gründe, warum die Frau sich drei Tage von Gemeinschaftstreffen fernhielt, wenn sie blutete, damit sie sich ihrer medialen Kräfte bewusster werden und heilende Tränke erschaffen konnte.

Der Mutter-Archetyp ist sehr machtvoll. Er birgt das Wunder des Lebens an sich. Sie ist die Mitschöpferin und besitzt als solche energische und wunderbare Kräfte und ihr Wissen ist intuitiv. Sie ist in ihren beschützenden Impulsen für ihre Nachkommen sehr mächtig und würde, wenn das nötig wäre, jedes Raubtier töten, das in den Schatten lauert. Die Mutter ist ein Ort tiefer Entschiedenheit für eine Sache oder eine Person. Es ist der Ort der Verantwortlichkeit und Zuverlässigkeit. Die rote Farbe erinnert nicht nur an die Bedeutung des Themas Blut, sondern weist auch auf die volle, rot-leidenschaftliche Frau hin, die sich nicht dafür entscheiden mag, etwas aufzuschieben.

Die Mutter kann ihre Blutsleidenschaft auf unterschiedliche Weise zum Besten aller verwenden. Viele Frauen, die noch Monatsblutungen haben, kreieren wundervolle offene Räume, damit andere Menschen ihr Leben besser verstehen. Solche Frauen sind Lehrerinnen, Krankenschwestern, Beraterinnen oder Dichterinnen. Oder eine solche Frau entscheidet sich, ihr leidenschaftliches Wesen zu nutzen, um ihre sexuelle Natur zu erforschen, indem sie sie lebendig erhält und indem sie den Orgasmus benutzt, um sich selbst tiefere mediale Kräften einzuflößen. Das tun viele Seabhéans, „Weise Frauen", in der keltischen Tradition.

Die stillende Mutter ist in der bildenden Kunst als die Nährerin der Jungen dargestellt worden, als diejenige, welche andere aus ihrem eigenen Körper nährt. Die Brüste der Frau sind in der kommerziellen Welt benutzt worden, um die Bevölkerung zu überzeugen, Waren zu kaufen – von Autos bis zu Seife. So groß ist ihre Anziehungskraft. Der ursprüngliche Zweck – Babies zu stillen – ist von den Medien so manipuliert worden, dass manche Frauen sich weigern, ihre Kinder selbst zu stillen, weil sie Angst vor einem „Hängebusen" haben. Viele Frauen setzen allerdings die natürliche Weise fort, ihre Kinder zu stillen, trotz der Warnung vor hängenden Brüsten. Sie betrachten es als ihr besonderes Privileg, dass sie ihre Kinder stillen, und sehen das als einen Akt der tiefen, tiefen Liebe und Hingabe an, als einen Vorgang, der seine eigenen heilsamen Eigenschaften besitzt.

Das Beispiel der machtvollen sexuellen Energie der Frau erweist sich an Sheela-na-gig, der irischen Fruchtbarkeitsgöttin. Ihre offen zur Schau getragene Sexualität zeigt sich in ihrer hockenden Stellung, in der sie ihre Vagina wie eine Zauberhöhle öffnet, damit alle sie sehen und in sie eintreten können. Ihre Sexualität war symbolisch für die große Güte der großartigen Mutter Erde und deren fruchtbare und reiche Ernte.

Als Patrick im 5. Jahrhundert nach Irland kam, konnte sein Jungmann-Wesen mit der Frauenmacht nicht umgehen, sodass er sie symbolisch austrieb, indem er die Schlange von der Insel verbannte. Die Bildnisse der Sheila-na-gig wurden aus den meisten Kirchen und Klöstern entfernt und durch Ikonen der Jungfrau Maria mit ihrem blauen Mantel ersetzt. Kunstwerke wie Michelangelos Madonna wurden später wegen ihrer künstlerischen Inhalte geduldet und weil sie nicht derart sexuell explizit waren. Die Kirchenväter verlangten jedoch, dass sich Frauen bedecken und auch ihren Mund halten. Sie brachten ihr Wissen zum Schweigen und leugneten ihre Heilkräfte.

Die meisten östlichen Religionen erkennen in der Sexualität eine Form von Anbetung und tantrischer Sex hat viele Menschen für die Fülle und den Reichtum von Beziehungen befreit und Sex als heilig betrachtet. Sexualität wird jetzt auch bei uns im Westen mehr und mehr als ein Ausdruck des Heiligen angesehen und dank der Arbeit radikalerer Lehrer und Lehrerinnen beginnen wir ein Evangelium der Heiligkeit zu akzeptieren, das den Körper als Teil der Anbetung achtet. Der Eros wird befreit und wir erfreuen uns.

Die natürlichen medialen Fähigkeiten und Heilkräfte menstruierender Frauen werden zwar nicht mehr vom Patriarchat totgeschwiegen oder ins Irrenhaus abgeschoben, sind jedoch immer noch unterjocht. Frauen können heute Rituale tief greifender Initiation und Transformation vollziehen und tun es auch, während sie ihre Blutungen haben. Mögen unsere Töchter von unserer Bereitschaft gesegnet sein, diese Segnungen wieder zurückzubringen.

ÜBUNG 3:

Selbstpflege
• Wie könnte dich der Mutter-Archetyp heute herausfordern?
• Was macht dir leidenschaftlichen Spaß?
• Wie nährst du deine Seele?
• Kümmerst du dich aus Pflichtgefühl um andere?
• Wann hast du zum letzten Mal Sexualität in deiner Beziehung initiiert als Teil deiner spirituellen Praxis?
• Wie fühlst du dich in Bezug auf deinen eigenen Körper? Vergleichst du ihn mit den Körpern anderer, die jünger oder älter als du sind?
• Meinst du, dass du als Elternteil schlecht gewesen bist? Welche Bewertungen triffst du über dich selbst?

Nimm dir Zeit, die Antworten auf diese Fragen aufzuschreiben. Es gibt keine richtige oder falsche Antwort. Das ist eine Übung, damit du dich mit deinen eigenen Gefühlen in der Hinsicht beschäftigst, wie du dich selbst siehst.

Diese und andere Fragen stammen aus der Gnade. Deine aufrichtige Antwort zeigt an, wie weit du deine Seele in dein Leben eingeladen hast. Wenn du dich als eine Person betrachtest, die ganz in Ordnung ist, und wenn du dir keine Vorwürfe machst, dann hörst du auf das Lied deiner Seele in dir. Wenn nicht, soweit es sich nicht um amoralische und bewusst gewalttätige oder unterdrückende Aktionen handelt: Kannst du davon ausgehen, dass du dein Bestes gegeben hast und kannst du die Schwierigkeiten erkennen, die du damals in deinem Leben hattest?

Wenn du dein Leben mit der Barmherzigkeit und Achtung der Mutter ansehen kannst, wirst du deine Reise der Selbstheilung begonnen haben. Wenn du dir selbst Zeit zugestehst, um kreativ zu sein, den Töpferworkshop zu besuchen oder etwas anderes, dann hörst du der Mutter in dir zu und sie wird dich segnen.

> **Gebet an die Mutter in uns**
> *Mutter der tiefsten Barmherzigkeit,*
> *möge ich mich mit deinen Augen sehen.*
> *Sammle mich heim,*
> *wenn meine eigenen Urteile*
> *mir mein Herz brechen.*

Der Vater *(An Athair)*

Der Vater-Archetyp wird als Gemahl und Gefährte der Mutter angesehen. Ihr Wissen entspringt der Intuition, während seines aus der Beschäftigung mit der Außenwelt stammt. Er spürt aus der Umgebung und sie aus ihrem Schoß. Die Vater-Energie in der Seele bringt sich in seiner instinktiven Auseinandersetzung mit den Elementen zum Ausdruck. Das Äußere spiegelt die innere Landschaft der Seele wider, soweit sie es in ihre Realität projizieren kann. Die Fähigkeit der Seele, alles auf einmal zu erfassen, wie es durch die Augen des Vaters wahrgenommen wird, sagt: „Komm mir nicht in die Quere." Sie muss ihre Missbilligung nicht herausbrüllen; die innere Autorität der Seele spiegelt sich in seinen Augen wider.

Wenn der Vater-Archetyp, der Animus, dich besucht, wirst du diese innere Autorität, diese Kompetenz, diesen Schutz und diese Stärke spüren, die dich durch das tiefste Leid tragen können. Das ist die Stimme der Ermutigung und des Lobes, die Stimme, die auf die echteste Weise die Wildheit deiner Seele anerkennt. Du kannst deinen Tanz zum Ausdruck bringen in dem Wissen, dass er dir einen Raum frei hält, in dem du tanzen kannst. Wenn du seine Stimme der Warnung nicht beachtest, könntest du krank werden. Menschen, die ihre Seelenenergie auf eine künstlerische und extrovertierte Weise manifestieren, brauchen den Schutz des Vaters, um in ihrer Mitte zu bleiben, während sie sich auf leidenschaftliche Weise auf das Leben einlassen. Viele Künstler nehmen Zuflucht zu Suchtstoffen und oft führen sie sich damit an die Grenzen ihrer Kreativität, ohne noch Grenzen zu haben, die sie beschützen.

Das führt zu anderen Formen der Sucht und Abhängigkeit, wenn sie nicht auf die Stimme ihres inneren Vaters hören, der sie weise leitet. Der dysfunktionale innere Vater scheint im Großteil unseres Lebens unser Führer gewesen zu sein. Deshalb ist es schwierig, die Stimme der Ermunterung und Zustimmung inmitten von so viel Missbilligung und Ablehnung zu hören. Jesus der Christus empfing von seinem Vater einen Segen. Wie viele Männer, junge und alte, sehnen sich danach, dass ihr Vater sie segnet und sie so in die Welt schickt, im sicheren Wissen, dass alles wohl bestellt ist, dass „ich den Segen meines Vaters habe".

Viele Frauen haben ausgezeichnete Visionen und Träume, aber scheinen nie fähig zu sein, sie zu verwirklichen. Der Vater-Archetyp in ihnen kann ihnen helfen, ihr Potenzial zu realisieren und ihre Träume im Hier und Jetzt zu erden. Ohne diese Energie bleiben viele Frauen unfruchtbar, unerfüllt und verwirklichen nie ihre Ideen. Der funktionale oder liebevolle Vater hilft uns in Wahrheit, das Risiko einzugehen, unsere Bewusstheit weiter zu öffnen und dabei zugleich ein Heim zu schaffen, in dem wir unsere Lasten ablegen können, wenn wir das brauchen. Er ist derjenige, der uns über die Angst hinausnimmt: die

Angst, einen Fehler zu machen, etwas zu verlieren, ein Versager bzw. eine Versagerin zu sein. Alles, was wir aufgrund von Angst tun oder lassen, wird uns weiter unter der Kontrolle durch Angst halten.

ÜBUNG 4:

Ich werde, ich werde nicht
- Was tust du nicht, einfach, um ganz sicher zu sein und zu bleiben?
- Schreibe auf die linke Seite von einem Blatt Papier: „Alle Dinge, die ich gerne tun würde."
- In die Mitte des Blattes schreibe in großen Buchstaben: „Aber das werde ich nicht, für den Fall dass ..."
- Und schreibe nun auf die rechte Seite alle Dinge nieder, die du leidenschaftlich gerne tun würdest.

Halte dich nicht zurück, lass dir freien Lauf. Du wirst vermutlich erstaunt sein, wie Angst dein Leben beherrscht.

Unsere Angst davor, andere zu verletzen oder in den Augen der Umwelt albern zu erscheinen, hindert uns daran, dass wir gemäß unserer Wünsche leben. Meistens haben die Menschen Angst, Entscheidungen aus dem Herzen zu treffen, weil sie früher verletzt wurden, wenn sie das getan haben. Sie verstecken sich „aus Angst" oder „für den Fall, dass ...", zum Beispiel, dass sie wieder leiden würden. So übernimmt Angst das Kommando und die Seele ist unfähig, sich in die Ganzheit der Person auszubreiten.

Zeilen aus dem Lied „Keine Schuld" drücken das aus:

> *Hast du Angst, dass sie dich nicht mögen werden, wenn du dich veränderst?*
> *Hast du Angst, dass du sterben wirst, wenn du es nicht tust?*
> *Lebst du in Angst vor dem Morgen?*
> *Lebst du heute also mit einer Lüge?*
> **Phyllida Anam-Áire**[8]

Fühlst du dich sicher genug, um Risiken um deiner Seele willen einzugehen? Um dein Leben hier auf der Erde ganz zu leben? Möchtest
du dich jemals über deine Befürchtungen und zwanghaften Gewohnheiten erheben, hast aber Angst, dass dich das zu verletzlich macht?
Dann brauchst du ganz sicher die Energie des Vaters, des Ermögli-
chers, des Hüters. Er lässt dir vielleicht „harte Liebe" angedeihen, das
heißt, er könnte dich bis an den Rand führen und dir zeigen, dass du
fliegen kannst, und dir versichern, dass du es kannst.

> **Gebet an den Vater in uns**
> *Vater in mir, bleibe meiner Seele nahe,*
> *Hüter meiner unbedachten Handlungen,*
> *bewahre alle meine Träume*
> *und gib jenen Fleisch,*
> *die Gefangene der Angst sind.*

Die Weise Frau *(An Cáilleach)*

Der Archetyp der Weisen Frau oder der Weisen Alten ist der viel-
schichtigste der drei. Denn in ihr sind die beiden anderen enthalten,
die Jungfrau und die Mutter. Sie repräsentiert die weise alte Frau,
die ihre Kinder geboren und aufgezogen hat und nun als Großmutter für alle Kinder in der Gemeinschaft wirkt. Die Anteile der
Mutter und der Jungfrau besuchen sie in ihrer Psyche in Zeiten der
Schmerzen und des Leidens. Sie hört sich geduldig alle Geschichten
an und nimmt dann ihre Einschätzung aus einer Haltung des Ausgleichs vor. Die Weise Frau ist ein Ort der Annahme und eine Bereitschaft, dem Tod und dem Leben direkt ins Gesicht zu sehen. Sie
kann dumme Leute zwar nicht gut ausstehen, sucht aber auch dort
in ihrer Erfahrung und innerem Wissen, was unter der Oberfläche
steckt. In den Zeiten der Kelten hatte jede Gemeinschaft und jeder

140

Clan seine eigene Weise Frau, die dafür sorgte, dass die alten Sitten und Weisen des Stammes am Leben blieben.

Ich erinnere mich an eine alte Frau in unserer Pfarrgemeinde in Donegal, die Biddy hieß. Sie hatte Antworten für jedermann, ob man sie wollte oder nicht. Mit ihrem verrauchten Haar und ihren schwarzen Fingernägeln roch sie nach offenem Feuer und ihr scharfer Verstand, ihre Gewitztheit und ihre Intuition machten viele ganz unsicher. Biddy konnte „jenseits über alle Berge an allen Seiten sehen" und es hieß, dass sie Zaubersprüche über Menschen sprach, die sie verachteten. Sie fand nur wenig Zeit für die Kirchenleute, die sie „die Männer vom Tuch und ihre Lügengeschichten über die Hölle und Verdammung" nannte.

Die Weise Frau war auch die „Hüterin der Geschichten" oder diejenige, „die sich um das Heilige oder Mysteriöse in jedem Menschen" kümmerte. In der gälischen Sprache nennt man sie seabhéan oder eben „Weise Frau". Frauen ihres Rangs und ihres Kalibers hatten Zugang zu den Unterwelten. Wenn eine Geburt stattfand oder jemand in der Gemeinschaft im Sterben lag, wurde sie gerufen, um die entsprechenden Rituale durchzuführen, wenn die Priesterin nicht anwesend war.

Wenn sie sehnsüchtig aus ihren tiefen rauchigen Augen blickt, sieht sie mehr als die physischen Augen. In der gälischen Sprache sagen wir: „cionn an seabhéan ös ärd na greine." Das bedeutet: „Die Alte sieht von der Spitze der Sonne aus." Die Zeremonie für Weise Frauen**, die ich durchführe, feiert die älteren Frauen in unserer Mitte. Sie ehrt den Vorrang von Erfahrung vor Theorie. Themen wie sexueller Missbrauch und Tod werden in unserer Gesellschaft oft nur im Flüsterton besprochen. Die Weise Frau spricht offen und ohne falsche Scham über Themen, welche für die Gemeinschaft wichtig sind; sie hat keine Angst, über den sexuellen Missbrauch von Kindern oder Untreue in der Ehe zu sprechen. Ihre Rolle als „Älteste" erlaubt es ihr besonders, Dinge über die Stadien des Todes und die Orte, die aites zu lehren, wohin die Person danach reist.

Geburt ist auch eine ihrer Stärken. In der weit zurückliegenden Vergangenheit war die Weise Frau bei Geburten anwesend und kümmerte sich um die neugeborene Seele; sie stellte sicher, dass diese will-kommen geheißen und gesegnet wurde. Die Weise Frau missbilligt alles, was nicht natürlich oder aufrichtig ist. Du kannst sie nicht lange an der Nase herumführen. Sie kriecht in deinen Träumen hervor, wenn du sie ignorierst. Wenn du dich von dem Weg entfernst, den sich deine Seele ausgewählt hat, wird die Weise Frau dich sanft wieder dorthin zurückstoßen. Sie sitzt und macht merkwürdige kehlige Töne, Geräusche wie die Krähe und der Rabe. Sie ist dem Tierreich nicht fremd. Sie hat die Beziehung zwischen der Anima in Tieren und der Anima in Menschen verstanden.

Wenn es nach der Weisen Frau ginge, würde sie in der Nähe von Tieren leben. Sie ist davon überzeugt, dass wir gar nicht so weit von ihnen entfernt sind, und deshalb spricht sie mit ihnen und betet oft zu ihnen und bittet um Stärke und Zentrierung. Sie versteht die Jahreszeiten in deren Kommen und Gehen, da die Natur in allem ihre Lehrerin ist. Sie glaubt, dass wir kein Recht haben, irgendetwas unser Eigentum zu nennen, weder Land noch Leute. Sie glaubt im Gegenteil, dass die Erde uns besitzt, und sie lehrt uns weise Loslösung in allen Dingen.

Die Weise Frau ist der Platz in der Frau, der älter als ihre Jahre ist und jünger als ihre Träume. Der Platz, an dem die Natur selbst in Form von Fleisch und Knochen unserer eigenen wilden Natur wohnt. Häufig wird ein junges Mädchen etwas von dieser Weisheit zeigen. Das sind die Kinder, welche die Wahrheit sprechen und damit manchmal ihre Eltern so beschämen, dass diese zu einer ehrlichen und wahrhaftigen Kommunikation finden. Es ist die Weise Frau in uns, die laut über ihre eigenen Scherze lacht! Sie entschuldigt sich nicht für ein lautes Auflachen während einer anscheinend ernsthaften Unterhaltung, weil sie die Illusion der Dinge durchschaut und weiß, dass alles vorübergeht. Was andere sagen könnten, interessiert sie nicht mehr, da sie schon seit Langem die Meinungen anderer hinter sich gelassen hat. Auf einer tieferen Bewusstseinsebene lädt die Weise Frau uns alle ein, sowohl Männer wie Frauen, bewusster zu werden und in Verbindung mit unserem inneren Wissen zu gelangen, das wir zugunsten akademischer Leistungen unterdrücken oder es dagegen austauschen mussten.

Die ältere Frau, die aufgehört hat zu bluten, zu menstruieren, war im Kontakt mit den anderen Welten, hieß es, und sie besaß die Fähigkeit, diese Welten leicht zu durchqueren. Man sagte auch, dass dies einer der Gründe war, warum ältere Frauen Selbstgespräche führen. Sie sprechen mit den anderen Welten in sich. Der Archetyp der Weisen Frau in Brigit manifestiert sich in der Art und Weise, wie sie sich mit den Themen von Tod und Sterben beschäftigt. Sie zeigt sich auch darin, wenn Heim und Herd neu aufgebaut und die Feuer am Brennen gehalten werden. Brigit war als die Hüterin des Herdes bekannt, die Frau, welche auf ein kaltes Holz auf dem Rost blasen konnte, sodass aus dem Herd Feuer aufflammte. Sie lädt uns alle ein, in ihrer Flamme all das zu verbrennen, was uns im alltäglichen Leben nicht mehr nutzt. Was dir nicht nutzt, nutzt auch keinem anderen etwas. Diese Feststellung scheint radikal zu sein, aber die Lehren der Brigit aus dem heiligen Kessel sind heutzutage radikal.

ÜBUNG 5:

Innere Weisheit

- Bist du jemand, der den Leuten gefallen will?
- Gehst du je in die Natur und bittest sie um Führung für dein Leben?
- Bist du fähig und willens, die zwei Seiten jeder Geschichte zu sehen?
- Wie fühlst du über Tod und Sterben?
- Kannst du sowohl die komische wie die ernste Seite des Lebens sehen?

Die Weise Frau in dir wird dir helfen, Dinge leicht zu nehmen; dich auch dann zu entspannen, wenn es schwierige Zeiträume in deinem Leben gibt. Du wirst wissen, dass alles „Mahlgut" für die heilende

Energie der Liebe ist. Sie ist es, die dir zuflüstert: „Es ist alles in Ordnung; sorge dich nicht, mein Kind."

> **Gebet an die Weise Frau in uns**
> *Wissende meiner geheimen Gedanken,*
> *Sprecherin meiner inneren Weisheit,*
> *die du älter bist als die dunkle schwarze Erde:*
> *Entzünde deine Pfeife in mir.*

Der Weise Mann *(An Eolath)*

Wenn manche Männer in Berührung mit ihrem „Weisen Mann" kommen, ungefähr im Alter von 49 Jahren, brechen ihre Welten oft auseinander. Es ist, als ob sie sich bei klaren Entscheidungen nicht mehr auf die alten Paradigmen verlassen könnten. Rationales Denken, das ihre eigene Lebenserfahrung nicht berücksichtigt, reicht nicht mehr aus. Es sieht so aus, als ob sie aus einem ganz anderen Blickwinkel heraus wirken würden als nur aufgrund ihres intellektuellen Verstehens. Sie spüren das Bedürfnis, sich zurückzuwenden, auf einem anderen Weg als auf dem weiterzugehen, auf dem sie bisher so lange gegangen sind. Das ist transa, der Kreuzweg. Der Ort, an dem sich in der Psyche Transformation vollzieht; und wenn diese Männer nicht ihrem Seelenlied gehorchen, dann fühlen sie sich, als ob sie vergehen würden. Männer, die an Burnout leiden, am Ausgebranntsein, aufgrund eines dysfunktionalen Animus, der sie so lange schon die Welt auf eine verzerrte Weise hat wahrnehmen lassen, fühlen sich enttäuscht, dass sie sich entschieden haben, Arbeit für wichtiger als Liebe zu halten oder mehr Zeit mit ihren Kindern zu verbringen. Sie fangen an zu realisieren, was sie versäumt haben und beginnen, ihr Leben entsprechend neu zu ordnen. Das ist nicht einfach, weil es schwierig ist, Gewohnheiten zu ändern, besonders wenn der Mann für den Lebensunterhalt der Familie sorgt und die Familie noch satt bekommen muss.

Manche Männer suchen dann nach Beziehungen außerhalb ihrer derzeitigen und sie fühlen sich von jüngeren, attraktiveren Frauen angezogen. Es ist, als ob sie Angst vor dem Älterwerden hätten und das durch hübsche junge Frauen aufschieben oder ignorieren könnten. Männer sind vom Patriarchat unterdrückt und angelogen worden. Sie glauben, sie müssten die Kontrolle über alles ausüben, weil ihre Welten sonst zusammenbrechen würden. Sie sind in der Industrie, im Handel und in der Armee als Waren benutzt und missbraucht worden, als Spielbälle politischer und ökonomischer Strukturen. Ihr Rang am Arbeitsplatz, der ihre Fähigkeit bestimmt, mehr oder weniger Geld zu verdienen, ist das entscheidende Bewertungskriterium geworden, anstelle solcher Tugenden der Seele wie Güte, Nachsicht, liebevolle Vaterschaft, gute Freundschaft, Erhalter weiblicher Werte und Normen und so fort.

Der Weise Mann in Männern überprüft sein Gefühl der Selbstachtung und der Selbstbeherrschung. Dazu gehört, dass er mit der Anima oder dem Seelen-Selbst ins Reine kommt. Das Seelen-Selbst interessiert sich nicht für die äußere Bewertung der Person, da sein Gespür dafür, wer er ist, aus einem tieferen Wissen kommt. Dieses tiefere Wissen stammt vom Weisen Mann. Brigit hat Männer dazu aufgefordert, bewusster in ihren Entscheidungen zu werden, aufzuhören, wie roboterhafte Modelle zu funktionieren, und ein Leben aus dem Herzen zu führen. Viele Männer bekommen Herzinfarkt oder leiden unter anderen Herzbeschwerden. Das hat vielleicht etwas mit den Entscheidungen zu tun, bei denen auch das Herz mit bedacht werden sollte. Männer fangen an, ihre Emotionen zu spüren und sie angemessen auszudrücken. Weise Männer ermutigen andere Männer, gleich, woher sie kommen, ihre Geschichten zu erzählen und ihr Leben zu heilen. Sie haben den Ruf der Seele in ihren Venen gespürt; ihre Anima singt ein Liebeslied für ihre stereotypen Bewertungen der Welt und in der Wirtschaft passieren jeden Tag glückliche Veränderungen.

Die Sprache verändert sich und Worte wie „Fülle" und „Barmherzigkeit" sind nicht mehr nur auf Dichter und Sänger beschränkt. Männer haben keine Scheu mehr davor, sich gegenseitig zu berühren oder zu umarmen, wenn sie sich treffen, obwohl ich schon lächle, wenn ich sehe, dass sich manche Männer immer noch zur Begrüßung auf die Schultern klopfen. Das wirkt, als ob man sich keine Zärtlichkeit gestatten dürfte. Aber sie lernen und mehr und mehr Männer zeigen einen funktionierenden Animus und wie der Rattenfänger von Hameln locken sie sich gegenseitig aus ihren alten konditionierten Rollen heraus und viele folgen diesem Ruf. Es geht nicht darum, dass Männer weibischer werden, sondern dass sie ihr männliches Selbst strahlen lassen.

Früher wurden Männer, die in den Krieg zogen und „den Feind" töteten, tapfer genannt, weil sie ihr Leben für andere aufs Spiel gesetzt hatten. Das war sehr lobenswert. Krieger des Herzens kämpfen allerdings keine Schlachten irgendwo dort draußen, sondern heilen mit Mitgefühl für sich selbst und andere ihr Leben. Für mich hat Tapferkeit mit körperlichen Leistungen zu tun, wie bei Rettungsaktionen zur See oder in der Luft, mit der Feuerwehr oder dem Schutz für Menschen in umstrittenen Gebieten. Sie hat für mich mit einem persönlichen Beitrag für die Gemeinschaft zu tun, die über die Angst hinausgeht und über die instinkthafte „Flucht- oder Kampf"-Reaktion. Das sind dann Akte großer Barmherzigkeit angesichts der Gefahr körperlicher Verletzungen oder gar des Todes.

Mut ist auf der anderen Seite für mich etwas, was sich auf die persönliche Herzöffnung bezieht. Es geht dabei um subjektive Erfahrungen, die vielleicht nicht als riskant oder lebensbedrohlich erscheinen, aber es doch notwendig machen, das Herz aufzubrechen und willens zu sein, tiefer und tiefer in die Welt des Leids hineinzugehen, zugunsten der Liebe. Damit meine ich den Mann zum Beispiel, dessen Herz nach einer lang andauernden Beziehung gebrochen wurde, der bereit ist, seinen Anteil am gebrochenen Herzen zu heilen, und sich dann traut, wieder zu lieben, auch wenn er damit riskiert, dass sein Herz erneut zerbrechen könnte. Einen solchen Mann nenne ich mutig. Wenn ein Mann Tapferkeit mit Mut verbindet, dann lebt er voller Mitgefühl und voller Leidenschaft. Das ist tatsächlich ein Weiser Mann.

ÜBUNG 6:

Was beherrscht dich?

- Wann hast du zum letzten Mal zu dir selbst mit der Geduld eines guten Vaters gesprochen?
- Wann hast du auf die Sehnsucht deines Herzens wirklich gehört, ohne jede Kritik?
- Wann hast du zum letzten Mal „Nein" auf die Bitte gesagt, noch länger am Abend zu arbeiten, weil du lieber noch deine Kinder vor dem Zubettgehen sehen wolltest? Oder weil du diese Zeit für dich selbst gebraucht hast, um einfach gar nichts zu tun?
- Wann war das letzte Mal, dass du bei einer Konferenz deiner Firma eine Antwort aus der inneren Weisheit deiner Erfahrung gegeben hast, anstatt aus einem „Textbuch"?
- Hast du dich entschlossen, über dein Leben und deine Angelegenheiten tief nachzudenken, bevor du stirbst?
- Macht dir der Gedanke an das Sterben Angst?
- Hast du Angst, deine Familie, deinen Rang, deine Arbeit und dein Ansehen loszulassen?
- Wer bist du – ohne deinen Job, ohne deine Familie, ohne deinen Namen und dein Ansehen?
- Fühlst du dich dazu getrieben, Erfolg zu haben, oder bist du in der Lage, deinen Arbeitsplan so zu gestalten, wie es für dich passt?
- Kümmerst du dich gut um deine Gesundheit?
- Trinkst du ein bisschen zu viel, um dich nach einem harten Arbeitstag zu entspannen?

Heute ist ein guter Tag, um dich über diese Gedanken auszutauschen. Vielleicht magst du deine Antworten auf einem Blatt Papier notieren und deine Freunde auch dazu einladen. Das ist eine gute Möglichkeit, um mit der Energie des Weisen Mannes in dir in Kontakt zu gelangen. Als ich Dr. Walter Lechler in Bad Herrenalb im Schwarzwald zum ersten Mal traf, stimmte ich mich sofort auf die Energie des Weisen Mannes in ihm ein. Er ist die Art von Mann, dessen Weisheit mein Wissen als Frau ergänzte. Wir haben manchmal ganze Äonen zusammengesessen und uns angelächelt, weil es auf die Sprache gar nicht ankam. Ich fühle mich gesegnet, solche weisen und schönen Männer in meinem Leben zu haben.

Gebet an den Weisen Mann in uns

Oh Weisheit der Zeitalter,
gieße dein uraltes Wissen in meine ungebildeten Knochen,
entzünde deine Feuer der Geduld in meinem Blut.
Und erzähle mir die Geschichte meiner Tage durch deinen Mund.
Die Seele in unserer Mitte ist das fühlende Selbst, das uns alle
dazu drängt, für unsere wahre Natur zu erwachen, die einge-
borene Großartigkeit ist. Es ist an der Zeit, unabhängig von
Stammesphilosophien zu werden, die unser Potenzial diktieren.
Es ist Zeit, zu erkennen und zu akzeptieren, dass Heiligkeit oder
Ganzheit mit allumfassender Öffnung zu tun hat.
Bewege dich, bewege dich an die Ränder deines Selbst,
geh dorthin, wo Angst und Liebe zusammen tanzen.
Bewege dich, geh hinein und umarmt euch in Liebe.
Die Geliebte wohnt am Rande deines kleinen Selbst.
Nimm sie an ihrer Hand, bewege dich, öffne dich, dehne dich aus
in die Fülle des Lebens. (Sabine Weeke)
Phyllida Anam-Áire, 1998

Angst

Die Angst sagt dir, dass du dein Herz nicht für das Universum öffnen solltest. Wenn du das doch tätest, würdest du nur riskieren, betrogen oder lächerlich gemacht zu werden. Die Angst sagt: „Bleib verschlossen. Bleibe in deinem sicheren Kokon, in deinem Schneckenhaus, das du für deinen Schutz hältst." Draußen warten Raubtiere, die dich nur verschlingen wollen, sagt dir die Angst. In deiner Naivität gehorchst du, denn bisher ist das ja alles, was du kennst. In der Dunkelheit schreit es aus dir heraus: „Ich bin allein. Niemand liebt mich. Alle haben mich vergessen." Manchmal glaubst du sogar, dass die Liebe dich im Stich gelassen hätte. Ach lieber Mensch, wie sehr bist du der Stimme der Angst schon gefolgt. Wie sehr hast du auf ihren Rat gehört. Das Leben ruft dich auf der anderen Seite auf so vielen Ebenen und du kannst seine Stimme nicht hören und du kannst seine Gegenwart nicht wahrnehmen.

Das Leben sagt: „Komm und nimm meine Hand, atme in mich hinein und atme in das Universum hinaus. Du bist nicht mehr das Kind von gestern. Du bist nicht mehr das hilflose Opfer der Konditionierungen der Vergangenheit. Du darfst und kannst deine Gefühle ausdrücken, deine Disharmonie heilen und einen Tanz der fröhlichen Öffnung tanzen."

Ich bitte dich: Halte dich nicht mehr länger als Geisel, nicht länger als diesen einen Atemzug. Sieh, jetzt bricht der neue Tag an, die einsame Nacht ist vorbei. Die Dunkelheit ist kein Feind und das Leben ist kein Feind.

Angst vor dem Leben ist die einzige Behinderung. Deine Zeit in deinem eingeschlossenen Selbst war die Hölle auf Erden. Aber für die Seele war es eine kostbare Zeit, um Entfremdung zu erfahren, damit sie sich davon befreien konnte, damit sie die Dunkelheit verstehen und sich endlich damit anfreunden konnte. Das Dunkle hat keinerlei Realität außer jener, die du ihm gibst. Deine Sucht nach Leiden hat ihm eine Wirklichkeit gegeben, die niemals beabsichtigt war. Das

Dunkle ist genauso kostbar wie das Licht. Wenn du das in deinem Leben erkennst, wirst du den eisernen Griff gebrochen haben, den die Angst auf dich ausübt, und du wirst dich an der Entfaltung des Lebens auf der Erde erfreuen, das du dir ausgewählt hast.

Meine Freunde: Es war niemals die Absicht eurer Seelen, in der Illusion der Freudlosigkeit zu verbleiben. Aber ihr besteht darauf, in diese Illusion zurückzukehren, als ob darin alle Weisheit enthalten wäre. Die illusionären Aspekte von Angst existierten, damit man Leid erfahren würde, um sich davon zu lösen und um die speziellen Lektionen zu lernen, die ihr gebraucht habt. Stellt euch vor, wenn ihr in jeden neuen Augenblick mit der Unschuld und der Begeisterung eines Kindes, eines Buddhas, eines Christus kommen könnt?

Eigenschaften eines heiligen Menschen

- Fähig, ganz im Körper zu sein und sich dennoch nicht übermäßig damit zu identifizieren.
- Lebt im Jetzt.
- Fühlt sich von Veränderungen nicht überrascht.
- Blickt auf das Leben in klarer, nicht abwertender Weise zurück.
- Ist fähig, sich selbst zu verzeihen.
- Akzeptiert es, wenn er Fehler gemacht hat, und entschuldigt sich.
- Durchschaut die Illusion der Dinge und lässt sich nicht von der vermeintlichen Wichtigkeit unwichtiger Dinge gefangen nehmen.
- Kennt Lebensfreude gut und ist über Ekstase nicht überrascht.
- Kann intensive Gefühle erleben, ohne daran festzuhalten.
- Setzt sich mit dysfunktionalen Gefühlen auseinander: Rachegelüste, Neid, Eigensucht, Hass und so fort, während er im Körper ist.
- Kann Dinge in einer Haltung der Ungebundenheit in Frage stellen, ohne an etwas zu haften.
- Ist eins mit der gesamten Schöpfung.

Kapitel 6

Der Kessel der Weisheit

Die universelle Seele *(Anam úilioch)*

Das keltische Bewusstsein spricht von einer Weisheit, die man auch Mitgefühl nennen kann. Brigit ist synonym mit der universellen Seele und damit auch mit der Natur. Sie ist bedingungslose Liebe, die das Göttliche in uns erdet, das Göttliche, das unsere Heilung durch unser Menschsein und unsere Menschlichkeit ersehnt. Zu lange schon sind wir in der patriarchalischen Definition von Heiligkeit versunken; Definitionen, die nur die Männlichkeit Gottes ausgedrückt und gefördert haben, welche den Körper, unsere Erde, unseren Lehm, als ein legitimes Vehikel von Gnade und Hingabe denunziert hatten. Vor einiger Zeit hörte ich eine tibetische Nonne traurig erklären, dass sie als Frau in diesem Leben leider noch nicht erleuchtet werden kann. Sie müsse darum beten, beim nächsten Mal als Mann inkarniert zu werden. Ich weinte, als ich diese Worte hörte. Sie erklärte auch, dass Tara die höchste der buddhistischen Gottheiten sei, die Große Mutter, die allzeit bereit sei, den Erdenkindern zur Hilfe zu eilen. Das scheint ein Widerspruch zu dem zu sein, was buddhistischen Frauen allgemein so als Glaubensinhalte beigebracht wird. Brigit kümmert sich wie Tara sehr um die leidende Menschheit; beide zeigen uns, dass geschlechtliche und kulturelle Unterschiede keine Schranken für die Erleuchtung errichten.

Die Rückkehr des Brigit-Archetyps hilft uns Vagabundinnen durch die Betonung eines nicht geschlechtlich festgelegten Schöpferwesens, in die Schöpfungsfamilie zurückzugelangen. Brigit beschränkt ihre Gaben und ihre Heilung nicht nur auf ein kulturell definiertes Volk, auf eine Rasse, auf ein Geschlecht. Ihre Magie liegt in der Tatsache, dass sie ihre Gaben überall verstreut, wie der goldene Adler, obwohl wir sie wie diesen goldenen Adler auch nicht in ihrer materiellen Gestalt fassen können. Wir fühlen, wir spüren, wir berühren und wir erfahren ihre Essenz in der Sehnsucht unserer Seele, das Gold in uns zu berühren. Man schreibt ihr diese Worte zu: „Ich komme zu meinem Volk, wenn ihre Lehmkörper nass mit den Tränen ihrer Sehnsucht sind." Romantische Dichter aus dem 19. Jahrhundert drückten ihre Liebe zur Natur gerade deshalb so empfindsam aus, weil die Natur nicht männlich ist. Für sie symbolisierte die Natur Freiheit, Zufriedenheit und innere Stille angesichts ihres weiblichen Antlitzes. Sie konnten diese Gaben in der Natur erkennen, weil sie die Beschränkungen, die Hoffnungslosigkeit und die Entfremdung in ihrer eigenen Männlichkeit erkannten. Die Natur war für solche Dichter ein Ort der Zuflucht, des Ausgleichs und des Einklangs.

Brigit ist sehr klar in ihrem Flehen zu uns, dass wir uns von den Schranken der Konfrontation zur Kommunikation bewegen möchten, sowohl politisch als auch persönlich. Seit den 60er Jahren sind einige unter uns im Training für die Evolution unserer Seelen. Diese Zeilen schreibe ich Brigit zu, aber sie gelten auch für unsere individuellen Seelen, die Fragmente der universellen Seele sind und nicht weniger göttlich:

> *Sie ist die Lichte unter uns, die Schöne,*
> *der Himmel blitzt aus ihren Augen,*
> *Sorgen werden zwischen ihren Brüsten geborgen,*
> *der fliegende Rabe zwischen ihren Schenkeln.*

Wer ist diese Schöne, wenn nicht das Wort, das in jedem von uns Fleisch geworden ist und bereit ist, über unsere Ängste hinauszugehen und „Ja" zu unserem Seelenlied zu sagen. Sie wiegt unsere Sorgen und sie tanzt unser Entzücken. Sie fordert uns heraus, bewusst mit der ganzen Schöpfung zu leben. Sie ermutigt uns, großartig zu sein und aufzuhören, nach oben, nach draußen oder nach hinten zu schauen, um von dort Erlösung zu erhoffen, sondern sie innen zu finden. Sie ist die leise oder laute Stimme, die uns zu uns selbst zurückruft, wenn wir auf den Weg eines anderen gegangen sind. Sie ist die Stärke, die uns trägt, um über die Angst hinauszugehen, über die traditionellen Warnungen des Stammes und Bewertungen unserer Vorfahren, und stattdessen zu riskieren, unser Leben, so wie wir es uns ausgewählt haben, voll und ganz auf der Erde zu verwirklichen. Sie ist das Echo unseres eigenen Herzschlags, das wir manchmal abwürgen, um nicht seine Bitten hören zu müssen, dass wir uns doch wild in die Energie unserer Seele verlieben sollten.

Sie ist die Seele in jedem und allem, die den domestizierten Teilen in uns ein ungezähmtes Lied zusingt und hofft, dass wir innehalten und zuhören und aufbersten und durchbrechen. Sie ist die große Anima, die „Erfahrerin" des Spirit-Lebens in Männern und Frauen; der uralte Ruf, ganz in das erfüllte und wundersame Leben zu kommen. Sie ist die paradoxe Verrücktheit, die uns einlädt, uns auch inmitten von Chaos und Verwirrung wohlzufühlen und die Alchemie der verwandelnden Gnade zu sehen, wenn wir uns schließlich dem Glauben und der Hoffnung ergeben. Sie ist die „Aufreißerin" unserer so sorgfältig zusammengenähten Träume. Sie bietet uns keine Fröhlichkeit oder Nettigkeiten an. Sie ist die „Anbietende" der vollständigen Teilnahme am Leben im Hier und Jetzt und sie verschwendet keine Zeit mit unserer überlegten Vernünftigkeit.

Sie gibt uns keine wohl durchdachte Landkarte in die Hand, damit wir gefährliche Gegenden vermeiden oder schöne Panoramen finden, an denen wir ruhen. Sie ermutigt uns einfach: Mach den ersten Schritt der Reise und sei bereit, immer wieder weiterzugehen. Sie bittet uns, unser Herz für Alles und Jeden offenzuhalten. Sie lehrt uns die Sprache der Gefühle. Das ist, wo die meisten von uns zittrige Knie bekommen. Die meisten von uns sind nicht darauf vorbereitet zu fühlen. Uns ist anerzogen worden, dass Gefühle gefährliche Reisegenossen sein können. Sie führen uns in alle möglichen Arten von Problemen und neben den sogenannten guten Gefühlen wie Liebe und Glück hören wir, wenn wir davon sprechen, Gefühle auszudrücken, vor allem Trauer, Zorn und Kummer. Wir hören oft mehr die dunkle Seite und dann schließen wir aus Angst unsere Gefühle lieber ganz ein.

Das universelle Herz *(Croi úilioch)*

Nur wenn das Herz aufgebrochen wird, kann Mitgefühl hindurchflie-ßen. Aber bricht das Herz eigentlich tatsächlich? Warum verwenden wir diese Metapher? Das Wort „zerbrechen" ist sicher unpassend. Das Herz aufzubrechen bedeutet eigentlich, es plötzlich und intensiv zu öffnen, es bersten zu lassen. Es erinnert daran, wie im Frühling Knos-pen aufbrechen. Alles, was einen gewissen Wert in unserem Leben be-sitzt, muss in diesem Sinne erst einmal aufbersten, oder wir könnten auch sagen: Es muss aufgehen. Ein Küken birst aus dem Ei hervor. Wir müssen das Herz aufgehen lassen, um das Leben zu spüren. Wenn das Herz dicht verschlossen bleibt, ungebrochen, ungeborsten, ungeöffnet, dann bleibt es auch steril, gefühllos, nicht geerdet und der intellektuelle Verstand überkompensiert dann.

Die Seele ist die großartige Vorstellung des Schöpfers, in der wir unsere Stärke, die Schönheit unserer Vorstellungen, unsere Fähigkeit, Mitschöpfer zu sein, unsere Einsichtsfähigkeit, unsere eigene Barm-herzigkeit, unser Leiden, unsere Liebe und unseren Hass, unsere Ängs-te erkennen können. Sie ist auch der Ort, an dem sich alle Heilung vollzieht. Alle unsere Emotionen bleiben im Herz verschlossen; wenn wir wagen, sie auszudrücken, dann erweitert sich das Herz, unser Be-wusstsein dehnt sich aus und eine große Welle von Gefühlen und tiefem inneren Wissen lässt die Kammern des Herzens aufbersten und wir erleben die Frische unserer eigenen Heiligkeit, unseres Heil-Seins und unserer Ganzheit. Unsere Erdengemüter werden in demütiger Stille zum Schweigen gebracht. An diesem Ort der Öffnung werden wir der stillen Präsenz, der Gegenwart unserer Seele bewusst, in allen fühlenden Wesen – in der Katze, dem Holz des Stuhles und dem Baum im Wald. Wenn wir die Schönheit eines Himmels bei Tagesan-bruch sehen, sehen wir, wie uns unsere eigene Schönheit anblickt.

Damit ist gemeint, im Leben zu stehen, lebendig zu sein; was ich auch ansehen mag, spiegelt mir meinen inneren Zustand wider. Ich sende meine Seelenfülle nach draußen, um der universellen Seele zu begegnen, und wenn ich mich selbst nicht im Einklang, in Harmonie befinde, so werde ich genau das überall dorthin projizieren, wohin ich blicke. Mein innerer Zustand muss transformiert werden, um die Schönheit um mich herum spüren zu können. Diese Schönheit und Gnade erlaubt allem zu sein: Steinen, Gräsern, selbst Autos, Läden, Tiere und Nachbarn – ohne dass ich darüber urteile. Alle bekommen ihren eigenen Raum, um in der kollektiven Familie zu sein. In dieser Präsenz, in diesem Bewusstsein kann ich all das zum Ausdruck bringen, was ich bin, und alles, was ich bin, ist Sein. Der stille Zeuge unter bzw. hinter jeder Form oder Gestalt ist das Sein an sich. Es ist, als ob es ein Leben und deshalb einen Tod gäbe, keinerlei Trennung.

Die neun Segnungen des Menschen

Von der weichen Erde empfangen wir die Gabe des Fleisches.
Von der Rinde der Bäume – die Haut.
Von den Wurzeln der Bäume – die Knochen.
Vom Wasser – das Blut.
Von der Sonne – das Feuer.
Vom Mond – die Gefühle.
Von den Jahreszeiten – Ordnung und Struktur im Leben.
Von der ganzen Natur – Zeitgefühl und Rhythmus.
Und vom Fluss des Lebens – den Atem, die Verwandlung.

Benenne die Situationen, welche dir helfen, dein Herz vor Freude oder vor Schmerz aufzubrechen. Früher haben wir uns selbst dazu beglückwünscht, dass wir „Multitasking" bewältigten, also viele Dinge zugleich erledigt haben. Jetzt geht es darum, sich zu konzentrieren und unsere Aufmerksamkeit immer nur einer Sache zugleich zu widmen. Das hilft uns, wach und bewusst zu bleiben und hilft dadurch auch, unser Herz zu öffnen. Wir lernen, alles und jeden als das Werk und den Prozess eines großen Mysteriums zu betrachten, einer großartigen Schöpfung, von der ein Teil zu sein unser Privileg ist.

Es gibt einen Ort, an den die Teile
eines zerbrochenen Herzens gehen.
Dort gibt es Gnade, die sie zusammenfügt,
um das universelle Herz des Mitgefühls zu bilden,
das das Herz eines anderen tröstet.
Phyllida Anam-Áire, 2005

Wenn das Herz gebrochen wird, zerfällt es in viele Stücke. Die Frage ist dann, wohin eigentlich die Energie geht, die in diesem nun zerbrochenen Herzen gesteckt hat? Wie wird diese Energie in einfühlsame Fürsorge für andere verwandelt? Wenn wir es wagen, unser Herz immer wieder und wieder aufbrechen zu lassen, zerbrechen zu lassen, dann verschmilzt die fragmentierte Energie unseres kollektiven Zerbrechens miteinander. Diese ätherischen Atome bilden das universelle Herz des Mitgefühls. Andere Menschen, die sich auf den Weg begeben, ihre Herzen zu öffnen, werden Segen aus dem kollektiven Bewusstsein der aktiven Trauer anderer empfangen. Das ist der Brunnen mitfühlender Liebe, der aus dem großen kosmischen Herzen fließt. Bis das Herz nicht aufgebrochen wird, bleibt die Liebe darin eine Gefangene.

- Trauer wird vom Atem gefangen gehalten.
- Atem wird vom Zorn gefangen gehalten.
- Zorn wird von Angst gefangen gehalten.
- Arbeite an deinem Atem, um an die Trauer zu gelangen.
- Arbeite an deiner Trauer, um zum Zorn zu gelangen.
- Arbeite an deinem Zorn, um zur Angst zu gelangen.
- Arbeite an deiner Angst, um frei zu sein.
- Entscheide dich für die Freiheit, um Liebe zu enthüllen.
- („Arbeite" bedeutet vor allem, „werde dir bewusst".)

157

Die Schöpfung innerlich vollziehen

Die Kelten glaubten, dass die Seele die Aufgabe hätte, bevor wir das Körperleben verlassen, die gesamte Schöpfung in sich hinein einzuladen. Wie geht das? Wollen wir das überhaupt? Es geht darum, von nichts getrennt zu sein, es geht darum, sich aktiv auf die Welt einzulassen, tiefer und tiefer in die Schöpfung selbst hineinzugehen, in die Tier-, die Pflanzen-, die Mineralwelten, ohne zu versuchen, sie zu verändern oder sie irgendwie neu zu erschaffen. Es geht um Demut und Dankbarkeit und Ehrfurcht – um die drei wichtigen Tugenden der Seele.

Versuche Folgendes. Suche dir einen Platz in der Natur, möglichst nah von zu Hause. Fang damit an, fünf Minuten lang den Himmel anzusehen. Sieh die Wolken, die Sonne, den Mond – was eben sichtbar ist. Atme bewusst ein und aus, dreimal. Versuche dann, ohne irgendetwas zu verändern oder zu bewerten, dir seiner Natur bewusst zu werden: reine Liebe, göttliche Liebe. Der Himmel existiert aus Liebe. Je mehr Liebe wir erfahren, desto deutlicher erkennen wir, wie begrenzt unser Verstehen gewesen ist. Wir verstehen nicht, wie der Himmel erschaffen worden ist; genauso wenig verstehen wir Liebe. Die Bilder des Himmels werden sich verändern – vielleicht fliegt ein Vogel vorbei, vielleicht verbergen einige Baumwipfel einen Teil des Himmels –, aber die Natur, das Wesen des Himmels ist unveränderlich.

Auch deine Natur, auch dein Wesen ist unveränderlich. Diese Unveränderlichkeit eurer beider Naturen verbindet euch. Du und der Himmel, ihr seid eins. Was hat es damit auf sich, dass man anerkannt wird? Was hat es damit auf sich, dass man geliebt wird? Beantworte diese Fragen selbst. Dann gehe ans Wasser. Wenn das physisch nicht möglich ist, dann nutze deine Vorstellungskraft. Führe dieselbe Übung durch. Als Nächstes beobachte das Tierreich, dann die Pflanzen, Gräser und Insekten. Übe ohne jede Bewertung zu schauen, ohne vorgefertigte Ideen. Nun nimm eine Blume in die Hand, irgendeine

Blume, ohne die Blütenblätter zu glätten oder die Blätter zu ordnen. Gib einfach deinen Atem dem Atem der Blume hinzu, und ohne sie zu verändern, sei bei ihr, sei mit ihr.

Denke nun an jemanden, den du liebst. Kannst du dieselbe Übung durchführen? Sei einfach beim Wesen dieses Menschen, ohne zu versuchen, es zu ändern. Ihr beide werdet in diesem Augenblick von der Natur getragen, die euch beiden gemeinsam ist – und das ist göttlich, das ist Liebe. Kannst du jetzt zu diesem Menschen gehen und ihm oder ihr die Liebe, die du für sie bzw. ihn spürst, mitteilen? Denke nun an jemanden, den du nicht magst. Führe die gleiche Übung durch und sieh, ob du irgendwelche deiner bereits gefassten Gedanken verändert hast. Wenn das der Fall ist und wenn du erkannt hast, dass die Liebe euch beide ohne Unterschied trägt, dann gehe zu dieser Person und teile ihr mit, was du fühlst. Weisheit hat nichts mit dem zu tun, was ich lese oder glaube, oder wie alt ich bin. Bei Weisheit geht es um die Größe meines Herzens, das Maß meiner Barmherzigkeit, die Höhe und Breite meiner Liebe und die Länge meiner Arme, um einen anderen zu umarmen.

Kein Bedauern

Ich bin froh, dass ich mein Herz geöffnet habe,
anstatt meine Träume zu schlafen.
Ich bin froh, dass ich riskiert habe, tief zu tauchen,
anstatt in einem sicheren und seichten Fluss
zu paddeln.
Phyllida Anam-Áire[9]

Kapitel 7

Tägliche Transformationen

Was bedeutet es, wach zu sein, bewusst zu sein? Wie können wir ein bewussteres Leben führen? Das sind riesige Fragen, die ich nicht aufgrund irgendwelcher Theorien, sondern nur aus den persönlichen Erfahrungen meines eigenen kostbaren Lebens beantworten kann. Irgendwie ist der Hauptunterschied zwischen einem bewussten und einem unbewussten Leben die Art und Weise, wie ich in der Beziehung zu mir selbst bin; und das spiegelt sich natürlich in meinen Beziehungen zu anderen wider. Wenn ich bewusst bin, dann bin ich präsenter in der Gegenwart, und das ist der Schlüssel: die Gegenwart, das Wachsein für den Moment. Wirklich im Hier und Jetzt zu sein, stellt für uns menschliche Wesen eine sehr große Herausforderung dar. Dabei geht es um das Loslassen. Es geht darum, sich hinzugeben. Es geht darum, an nichts festzuhalten. Es geht darum, offen für neue Möglichkeiten zu sein. Lebendiger zu sein, wacher, um mehr auf das Flüstern unserer Seele zu hören als auf die Pläne unseres Erdengemüts. Es geht um Annahme dessen, was ist. Es geht um Selbstliebe. Es geht darum, mit Augen der Unschuld zu sehen; darum, alles neutral anzusehen. Es geht um die Übernahme von Verantwortung für alles, was während meines Tages geschieht. Und damit geht es darum, furchtlos zu leben.

Liebe über alles Verstehen hinaus
Wahre Liebe wird nicht aus Verstehen geboren,
sondern aus der Bereitschaft, dein ganzes Leben zu erleben.
Wir haben die Wahl, entweder das Leben zu verstehen zu versuchen
oder uns den Herzensbrüchen und dem Entzücken des Lebens
hinzugeben.
Wir wollen so viele Antworten kennen,
und so viele Gefühle trauen wir uns nicht zu zeigen;
so viele Chancen und wir sagen „Nein".
Phyllida Anam-Áire[10]

Aus der Gnade fallen

Ich kann am Morgen in den Spiegel sehen und sagen, „Willkommen im Tag, Phyllida" und dabei ganz im Augenblick sein. Ich kann bis zum Abendessen auf eine Weise ganz präsent sein, die bewusst und erfüllend ist. Und dann ist der Abend da und ich falle aus meiner Körperzeit heraus, aus der Uhrenzeit, hinein in meinen Ballon, in die Vergangenheit oder in die Zukunft. Warum? Ein einziger Anruf genügt. Der Briefträger reicht aus. Der Hund ist schuld. Wenn ich nicht hingefallen wäre ..., wenn ich mir nicht den Finger gequetscht hätte ... – ja, dann wäre ich immer noch sehr bewusst! Meine Bewusstheit bzw. ein Mangel daran hängt also offensichtlich von meiner Umgebung ab. Jetzt kann ich die Schuld an meiner Unkonzentriertheit, daran, dass ich aus meiner Mitte gefallen bin, einer Sache außerhalb meiner selbst zuschieben. Wenn das geschieht, stelle ich die folgenden physiologischen Veränderungen fest: Meine Atmung ist nicht mehr weich und voll; meine Schritte auf dem Boden sind nicht mehr weich; mein Herz schlägt schneller; ich versuche, viele Sachen gleichzeitig zu erledigen, und werde zerstreut. Kurz, ich bin außerhalb meiner Mitte und stattdessen mitten in der Umgebung, die ich bewerte; ich reise von der Vergangenheit in die Zukunft. Ich trage Lasten von beiden Orten in die Gegenwart hinein. Meine Schultern verspannen sich und ich fühle mich körperlich unwohl. Das hat psychische, physische und emotionale Auswirkungen. Ich mache andere Menschen oder Ereignisse dafür verantwortlich, was geschieht; ich falle in die Rolle des Opfers und deshalb muss ich nun auch einen Täter erzeugen.

Wieder zu Hause

Wenn ich wieder zu Bewusstsein komme, wieder in meine Mitte gelange, zurück zu diesem jetzt gegenwärtigen Atemzug - weder zurück in die Vergangenheit noch hinein in die Zukunft -, dann stelle ich fest: Meine Atmung vertieft sich, ich werde langsamer, ich bin präsent und mein Beitrag für den Augenblick ist nicht durch Bewertungen gefärbt. Meine Tätigkeit wird langsamer. Ich bin wieder bei mir und damit sieht die Welt anders aus. Ich neige nicht so sehr zu kleinen Unfällen oder Pannen, ich kann meine Gefühle auf einer tieferen Ebene erfahren und ich kann sie bewahren. Es ist gut, wenn wir die Energie unseres Körpers spüren können und die Bewegung tanzen können, die sich aus uns selbst ergibt. Wenn wir in jeden Augenblick hineinatmen, kann dieser spontane Tanz uns helfen, die Rhythmen des Körpers im Hier und Jetzt zu erden.

Verkörperung***

Vor der Geburt wird zwischen der Lebenskraft oder dem Seelenaspekt einerseits und einem Erdengemüt auf der anderen Seite eine Vereinbarung getroffen, wonach sich die Seele aus Liebe heraus innerhalb der Beschränkungen einer Persönlichkeit zum Ausdruck bringen will. Sie verbindet sich mit dem Erdengemüt, um es im Sinne dieser Vereinbarung zu orientieren und zu erden. Die Seele weiß, welche speziellen Lektionen das Erdengemüt bei diesem Aufenthalt auf der Erdebene erfahren muss, und führt es voller Begeisterung in diese Richtung. Wenn die Vereinbarungen nicht eingehalten werden oder wenn der freie Wille des Erdengemüts eine andere Richtung einschlägt, um die Persönlichkeit zufriedenzustellen, dann passiert ein Fehler oder es gibt eine Enttäuschung und man spürt das auf der Seelenebene, was dann wiederum das Erdengemüt beeinflusst.

Wenn eine Lebensspanne vorbei ist, lässt die Seele diese Persönlichkeit hinter sich und kehrt zu Spirit zurück. Dort bleibt sie, bis eine neue Vereinbarung für eine Geburt möglich wird. Die Weisheit unserer eigenen Seele schätzt unsere Reisen auf die Erde ein. Es gibt keinen Gott, der Gericht hält und unsere Lebensreisen bestimmt.

Unsere Überseele stellt uns drei Fragen: Gab es irgendwelche Fehler oder Enttäuschungen? Gab es viele Lektionen der Liebe, die gelernt wurden, um diese Fehler auslöschen zu können? Hat die Seele Liebe gegeben und empfangen? Gebrochene Vereinbarungen werden nicht als Sünden oder Verfehlungen betrachtet, sondern die Seele versucht es erneut, mithilfe eines Körpers, bis schließlich alle Rahmenrichtlinien und Verabredungen eingehalten werden. Das nennt man Seelenverwirklichung oder Erlösung oder Erleuchtung.

> **In Liebe gesammelt**
> *Wusstest du nicht, dass wir der Atem sind,*
> *der aus der Kehle der Liebe fließt?*
> *Hast du vergessen,*
> *dass wir hierher gekommen sind, um das Göttliche*
> *in deinem und in meinem Herzen zu erden?*
> **Phyllida Anam-Áire**[11]

Im Hinduismus lesen wir, dass der Ozean der Milch aufgerührt wird und dass das Tauziehen zwischen Göttern und Dämonen eine Verdichtung, eine „Verdickung" erzeugt, die aus der Milch Ambrosia macht. Das ist ein Symbol dafür, dass Gutes und Schlechtes zusammengerührt wird, um Nahrung für die Seele zu erzeugen.

Der erste Schlaf oder der Fall in Illusion

Der Kessel lehrt, dass wir, wenn wir zur Erde kommen, in etwas eintreten, was an céad codladh genannt wird. Übersetzt bedeutet das „der erste Schlaf"; heute ist es als „in Depression fallen" bekannt. Nach den Lehren erlebt die Seele die primäre Trauer, ihre Heimat zu verlassen – reine, bedingungslose Liebe –, um sich den schweren Überwurf des Menschseins anzuziehen. Aller anderer Kummer ist sekundär; alle andere Trauer ist nur eine Erinnerung an diesen primären Verlust, diesen scheinbaren Verlust unserer Unschuld, den Verlust des göttlichen Gedächtnisses, den Verlust unserer wahren Identität. Hier ist der Ort unserer Heimatlosigkeit, gara cara gan companach. Die Seele weiß, dass wir diese reine Liebe erst wieder erfahren werden, wenn wir den Körper hinter uns lassen und uns wieder mit dem bzw. der Geliebten vereinen, mit Spirit. Wir suchen hier vergebens danach und erhalten Ahnungen und kurze Blicke darauf, wenn wir unsere eigene Göttlichkeit erkennen.

Welchen Mutes hat es für uns alle bedurft, in dieser schwierigen Zeit zur Erde zu kommen, wenn wir alle dazu aufgerufen werden, unsere Göttlichkeit anzunehmen und aufzuhören, außerhalb unserer eigenen „gut bestückten Bibliothek intuitiven Wissens" nach Wissen und Erkenntnis Ausschau zu halten. Wie oft tauschen wir diesen Schatz gegen ein Museum ein, das mit toten Anweisungen voll gestopft ist.

Viele spirituelle Lehrer sprechen über diesen „Fall aus der Gnade" oder über diesen „Ort des Vergessens", aber sie nennen das nicht Trauer. Im Buddhismus wird uns gesagt, dass wir in Illusion fallen, wenn wir inkarnieren, und dass wir in dieser Illusion bleiben, bis wir erleuchtet werden. Gemäß des keltischen Bewusstseins haben wir alle fünf bis sieben Gelegenheiten, in ein und derselben Lebensspanne neu zu inkarnieren. Jedes Mal, wenn wir einen vollständigen Glaubens- oder Bewusstseinssprung vollziehen oder unser Denken so radikal verändern, dass wir wie eine neue Person erscheinen, treten wir in eine weitere Inkarnation ein. Krankheit kann ein Platz sein, an dem sich eine radikale Transformation vollzieht, welche die Menschen dazu bringt, sich liebevoll für ihr Leben zu öffnen und es anzunehmen, genauso wie Menschen in ihrer Umgebung.

Wenn du darüber nachdenkst, wie häufig du echte Paradigmenwechsel deines Bewusstseins vorgenommen hast, wie oft du eine Art von Glaubensmuster vollständig ausgewechselt hast gegen andere, dann kannst du diese Lehren nachvollziehen. Zweifellos ändern wir unser Denken über zahlreiche Themen, wenn wir älter werden, aber hier sprechen wir von tiefgreifenden Veränderungen, von echten Transformationen, bei denen wir die vielen kleinen Tode im Alltagsleben erfahren. Von vielen Autoren wird Erleuchtung als ein Zustand der Nondualität beschrieben, in dem wir wissen, wer wir sind, und in dem wir die illusionäre Natur von allem um uns herum erkennen. Damit geht einher, ganz im Leben zu stehen und doch zugleich gelöst zu bleiben. Und damit beginnen die Probleme.

Im Leben und doch gelöst

Brigit sagt:

> *Lebe jeden Atemzug,*
> *singe dein Willkommenslied für alle laut vernehmbar*
> *und dann übergib es dem Wind.*

Ich habe anscheinend die Fähigkeit, jeden Atemzug bewusst zu leben. Ich kann mein Lied laut heraussingen, weil ich eine große Freude dabei empfinde, mein Leben mit der ganzen Schöpfung zu teilen; und dann kann ich mein Lied auch wieder loslassen. Ich lasse den Wind mein Lied forttragen, da ich nicht daran hafte. So viele Dinge können uns sogar in der Spanne eines einzigen Atemzugs ablenken. Deshalb sind Meditation oder Aufenthalt in der Natur hilfreich, um uns in unsere Bewusstheit zurückzubringen, in das Bewusstsein des Atems, der Quelle des Lebens in uns.

Wie viele unter uns singen wirklich ihr Lebenslied? Ich meine nicht, dass es buchstäblich darum gehen müsste, auch selbst zu singen, sondern es handelt sich dabei um eine Öffnung für das Leben, ein Ausstrahlen unseres geheilten Selbst, unserer geheilten Seele in die Welt. Wie viele unter uns leben das Potenzial unserer Seele? Dass wir das Lied der Seele laut vernehmbar singen, ist wesentlich, weil wir uns damit selbst herausfordern, gehört zu werden. Wir müssen anderen dann Segnungen oder gute Wünsche senden und unsere besonderen Gaben mit der ganzen Schöpfung teilen und für sie nutzbar machen. Es geht nicht darum, sich vom Leben zurückzuziehen. Vielmehr sollen wir uns tiefer in das Leben einlassen, tiefer in die Welt, und uns mit allen Wesen austauschen. Wir werden in dieser Welt der menschlichen Wesen herausgefordert, dass wir uns unserer Wunden aus der Vergangenheit bewusst werden und nur in dieser Welt können wir unser Leben heilen. Deshalb sind wir auf die Erde gekommen. Wie schwer es uns doch manchmal fällt, ganz in der Welt der Materie zu sein und doch nicht davon ergriffen zu werden, und doch ein Gefühl für unsere eigene Motivation zu bewahren, für unseren eigenen Lebenssinn, unsere Integrität. Von der Welt gelöst zu sein und zu bleiben bedeutet nicht, sich nicht auf sie einzulassen und sich nicht in ihr zu engagieren. Es heißt, dass ich nicht meine Seele dafür hergebe und deshalb leide ich auch nicht, wenn die Welt und ich uns eines Tages voneinander trennen.

Von innen nach außen

Ich lebe mein Leben von innen nach außen; ich liebe, als ob ich nie im Stich gelassen worden wäre.

Ich trage meine Ängste bis an den Rand ihrer Zweifel; ich tanze, als ob ich nie gefallen wäre.

Ich bin aus der Heimat gekommen, der wir alle angehören, und ich habe mein Zelt im Haus der Illusion aufgeschlagen,
in dem ich die weisen Wahrheiten aller Zeitalter mit den Lügen und Verkleidungen von Religion vertauscht habe.

Ich hatte den Grund vergessen, warum ich hierher kam; in einem Labyrinth der Verwirrung bin ich gestolpert.

Meine Vernunft hat sich zwar bemüht, einige Antworten für mich zu finden, fand ich sie letztlich doch erst auf dem Boden der eigenen Erfahrungen.

Ich lebe mein Leben von innen nach außen; ich lache, als ob ich nie getrauert hätte.

*Ich trage meine Ängste bis an den Rand ihrer Zweifel; ich gebe,
weil ich immer empfange.*
Phyllida Anam-Áire[13]

Die sieben Inkarnationen

Die erste Inkarnation von Spirit in einem Seelen-Samen fand am einem
Ort statt, der abred heißt, „niedere Erde". In der östlichen Tradition ist
das der Ort des ersten Chakras oder Energiezentrums, das Wurzelch-
akra heißt. Das ist der Ort der Erdung; seine Farbe ist braun-rot. Es
ist der Platz des Überlebenskampfes, an dem man lernt, Mensch zu
sein, jedoch mit allen animalischen Instinkten; ein freudloser Ort. Der
Körper war nicht aufrecht und die Arme hingen schwer an der Seite
hinunter. Man musste den Körper und seine Funktionen erst kennenlernen. Die erste Lehre dieses Zustands war, zu lernen, den Stress der
Körperschwere und der dichten Materie zu überleben und den Prozess
von menschlicher Geburt und Tod zu erfahren. Das Erdengemüt wurde betont. Wichtig war das zu schützen, was meins ist.

Die zweite Inkarnation fand in gwynfred statt, auch noch in der
„niederen Erde". Das ist das zweite Chakra oder Sakralzentrum, der
Ort der Reproduktion und Sexualität; die Farbe ist orange-rot. Das
war der Platz der Selbstbefriedigung und es gab zwar mehr Interak-
tion mit anderen, jedoch noch nicht auf eine altruistische Weise. Es
ging wieder um territoriale Ansprüche und Besitz sowie um Kontrolle
über andere. Das Herz war noch nicht geöffnet und viele Male wurde
aus Verachtung und Rache getötet.

Die dritte Inkarnation fand in neart statt, dem dritten Chakra oder
Nabelzentrum, einem Ort des Übergangs und der Kreuzwege. Das ist
der Platz der Sonnenenergie, wo Macht, das „Ich zuerst"-Syndrom,
Angst, Habgier, Aktion und Reaktion wohnten. Die Farbe war gelb-
orange. Da neart auch Zentrum bedeutet, repräsentierte es die Mitte

des Körpers. Hier hielt sich die Seele meistens auf, hieß es, und sandte von hier aus an dem Rest des Körpers Botschaften zu erwachen.

Die vierte Inkarnation fand in croian statt, in der „oberen Erde"; dem Herzchakra. Das ist der Ort der Herzensgefühle, die aber manchmal auch übermäßig emotional sein können. Der Körper fing nun an, sich vom Solarplexus aus für die Seele zu öffnen. Wichtige Lektionen in dieser Inkarnation waren die Fürsorge für und das Teilen mit anderen, also Liebe auf eine weniger besitzergreifende Weise zu erlernen und zu praktizieren. Das Gefühl, mit dem ganzen Leben in Beziehung zu stehen, bedeutet ebenfalls, sich für das Herz von allem zu öffnen. Dieser Ort ist auch als der Platz des „Kriegers des Herzens" bekannt. Die Farbe hier ist grün.

Die fünfte Inkarnation geschah in guth, das als Kehlkopfzentrum bekannt ist. Das ist der Ort der Kreativität und des Dienstes für andere, der Platz tiefer Freude und Wertschätzung für das gesamte Leben, die Bereitschaft, immer bewusster im Leben zu werden, und einer Bewusstheit über den Tod. Die Farbe ist blaugrün. Es ist auch der Ort des Übergangs vom Kopf zum Herzen.

Die sechste Inkarnation fand in cengant statt, dem Chakra des dritten Auges. Das ist der Ort des intuitiven Erkennens, ein Platz der Seligkeit und freudigen Öffnung für die All-Liebe. Das ist der Ort der Königlichkeit. Die Farbe ist magenta. Die Seelenreise ist hier entscheidend und das liebe Erdengemüt ist in das Herz geliebt worden. Dies ist auch der Ort des Lehrers bzw. der Lehrerin, jener Person, die den Weg weist und sich dessen bewusst ist, dass er bzw. sie auch auf dem Weg heim zur Seele ist.

Die siebte Inkarnation geschieht in ceannard, dem Kronenchakra. Dies ist die Inkarnation, in der Einheit mit Spirit stattfindet. Es ist der Ort der inneren Vermählung von Seele und Spirit. Dienst für andere ist der einzige Grund, sich dieses Mal zu inkarnieren. Wir haben keine unerledigten Dinge mehr, um die wir uns kümmern müssten, und es bereitet uns Freude, andere zur Freude zu befreien. Das ist der Ort des Hochkönigs und der Hochkönigin, der Krönungsort.

Die achte, neunte und zehnte Inkarnation waren Orte der reinen Ekstase. Solche Wesen galten als die Führungslichter der Überseele und sie haben mehr mit dem göttlichen Sein als mit dem Erdensein zu tun, da sie zwischen allen Welten schwebten. Kollektive göttliche Emanationen von allen erschaffenen Phänomenen waren in diesen Wesen gesammelt, hieß es, und durch das Sammeln dieser Strahlen in sich konnte Seelen, die in anderen Welten litten, geholfen werden.

Jede und jeder von uns kann Paradigmenwechsel des Bewusstseins erlangen. Schnell von einem System von Glaubensmustern zu einem anderen zu wechseln oder von einem Lebensweg auf einen anderen ist nicht nur vielleicht denkbar, sondern tatsächlich möglich. Je bewusster wir werden, desto mehr werden unsere Körper ihre Schwingungswirbel beschleunigen. Das hat zweifellos Folgen für das Nervensystem und wir müssen uns in solchen Zeiten der radikalen Katharsis mehr um unsere physischen Körper kümmern. Die Seele weist uns immer in die Richtung auf unser Kronenzentrum, aber sie wird nicht intervenieren oder uns bedrängen. Sie wird uns vielmehr mit vielen kleinen Berührungen erinnern und wie Hannah sagt, „mit sehr kräftigen Schubsern".

Helfer bei unserer Reise

Die Kelten glaubten an die Spirit-Welt und deren Bereitschaft, uns bei unserer Reise zum Seelenfrieden zu helfen. Die christliche Kirche hat diesen Glauben fortgeführt, besonders im katholischen Glauben. Engel und Erzengel sowie Heilige und heilig Verstorbene galten als die wichtigsten Helfer der Seelen auf Erden. Die Kommunion aller Heiligen war ebenfalls eine wichtige Hilfe. In der katholischen Kirche glaubt man daran, dass ein besonderer Erzengel mit uns auf die Erde kam, um unser eigener Führer durch das gesamte Leben zu sein.

Dieses sogenannte Lichtwesen, das über ein Wissen verfügt, das weit über unseren Intellekt hinausgeht, hat eine einzige Aufgabe zu erfüllen: sich um uns Menschen zu kümmern.

Die Kelten hielten ihre Hilfe aus der „anderen Welt" in großen Ehren. Besonders bei Disputen in der Gemeinschaft wurde die Hilfe aus anderen Welten angerufen und im Kreis hielt man einen Platz dafür frei. Man rief sie, um Hilfe bei der Ernte zu erlangen, um Kindern Namen zu geben und um Streitigkeiten zwischen Nachbarn zu schlichten. Diese Gäste wurden immer zuerst willkommen geheißen, bevor jemand sprach, und ihnen wurde dann eine lange Atempause eingeräumt, während der kein anderer unterbrechen durfte. Meine Nanny lud immer die Spirit-Leute zu Tisch, wenn wir gemeinsam aßen. Ein Stuhl wurde für sie hingestellt und keiner sonst durfte darauf sitzen! Diese Geistwesen hießen duine aoifa, die „Heiligen". Man glaubte, dass die unsichtbaren Gäste bei der Geburt und beim Tod kamen, um den Menschen zu helfen. Bei der Geburt war ihre Aufgabe, jenen Ton als Echo zurückzugeben, der die Seele zur Erde lockte. Man glaubte, dass derselbe Engel oder Helfer denselben Ton in einer höheren Oktave anstimmte, wenn die Seele den Körper verließ.

Es gab auch den Glauben, dass gute Taten, die wir als menschliche Wesen vollzogen, Wesen bildeten, die sich als Helfer materialisierten. Es hieß, dass, wenn wir sterben, diese Wesen uns vorangingen und einen wunderschönen Ort vorbereiteten, um uns dort willkommen zu heißen. Eine der Freuden, die man erlebte, wenn man nach dem Körperleben in das Spiritleben einging, war, dass man die gute Energie gezeigt bekam, die man auf der Erde hinterlassen hatte und die in der Entwicklung der Seelen halfen, die dort noch waren.

Diese Wesen waren personifiziert, damit Kinder sich mit ihnen besser identifizieren konnten, und so entstanden Feen und Elfen mit Flügeln. Natürlich konnte dasselbe über die dunklen Gedanken gesagt werden, welche Wesenheiten der Dunkelheit oder Teufel schufen. „Sie lungern um uns herum und versuchen, uns herunterzuziehen", pflegte meine Nanny zu sagen und dabei schüttelte sie ihren Kopf. Das spornte uns an, gut zu sein, gute Taten zu vollbringen und nur gute Feen anzuziehen, nicht die Gnome oder die hinterlistigen Teufel.

Die Führung aus der anderen Welt hat auch mit „harter Liebe" zu tun. Der Engelführer ist hier, um unser Herz zu bestärken, den Vertrag einzuhalten, den wir gemacht haben, bevor wir verkörpert wurden, und er ist mit uns überhaupt nicht emotional irgendwie engagiert. Die Geistführer lieben auf eine gelöste Weise. Auf diese Weise, und nur auf diese Weise, können sie uns wirklich helfen und unterstützen. Wenn wir vorher arrangiert haben, dieses Mal Erleuchtung zu erlangen, dann wird uns der Engel mithilfe unserer Seele liebevoll helfen, Situationen zu nutzen, die sicherstellen, dass wir unsere spezielle Lektion lernen.

Der Schattenengel

Der Schattenengel war genauso wichtig wie der helle Engel; beide galten als Ergänzung füreinander. Deshalb gab es ursprünglich keine Bewertung der beiden. Die christliche Kirche (und zuvor schon die jüdische Religion) diskriminierte allerdings und bezeichnete den Lichtengel als den Helfer des Menschen, der deshalb als gut bewertet wurde. Der dunkle Engel war der Zerstörer des Menschen, und deshalb schlecht bzw. böse. Später wurde der Schattenengel von der christlichen Kirche als Teufel bezeichnet. Luzifer war anfangs der sogenannte gute Lichtengel, führte später dann aber einen Disput mit Gott und wurde seither schlecht und dunkel genannt. Er wurde für sein Aufbegehren bestraft und in die niederen Regionen der Erde verdammt. Es hieß, dass er über die Erde wanderte, um Seelen zu zerstören. (Als ob Seelen ausgelöscht werden könnten!)

Die Geschichte von Adam und Eva scheint nahe zu legen, dass ihnen im Garten Eden etwas Ähnliches passiert wäre. Es scheint so, als ob der Gott der christlichen Kirche keinen Widerspruch duldete und man ihm einfach gehorchen musste. Jedes autonome oder selbstregulierte Verhalten von Seiner Schöpfung wurde bestraft, unabhängige Entscheidungen wurden nicht toleriert. Adam und Eva hatten dem Vater nicht gehorcht und wurden deshalb aus dem Garten Eden (Nirvana) auf die Erde geschickt, um dort alle ihre Tage in Leid und Not zu verbringen. Wenn du nicht gehorsam bist, musst du unter den Folgen leiden. Der Sohn durfte sich nicht auflehnen, also blieb er im Verhältnis zu seinem Vater das Kind. Wenn der junge Mann immer gehorchen und sich den Wünschen des Vaters beugen muss, dann hindert ihn das daran, erwachsen zu werden, und es verhindert seine eigene Autorität und Autonomie.

Kapitel 8

Natürliche Rhythmen und Ordnung

(Ordú Nádúrtha)

Der Stamm

Der Stamm ist die Fortsetzung der Familie; er ist eine Gemeinschaft, die auf die Überlieferung von Traditionen, Sitten und Ritualen aufbaut. Jeder Stamm hat seine eigenen Werte und Regeln, die nicht gebrochen werden dürfen. Wenn diese Regeln doch von einem Stammesmitglied gebrochen werden, folgt eine Strafe in Form öffentlicher Demütigung, negativer Unterstellungen, passiver Aggression oder Isolierung. Regeln sind zwar wichtig und notwendig, doch oft stellen wir fest, dass rigide Maßstäbe angelegt und aufrechterhalten werden, ohne an die gleichfalls notwendige Individuation zu denken und ohne sich um die Seele zu kümmern. Der sogenannte Grenzgänger muss aus dieser Kontrolliertheit ausbrechen und eine andere Wirklichkeit erkunden. Diese andere Wirklichkeit kennen wir vielleicht selbst schon oder auch nicht. Wir wissen dann zumindest jedoch, dass wir uns auflehnen und das Heim verlassen müssen. Später müssen wir uns an unsere eigene innere Kraft erinnern, unsere Projektionen zurückrufen, uns versöhnen, innere Autorität gewinnen und die Segnungen dessen, wer wir sind, dem Stamm wieder zurückbringen.

Hast du den Stamm verlassen?

Hast du deinen Stamm im Hinblick auf irgendeines der folgenden Glaubensmuster verlassen?

- Religion
- Beziehungen, Ehe
- Sexualität
- Kinder
- Einstellung zu Geld
- Rolle von Mann, Frau und Kindern

- Politik
- Arbeitsmoral
- Gesundheit und Medizin
- Autorität
- Berufswahl

Bevor man in der Zeit der Kelten den Stamm verlassen konnte, musste der Großvater zustimmen. Die Älteren hörten aufmerksam zu, ohne zu bewerten, und normalerweise konnte der junge Mensch gehen und man gab ihm einen Segen mit auf den Weg. Jedoch musste er davor in das Ritual des Verlassens des väterlichen Heims initiiert werden. Sechs Aufgaben mussten dafür erfüllt werden. Die jungen Leute mussten:

- mitteilen, warum sie gehen möchten.
- die Ahnen um Vergebung bitten.
- um den Segen des Vaters bitten.
- ihrer Mutter dafür danken, dass sie ihnen das Leben geschenkt hat.
- um das Wohlwollen ihrer Geschwister bitten.
- der Gemeinschaft ihren Entschluss mitteilen.

Wenn wir uns unser Leben heute ansehen, ist deutlich, dass wir uns an keinen dieser Aufträge ganz halten. Welchen Preis zahlen wir für diesen Mangel an Bewusstheit? Individuation ist ein wichtiger Teil der Reifung, ein wesentlicher Teil. Nimmst du Stammeswerte noch als deine eigenen an? Welche Stammeswerte machen heute noch Sinn für dich? Stammessitten und -rituale sind nicht alle negativ. Schütten wir das Kind nicht mit dem Badewasser aus. Hast du schon einmal Entfremdung, Beschämung oder emotionale Erpressung erlebt, weil du dich nicht an ein Glaubensmuster eines Stammes gehalten hast? Wie hast du damals darauf reagiert, auch wenn es angeblich „zu deinem eigenen Besten" geschah? Wie würdest du heute darauf reagieren? Wie verlässt man eigentlich den Stamm tatsächlich? Wie kann man die alten Wege hinter sich lassen und ein neues Credo annehmen, eines, das noch unklar ist, von dem nur die Seele etwas weiß?

Die Grenzgängerin interessiert sich in vielerlei Hinsicht nicht für das „Wie?" oder dafür, warum sie sich so fühlt, wie sie sich fühlt. Sie kümmert sich nur darum, dass sie ein tiefes inneres Wissen spürt, dass jetzt die Zeit für eine Veränderung gekommen ist. Die Zeit der Transformation ist da. Die Zeit, das Haus der Mutter zu verlassen, ist gekommen. Es ist Zeit, ihr wahres Herz-Selbst zu finden, unter der Asche ihres eigenen Brennens. Die Grenzgängerin weiß etwas von der richtigen Zeit, sie hört auf ihre inneren Rhythmen und ist sich dessen bewusst, dass die äußeren Rhythmen nicht stimmig sind für sie. Sie muss die Regeln brechen und voller Mitgefühl aufbegehren. Sie muss immer tiefer in die Welt des Nicht-Wissens einsteigen, wobei ihr inneres Wissen ihre einzige Führung ist.

Im keltischen Bewusstsein ist es von Bedeutung, den Stamm um Verzeihen zu bitten, bevor man ihn verlässt. Als ich 1983 die katholische Kirche verließ, ging ich voller Wut. Jahre später erst bemerkte ich, dass die Entscheidungen, die ich traf, durch diesen Zorn gestört wurden, und so musste ich irgendwie einen Zustand der Vergebung erreichen, um erst dann frei sein zu können. 1996 führte ich ein kleines Ritual durch, um mich von religiöser Unterdrückung zu lösen, und ich verzieh auch mir selbst für meine Wut. Jetzt fühle ich mich wieder frei, in eine katholische Kirche zu gehen, eine Kerze zu entzünden und zu danken. Alles in mir wurde aufgewühlt, um meine ganze kostbare Inkarnation zu akzeptieren.

Paarung *(Lechéile)*

Die Lehren besagen, dass jeder lebendige Organismus seine eigene innere und heilige Ordnung besitzt, sein Gleichgewicht und seine Gelassenheit. Wenn diese nicht aufrechterhalten oder nicht geachtet werden, sind Unordnung und Disharmonie die Folge. Eines der Gesetze der Natur ist das Gesetz der Anziehung von Gegensätzen, denn ohne diese Anziehung und die schließlich erfolgende Verschmelzung kann nichts entstehen, kann nichts ins Sein gelangen. Es liegt in der Natur des Lebens anzuziehen. Die Natur des Todes ist abzustoßen – und das ist nicht negativ. Der keltische Glaube rund um „Paarung" oder lechéile stimmt mit der natürlichen Ordnung überein. Mann und Frau können zusammenkommen, wenn sie dem magnetischen Ruf ihrer Seelen folgen. Man glaubte, dass, wenn sich zwei Menschen voneinander angezogen fühlten, jede Seele dabei ihren eigenen, persönlichen Klang ausstrahlte; wenn die beiden Klänge in Harmonie miteinander waren, floss spirituelle Liebe zwischen ihnen. Wenn es keine derartige Harmonie gab, dann war die Liebe nur körperlicher Natur und würde den Stürmen eines gemeinsamen Lebens nicht standhalten. Diese Anziehungskraft gewinnt noch an Intensität, wenn sich die beiden Menschen näher kennenlernen und wenn sie einander beiwohnen. Es ist jedoch wichtig, dass die Paarung mit dem Segen beider Eltern stattfindet, bevor sie die intime Verbindung aufnehmen. In manchen Ländern ist es ja heute noch so, dass der Mann den Vater der Frau um die Hand seiner Tochter bittet.

In einer Familiensituation existiert eine grundlegende Ordnung, die, obwohl man sie vielleicht heute nicht mehr bewusst oder ausdrücklich als solche erkennt, doch das Verhalten der Menschen bestimmt. In der Natur ist das offensichtlich. Die Jahreszeiten folgen ihrer besonderen Ordnung und jede Jahreszeit spielt eine eigene Rolle. Das Tierreich respektiert diese fundamentalen Regeln des Teilhabens am Leben auf der Erde und begegnet einem anderen Tier, das diesen inneren Code missachtet, mit Aggression. Wir wollen uns hier aber mit einer Ordnung in der menschlichen Familie befassen.

Beziehungen

Sexualität war gleichbedeutend mit Spiritualität, deshalb wurde Sexualität als heilig betrachtet. Sexualität zwischen gleichgeschlechtlichen Personen hieß aonacht oder „eingestaltiger" Sex und wurde in der Psychologie und Spiritualität der schöpferischen Entwicklung akzeptiert. Man könnte sagen, dass die aonacht meistens Künstler oder Geschichtenerzähler waren. Ihre Psyche und ihre physische Gestalt war weiblicher als die ihrer männlichen Gegenstücke. Die meisten seabhéans, die „heiligen Frauen", waren ganz offen für ihre medialen Kräfte und ihre Sexualität gab ihnen die Kraft, die Erdkraft, um über das Geschlecht hinauszugehen. Man sah sie als heilig an und ging davon aus, dass sie in Verbindung mit der göttlichen Ordnung der Dinge standen. Aonacht galt nicht als etwas Außergewöhnliches oder Unnatürliches, sondern als ein Aspekt des Göttlichen und deshalb spirituell.

Erst die christliche Kirche benutzte das Wort „Sünder" im Zusammenhang mit dem Wort homosexuell. Selbst heute sind homosexuelle Männer in der katholischen Kirche nicht zur Priesterweihe willkommen. Erklärte christliche homosexuelle Männer werden nicht aufgrund ihrer Bereitschaft, als Priester zu dienen, ausgegrenzt, sondern aufgrund ihrer sexuellen Ausrichtung.

Wenn ein Pärchen, ein Mädchen und ein Junge, üblicherweise mit vierzehn oder fünfzehn Jahren, sich gegenseitig angezogen fühlten, wurden sie vom Erziehungsrat über die sexuellen Riten des Übergangs von der Kinderzeit in die Erwachsenenzeit unterrichtet. Meistens kümmerten sich Männer um die Jungen und Frauen um die Mädchen.

Wenn ein Pärchen sich entschließt, seine Beziehung fortzusetzen, ist der nächste Schritt, dass die beiden sich während der vier Jahreszeiten besser kennenlernen. Wenn sie auch noch einen Grund dafür finden zusammenzubleiben, nachdem sie gemeinsam die Kälte und Dunkelheit des Winters, die hervorsprießende Leidenschaft und Intensität des Frühlings, die langen Tage und Nächte des Sommers und die veränderlichen Stimmungen des Herbstes erlebt haben, dann werden sie auf natürliche Weise ein Gemeinschaftsritual durchführen. Wir nennen das Verlobung. Das Pärchen wird jetzt in der Gemeinschaft als Partner betrachtet, lechéile, und auch so behandelt. Nun haben sie als Paar den Schutz und die Unterstützung der Gemeinschaft. Ältere Mitglieder helfen ihnen, ihr Nest zu bauen. Sie sind nicht mehr für andere Liebhaber oder Partner offen und sie tauschen irgendeine Art von Körperschmuck aus, ein Halsband, einen Ring, eine Tätowierung, und zeigen diese auch. In manchen Teilen von Irland und Schottland trägt man den claddagh-Ring – zwei Herzen, die von einer Hand gehalten werden. Die beiden bleiben vier weitere Jahreszeiten hindurch „verlobt" und erleben die Veränderungen und Schwankungen ihrer eigenen innersten Gefühle.

Am Ende des Winters nehmen sie sich beide Zeit, um allein zu sein – drei Tage und drei Nächte lang –, um ihrer Seele Fragen zu stellen. Man glaubte, die Antworten kämen aus der Natur, deren Auftrag darin bestand, Ordnung zu geben und aufrechtzuerhalten, und welche auch die Aufgabe hatte, den Menschen zu helfen, Ordnung zu finden. Wenn sie zusammenkommen, fragt der Mann seine Geliebte, ob sie seine bean ceile oder „Frau" sein und an seiner Seite bleiben will, bis sie sterben. Das ist die höchste Vereinigung von Erdengemüt und Seele, die sich in der Form von Mann und Frau darstellen. Das ist die heiros gamus, die „heilige Vereinigung". Wenn die Frau darauf mit „Ja" antwortet, wird die Gemeinschaft Zeuge der nächsten geordneten Stufe in ihrer Beziehung, die wir Hochzeit nennen. Man kannte das in der alten keltischen Tradition als „Binden der Hände" oder laimhe ceile. Wenn die Antwort „Nein" war, wurde die Gemeinschaft Zeuge des dul amach, der „Trennung". Beide verlassen das Heim, in dem sie gemeinsam gewohnt haben, und sagen sich Lebewohl. Wenn die Frau sehr jung war, kehrt sie in das Heim ihrer Mutter zurück.

Wenn sich das Pärchen zur Trennung entschlossen hatte, trafen sie sich einen ganzen Mondzyklus hindurch nicht. Das diente ihnen dazu, sich dem Alleinsein anzupassen und sich selbst wieder zu finden. Ich glaube, dass wir, wenn wir uns sexuell auf einen anderen

Menschen einlassen, eine Verbindung erzeugen, die nicht gelöst wird, wenn wir uns äußerlich trennen. Auf einer energetischen Ebene bleiben die Bindungen ungebrochen bestehen, bis einer der beiden oder besser alle beide sich bewusst entscheiden, sie zu lösen.

Sexuelle Bindungen lösen

Auf die folgende Weise kann man das erreichen. Wenn zwei Menschen, die miteinander eine intime Beziehung hatten, sich entschließen, das Ritual gemeinsam durchzuführen, müssen sie sich treffen und in der Gegenwart eines Zeugen jeweils ein kleines Teelicht entzünden. Sie stehen sich gegenüber und sagen:

„Ich (Name) lasse dich (Name) los und löse dich vom Rest der sexuellen Energie, die mit unserer gemeinsamen Zeit zusammenhängt. Ich danke dir für die Liebe, die wir geteilt haben, und ich erkläre dich frei dafür, mit einem anderen Menschen zusammen und glücklich zu sein."

Wenn beide das vollzogen haben, blasen sie die Kerze des anderen aus; dann geben sie die Kerze in ein offenes Feuer oder, falls es das nicht gibt, geben sie die Kerze jemandem mit, der sie für sie in einem offenen Feuer verbrennt. Dann segnen sie sich gegenseitig, zum Beispiel mit den Worten: „Ich segne dich mit Freude und Mut" oder mit einem anderen Segen. Dann verabschieden sie sich, indem sie sich die Hände geben, wenden sich ab und gehen in entgegengesetzter Richtung fort.

Wenn nur eine Person dieses Ritual durchführt, so kann das auf folgende Weise geschehen:

Zünde zwei Kerzen an und lass eine andere Person Zeuge deines Rituals sein. Halte eine Kerze in deiner Hand, die andere hast du auf den Boden in einiger Entfernung von dir hingestellt. Stell dich dieser Kerze am Boden gegenüber auf und wiederhole die Worte, wie

sie oben beschreiben wurden, „Ich (Name) lasse dich (Name) los ..."
Wenn du damit fertig bist, segne die andere Person und verbrenne
die beiden Kerzen; dann sage Lebewohl. Bleibe noch eine Weile still
dabei, dann gehe von diesem Ort weg. Damit segnest du die Zeit, die
ihr miteinander verbracht habt, und löst dich und den anderen. Ihr
beide seid nun wieder frei, neu zu lieben und euch auch sexuell auf
einen anderen Menschen wieder einzulassen, ohne dass sich die sexuelle Energie einer früheren Beziehung in die neue Beziehung drängen
kann.

Die Verantwortung der Elternschaft

Die natürliche Ordnung war, dass ein Ehepaar, das jung genug dafür war, natürlich Kinder hatte. Wenn sie physisch nicht fit und ge-
sund waren, dann nahmen sie Kräuter, die ihnen die Medizinfrau
gab, um so Empfängnisverhütung zu betreiben. Man glaubte, dass
körperliche Fitness eine Voraussetzung dafür war, ein Kind zu zeugen
und zu empfangen. Wenn das Paar unfruchtbar war, nahmen sie die
Kinder anderer Familien an, um sie aufzuziehen und zu lieben. Das
nannte man ag leanbh-aire, „Kinderfürsorge". Später nannte man es
Patenschaft. Wenn das Paar kein Kind annahm, um es großzuziehen,
dann arbeiteten sie gemeinsam an einem Projekt, meistens an etwas
Schöpferischem. Am Abend jedes Tages wurde dann, wenn man keine
Kinder hatte, von den Frauen genäht und gestickt und die Männer
arbeiteten mit Ton, an einer Glasbläserei oder mit Holz. Später wurde
daraus das, was wir in Irland „Heimarbeit" nennen. Ein Lied besingt
die menschliche Nähe, die in solchen Arbeiten steckte.

Am Ende des Tages, wenn die Sonne den Himmel verbrennt,
wirst du dann hier bei mir sitzen, bevor wir uns hinlegen?
Wirst du das Tuch grün, rot und golden einfärben,

während ich vor mich hinpfeife, während ich dem Ton Gestalt gebe?
Denn es spielt kein Kind zu unseren Füßen,
nur unsere süße Liebe füreinander leistet uns Gesellschaft.
Phyllida Anam-Aire

Es war wichtig, dass das Paar einen Beitrag für die Gemeinschaft leistete, auf welche Weise sie dies auch vermochten. Kinder zu haben war der höchste Dienst, denn das sicherte den Bestand des Stammes oder Clans und das war wirklich wesentlich. Wenn ein Paar sich entschloss, ihre Partnerschaft ohne die Zeremonie des Händebindens fortzuführen, wurde das nicht so gern gesehen, weil das nicht der natürlichen Ordnung des Lebens entsprach. Ihre Beziehung hatte dann nicht den ausdrücklichen Segen ihrer Ahnen und würde Schwierigkeiten mit sich bringen. Es hieß, dass die Flüche der Väter auf die Söhne kämen und diese deshalb bei der Arbeit keinen Erfolg hätten. Die Partnerin hatte dieser Auffassung zufolge mit Krankheiten zu rechnen, wenn sie aufgrund eigensüchtiger Motive kein Kind austrug, und wenn sie älter wurde, würde sie von einer Dumpfheit des Geistes heimgesucht, weil sie lange Zeit hindurch allein klagte und trauerte – etwas, was man heute Depression nennen würde. Seelen, die eigentlich auf dem Wege waren, zur Erde zu kommen, waren enttäuscht (dass eine Frau sie nicht gebären wollte) und sie hörte deren Rufe. Jetzt aber war sie zu alt, um noch empfangen zu können.

Es ist offensichtlich, dass die Stammesältesten an die heilige Ordnung des Lebens glaubten und sie sich daran so gut als möglich hielten, damit in der Gemeinschaft Harmonie und gute Stimmung überfließen sollten. Wenn ein Paar Kinder hatte, kümmerte man sich sehr achtsam und liebevoll um sie. Kinder wurden als ein Geschenk der Großen Mutter betrachtet und als solches schon besonders geschätzt. Mütter hätten nicht im Traum daran gedacht, das Heim zu verlassen, um arbeiten zu gehen, und das Kind bei einem Fremden zu lassen. Wenn Mütter einmal eine Zeit lang doch alleine weggehen mussten, kümmerte sich die Mathair Mór, die Großmutter, um die Kinder.

Die erweiterte Familie kümmerte sich um alle Kinder, als ob es die eigenen wären. Väter und Großväter engagierten sich genauso wie die Mütter und Großmütter.

Die geordnete Rolle des Vaters war entscheidend, da es sein Vorrecht war, den Lebensunterhalt für Mutter und Kinder zu bieten. Er nahm seine Rolle ernst und arbeitete schwer für ihre weltlichen Bedürfnisse. Die Mutter hat eine andere Rolle; sie war die erste Lehrerin des Kindes und wurde als solche auch geachtet. Auch die Rolle der Großeltern war wichtig, da sie die Geschichten und die weisen Wege des Stammes für ihre Enkel überlieferten; sie wurden von diesen mit großem Respekt behandelt.

Möge die Liebe und Ehre deiner Ahnen mit dir sein und mögest du immer die leise Stimme ihrer Weisheit in dir hören, die dich einlädt, immer tiefer und tiefer ins Leben zu gehen.

Männliche Initiation

Der junge Mann wurde mit in das „Haus der Männer" genommen und drei ältere Männer lehrten ihn die Lektionen des sexuellen Verhaltens, zu seinem Nutzen und dem seiner Partnerin. Da nichts Heiliges niedergeschrieben wurde und da es natürlich auch keine Bücher gab, hörte der junge Mann sehr aufmerksam zu. Er wurde gefragt, ob er alles verstanden hatte, und man stellte ihm Fragen über die jeweilige Lektion, wenn er das bejahte. Wenn er antwortete, dass er nicht alles verstanden hatte, wurde die ganze Lektion wiederholt. Das vollzog sich so, bis er alle Lektionen gelernt hatte. Manchmal dauerten die Lektionen einen ganzen Tag lang, manchmal nur wenige Stunden.

Bei diesen Unterweisungen wurde ihm ein Bild des weiblichen Körpers gezeigt, das einer der Älteren gerade gezeichnet hatte, und er lernte die verschiedenen Lustzonen kennen. Seine Aufgabe bestand darin, sie sanft und mit großer Achtsamkeit zu stimulieren. Er wurde auch darin unterwiesen, wie er seiner Partnerin die größte körperliche Freude bereiten konnte und wie er selbst die Begegnung am meisten genießen konnte. Man glaubte, dass ein Mann, der seiner Frau, seiner Partnerin, körperliche Freude bereitete, damit auch die große Göttin erfreute, deren Segnungen er dadurch gewann. Da das Paar lechéile („verlobt") war und innerhalb eines Jahres heiraten würde, wurde ihm Empfängnisverhütung beigebracht. Die Kräuter und Tränke dafür erhielt das Paar dann von der Medizinfrau oder dem Medizinmann der Gemeinschaft. Man kannte damals auch Methoden der körperlichen Beherrschung und bestimmte Atemtechniken, die man dem jungen Mann zeigte, womit er den Erguss des kostbaren Lebenssamens ohne Stress kontrollieren konnte.

Weibliche Initiation

Auch die junge Frau wurde über die Möglichkeiten der sexuellen Freude instruiert. Das geschah im „Haus der Frauen" durch ältere Frauen. Sie durchlief dort eine ähnliche Prozedur wie der junge Mann im Haus der Männer. Am Ende dieser Initiationen kamen die beiden jungen Leute zusammen und wurden von den älteren Mitgliedern der Gemeinschaft gesegnet und gefeiert. Diese Zeit des Zusammenseins hieß „Feuer atmen". Es ist möglich, dass damit gemeint war, dass sie anfingen zu verstehen, was Leidenschaft und Nähe so nah wie ein Atemhauch bedeutete. Als die Kirche die Spaltung zwischen Sexualität und Spiritualität schuf, erzeugte sie damit nicht nur Diskriminierung und mangelnde Ebenbürtigkeit zwischen den Geschlechtern, sondern sie schuf auch die Verurteilungen und Verdammungen von Frauen.

Als die Göttin Sheila-na-gig die Erdenebene besuchte, sagte man, dass sie den Frauen beibrachte, wie sie sich selbst sexuelle Freuden verschaffen können, und es hieß, dass gute Gesundheit und ein langes Leben die Folgen davon wären. Frauen wurden darin unterrichtet, wie sie sich selbst Freude bereiten und sich auch am Körper einer anderen Frau als dem Körper der Göttin erfreuen könnten. Rituale wie das Flechten von Zöpfen für eine andere Frau oder die gegenseitige Massage betrachtete man als heilig und gesegnet. Das war eine ganz natürliche Form, wie Frauen feiern und sowohl ihre eigenen Körper als auch den einer anderen Frau besser kennenlernen konnten. Frauen kamen zusammen und hatten viel Spaß mit dem Erzählen von Geschichten, die manchmal um sehr eindeutige sexuelle Themen kreisten. Lachen, Lieder und Geschichten erklangen im großen Zimmer, wenn Frauen über Kindererziehung, Nahrungszubereitung, Männer und ihre sexuellen sowie ihre heiligen Zeremonien diskutierten.

Sie schufen viele Rituale rund um ihre Menstruation und gaben diese Riten an die jüngeren Frauen weiter. Der monatliche Fluss wurde nicht einfach weggespült, wie man es heute tut. Vielmehr nahm man das Blut in einer kleinen Muschel im Rahmen einer Zeremonie aus der Vagina und gab es in die Erde. Dazu sprach man einen Segen, während man mit Erde das rote Blut aus dem Schoß der Frau bedeckte. Der Vollmond wurde von den keltischen Frauen nicht besonders gefeiert, aber es stellte für die junge Frau einen doppelten Segen dar, wenn ihre Menstruation bei Vollmond kam. Die Energie des Mondes, so glaubte man, erfüllte ihren Schoß mit einem Verlangen, sich fortzupflanzen. Wenn das einer Frau passierte, die einen Partner hatte, neigte sie mehr zu einer Schwangerschaft als zu einer anderen Zeit. Es hieß, dass sie „des Mondes voll" war.

Eine unausgesprochene Regel unter Frauen besagte, dass eine Frau nie ihre Genitalien an einem öffentlichen Ort zeigte. Die Genitalien einer Frau wurden als ein heiliger, verborgener Ort der Gnade angesehen und deshalb mussten sie auch so behandelt werden. Viele Frauen glaubten, dass ein öffentliches Zeigen und „Weggeben" dieser Gnade die Göttin entehrte, die ihnen aufgetragen hatte, „euer Schatzhaus bedeckt zu halten, wie man einen Kelch auf dem Altar bedeckt". Die Männer hielten sich an dieses Gebot. Das galt natürlich nicht, wenn man sich einander in Liebe verband, sondern bezog sich auf das Verhalten im Alltag. Der Kelch oder Kessel wurde mit Ehre und Achtung behandelt. In seinem Inneren enthielt er den heiligen Saft der Schöpfung und der schöpferischen Aktivität.

Vorbereitung auf die Elternschaft

Wenn die potenziellen Eltern spürten, dass die Zeit richtig war, um ein Kind zu zeugen, begaben sie sich zu verschiedenen weisen Leuten in der Gemeinschaft, um Rat und Unterstützung zu erbitten. Diese weisen Leute waren meistens der Astrologe, der älteste Druide (Lehrer, Priester), die Weise Frau, der kreativste Barde (Dichter) und der Ovat (Kräuterkundiger, Mystiker). Sie alle gaben ihren Rat aufgrund ihrer Einsichten. Dem Paar wurde der günstigste Zeitpunkt zur Empfängnis mitgeteilt und es nahm jeden Rat gerne auf, um sich zu versichern, dass alles im Universum ihnen zur Seite stand.

Die männliche Initiation vor der Zeugung

Wenn sich ein Paar zur Zeugung entschloss, mussten entsprechende Vorbereitungen getroffen werden. Dem Vater fiel eine wichtige Aufgabe zu. Das Paar konnte vorher leicht feststellen, ob das Kind ein Junge oder ein Mädchen sein würde, und wenn es ein Junge war, so musste der Vater etwas Besonderes unternehmen. Es ging um die psychologische Heilung der väterlichen Linie. Falls der künftige Vater noch nicht den Segen seines Vaters erhalten hatte, musste er das jetzt nachholen, weil sich das auch auf das neugeborene Kind auswirken würde. Wenn ein kleiner Sohn nicht zur vorausberechneten Zeit geboren wurde, nahm man häufig an, dass dieser Mangel – der fehlende Segen des Großvaters – der Grund für die Verzögerung sei. Ein männliches Kind, meinte man, hätte keine Freude daran, in einen Stamm geboren zu werden, der sich nicht an die Stammessitten hielt. Bei einem kleinen Mädchen musste sich die Mutter darum kümmern, dass ihre Gefühle zu und ihr Umgang mit ihrer Mutter freundschaftlich waren; wenn das nicht der Fall war, musste sie das korrigieren. Wenn ein kleines Mädchen nicht zur vorausbestimmten Zeit geboren wurde, bedeutete das eben, dass die künftige Mutter nicht in Übereinstimmung mit ihrer Mutter war und das Kind deshalb zögerte, anzukommen. Heutzutage wäre es unerhört zu meinen, dass eine verspätete Geburt daran liegen könnte, dass die jungen neuen Eltern nicht den Segen ihrer eigenen Eltern hätten!

Wenn ein junger Mann aus irgendeinem Grund nicht den Segen seines Vaters erhalten hatte, musste er zu diesem gehen und mit ihm darüber sprechen. Einer der Gründe konnte sein, dass der junge Mann eine Frau geheiratet hatte, die sein Vater nicht akzeptierte. Ein anderer Grund konnte sein, dass der junge Mann ein Handwerk oder eine Arbeit aufgenommen hatte, die von keinem seiner Vorfahren ausgeführt worden war und die gegen die überlieferte Sitte verstieß. Oder er hatte den Rat seines Vaters im Hinblick auf irgendeine Angelegenheit verworfen. Gleich, was der Grund gewesen sein mochte, war es absolut notwendig, dass er sich im Einklang mit seinem Vater befand und dessen Segen zumindest jetzt noch erhielt. Es scheint, als ob die Kelten gute Psychologen gewesen wären. Heute nehmen die Leute an allen möglichen Seminaren und Workshops teil, um sich mit der Unordnung in ihrem Leben auseinanderzusetzen und versuchen, einen dysfunktionalen Familienstammbaum zu heilen.

Der Sohn, der den Segen seines Vaters hat,
kann bis zum Gipfel des Berges reisen
und von dort wird sein Licht strahlen.
Phyllida Anam-Áire

Und nochmals, die Tochter betreffend:

> *Die Tochter, die den Segen ihrer Mutter hat,*
> *kann vorwärts gehen, ohne zu weinen oder zu klagen.*
> Phyllida Anam-Áire

Dem Kind seinen Namen geben

Der Vater gibt dem Kind den Namen und heißt es willkommen. Die Idee dahinter ist, dass der Vater die Lebenskraft herbeiruft, sich zu verkörpern, und deshalb auch derjenige ist, der dem Kind seinen Namen gibt. Der Name wird dreimal in das linke Ohr des Neugeborenen gesprochen und Vater und Mutter singen dann dem Kind seinen Namen vor. Die Gemeinschaft schließt sich danach dem Singen des Namens an. Später, wenn das Kind auf seine Lebensreise geht, bekommt es einen weiteren Namen, von einem weisen Mann, damit es in das nächste Lebensstadium geführt wird. Die Namensgebung ist wichtig, weil die Schwingung jedes Buchstabens eine starke Energie für das Leben des Kindes trägt. Der Vater hält das Kind und haucht auf sein Gesicht, damit es den Unterschied der Hautempfindung von Mutter und Vater lernt, die männliche Berührung und die weibliche Berührung. Dann betet er: „Mein Mund auf deiner Türschwelle, meine Seele küsst deine. Der große Geist spricht deinen Namen, ich trage ihn an dein Ohr."

Das Kind beschützen

Wie in den meisten alten Kulturen waren Tierhäute und Tierfelle für die Bekleidung vorbehalten und als warme Decken für Kinder. Wenn ein Kind krank war, wurde eine Tierhaut so um es herumgelegt, dass sein Körper ganz bedeckt war; damit hielt, so meinte man, der Geist des Tieres Wacht über das Kind. Jeden Tag dankten die Menschen für das Leben des Tieres und man glaubte, dass die Seele des Tieres als eine Heilerin auf die Erde zurückkäme. Dem Kind, das eine solche Tierhaut hatte, die es umhüllte und beschützte, wurden gleichfalls besondere Heilkräfte zugesprochen; das entsprechende Tier behütete es, solange das Kind lebte. Es gibt manche Geschichten über Kinder mit besonderen Gaben, die meistens von Krankheiten durch eine Tierhaut geheilt worden waren.

Bruder Tier, deine Seele möge Frieden gefunden haben,
dein starker Geist wird vom Feuer in deiner Brust erweckt,
mit einem Gespür für die Götter und einer solch starken Liebe
wiegst du die Kleine (den Kleinen) zurück zu ihrer Seele (zu
seiner Seele).

Das Kind lehren

Wenn das Kind heranwuchs, lernte es die Wege des Clans. Die meisten Unterweisungen erfolgten in Form von Geschichten. Nach und nach wurden diese Geschichten von den Kindern selbst ausgeschmückt, sodass wir heute zahlreiche Versionen ein und derselben Geschichten kennen. Die Kinder wurden dazu ermuntert, weil sie so ihre Kreativität und Vorstellungskraft heranbilden konnten. Es hieß, dass, wenn einer im Kreise mit anderen sitzt, eine Geschichte darauf drängt, erzählt zu werden. Alles, was es dazu brauchte, war, dass ein Mensch sein Herz für eine Geschichte öffnete, und dann floss sie aus seinem Mund zur Seele. Der Geschichtenerzähler musste sich für den Geist der Geschichte öffnen, die zu erzählen er von den anderen gebeten wurde. Er bzw. sie hatte keinerlei persönliche Vorliebe oder Kontrolle darüber, wie sich die Geschichte entwickeln würde. Es war auch nicht wichtig, wie sie aufhörte, sondern dass sie überhaupt erzählt wurde. Viele Geschichten wollten gar kein Ende haben, sondern forderten den Erzähler bzw. die Erzählerin auf, das Ende im eigenen Leben zu erfahren und es dann später anderen weiterzugeben, vielleicht sogar erst Jahre danach. So entstand das Wort „mystery" (englisch für Mysterium), weil aus „my story" (meine Geschichte) eben etwas sehr Persönliches wurde und ein und dieselbe Geschichte bei jedem Menschen anders endete. Viele Geschichten endeten erst mit dem Tod des Erzählers. Psychologisch betrachtet erzählt ja ohnehin jeder Mensch immer seine ganz eigene Geschichte.

Die unerfüllten Sehnsüchte und unbewussten Schattengeschichten wurden offenbar, wenn sich der Geschichtenerzähler für den inneren Geist der Geschichte öffnete. Man glaubte, dass jeder, der den Mut aufbrachte, Geschichten von rasenden Göttern und Göttinnen zu erzählen, vom „Donner in der eigenen Leber" befreit wurde. Das ist handfeste Psychologie: Wenn wir eine Geschichte erzählen und damit Wut und Zorn in einer sicheren Weise zum Ausdruck bringen, werden wir auf eine Weise davon frei, die uns nicht negativ beeinflusst. Wenn wir dem Schmerz unseres Herzens zuhören und ihn beachten, so ist das heilsam. Geschichten über Liebe und Entzücken, von Liebenden, die wieder zueinander finden – all das waren Aspekte eines tiefen Verlangens aus dem Inneren des Geschichtenerzählers. Durch die Geschichte, das Erzählen und Zuhören, konnten persönliche Dramen und Traumata geheilt werden.

Kapitel 9

Der heilige keltische Kalender

Dies sind die acht keltischen Feste:

- Neujahr: 31. Oktober
- Wintersonnenwende: 21. Dezember
- Tag der Brigit: 2. Februar
- Frühlingstagundnachtgleiche: 21. März
- Beltane (oder Beltaine): 1. Mai
- Sommersonnenwende: 21. Juni
- Ernte: 31. Juli
- Herbsttagundnachtgleiche: 21. September

Die vier Hauptfeiern sind:

- Samhain (wird wie sawain ausgesprochen): 31. Oktober – 1. November
- Imbolg (klingt wie imbolig): 1. – 2. Februar
- Bealtaine (wird balchinny ausgesprochen): 1. Mai (früher 13. Mai)
- Lughnasa (klingt wie lunasa): 31. Juli – 1. August

Samhain

Samhain ist in der katholischen Kirche eine gesegnete Zeit, um der Toten zu gedenken. Es wird „Allerseelen" genannt. Das war eine Zeit, die man für den Kirchgang einsetzte und um spezielle Gebete für jene Seelen zu sprechen, die an einem Ort der Leiden waren, die man das Fegefeuer nannte, bevor sie in den Himmel gelangten. Babys, die starben, bevor sie das Sakrament der Taufe erhalten hatten, kamen an einen Ort der Schönheit und des Glücks, der Limbus genannt wurde. Angeblich würden sie nie das Antlitz Gottes sehen können.

Keltische Christen glaubten, dass die abgeschiedenen Seelen in den Himmel erlöst werden konnten aufgrund von Gebeten und Fasten. Wenn sie dann im Himmel angekommen waren, würden sie sich um uns kümmern, wenn unsere Zeit gekommen war. Das ist ja nur fair! Dieser Glaube wurde nur in der katholischen Kirche überliefert und weitergetragen. Das hat mir geholfen, die Liebe für Rituale und farbenfrohe Zeremonien in meiner Psyche lebendig zu erhalten, und es ist auch ein wesentlicher Teil des Fundamentes für mein Engagement im keltischen Bewusstsein. Die katholische Kirche lehrte auch einen klaren Glauben an andere Welten in der Schöpfung. Der empfängliche Geist des Kindes in mir beobachtete schweigend die vielen Schätze, die in den heiligen Zeremonien zu finden waren, die unsere Nanny McDyre an Samhain ausführte.

Ich erinnere mich an die Sorgfalt, mit der sie darauf achtete, dass Brot und Tee für die Seelen an Allerheiligen und Allerseelen bereitstanden. (Aus „All Hallows Night", der Allerheiligen-Nacht, ist ja „Halloween" entstanden.) Nanny McDyre ging durch das ganze Haus und spritzte Weihwasser in die vier Ecken, an die Decke und auf die Türschwelle. Das tat man, um die guten oder göttlichen Geister willkommen zu heißen und um alle Geister, die einen Schabernack spielen wollten, die einen Unterschlupf suchten oder die gar boshaft waren, fernzuhalten. Ich gebe hier ihre Worte wieder:

> *Im Namen der Brigit des Herdes*
> *sende ich dich auf deinen Weg, wenn du nichts Gutes*
> *im Schild führst.*
> *In Namen Brigits mit ihrem Schwert*
> *schicke ich sie hinter dir her.*
> *Im Namen Brigits vom grünen Umhang*
> *bitte ich sie, dich zu führen, wenn du Segen bringst.*

Sie beendete ihren Singsang, indem sie sich selbst bekreuzigte und dann sagte:

Jesus und Brigit und Maria:
Erbarmt euch der armen Seelen im Fegefeuer
und gebt ihnen den ewigen Frieden. Amen.

Dann lächelte sie vor sich hin, bereitete eine Tasse starken Tee mit uisge beatha zu (der gälische Ausdruck für Whiskey oder „Wasser des Lebens"), setzte sich zum offenen Kamin und ließ einige Male tiefe kehlige Seufzer den Schornstein hinauf ertönen. Ich liebte es so sehr, wie sie da zufrieden saß und ihre „Ayes" (Ja's) in die Flammen sprach und dazu nickte. Sie hieß Annie Brigit, meine Mutter hieß Brigit Agnes und meine Tante hieß auch Brigit. Brigit war in vielen katholischen Familien in Irland ein ganz alltäglicher Name.

Nach einer Weile, wenn die Nacht hereingebrochen und es dunkel war, warf das Licht aus dem Feuer seine gespenstischen Schatten in die Küche und die Nachbarn kamen zu Besuch. Irgendwie wussten sie, dass Nanny ihr kleines Gläschen „Wasser des Lebens" oder „heiliges Wasser" hätte, und sie tranken gern ein Gläschen mit ihr in dieser besonderen heiligen Nacht. Eine Nacht ließ sie wie üblich ein Gläschen zur Freude der Seelen stehen und war am Morgen sehr erstaunt, dass es leer getrunken war. Dieses Wunder gab eine längere Zeit hindurch schönen Gesprächsstoff ab. Ich erzählte keinem die Wahrheit, erst nach vielen Jahren, als ich erwachsen war. Seither war ich kein Freund von Whiskey.

Die Nacht von Allerseelen war eine Zeit, um mit den Toten Verbindung aufzunehmen. Man dachte aus irgendeinem Grund wohl, dass die Seelen, die erst vor Kurzem den Erdenplan verlassen hatten, ganz leicht angesprochen werden konnten, als ob sie in einem Wartesaal waren und darauf warteten, irgendwohin geführt zu werden. Ich glaube, dass manche Hellseher und Medien ihre medialen Gaben aufgrund von Kindheitstraumata entwickelt haben, wobei viele sich dessen vermutlich gar nicht bewusst sind.

Nach den keltischen Lehren wirken jene Seelen, welche die Erde mit einer nur geringen Bewusstseinsentwicklung verlassen, sich jedoch darum bemüht haben, ein gutes Leben zu führen, soweit es eben ging, in der Spirit-Welt mit ihren Astralkörpern. Damit meine ich, dass sie sich nicht weit vom Erdenplan entfernen und man deshalb leicht in Kontakt mit ihnen kommen kann. Sie führen ein ähnliches Leben wie das, welches sie gerade auf der Erde geführt hatten, und mithilfe unserer Gebete und ihrer eigenen Bereitschaft, etwas dazuzulernen, können sie tiefer in das reine Bewusstsein reisen. Seelen, die ihr Bewusstsein während ihres Körperlebens erweitert haben, sind nicht für unsere Kontaktversuche erreichbar, können sich aber von sich aus materialisieren, wenn das notwendig ist. Beispiele dafür sind Jesus auf dem Weg nach Emmaus oder die Jungfrau Maria bei ihren Erscheinungen in Fatima und Lourdes. Meine Großmutter pflegte zu sagen, dass ihr Bruder ihr im ersten Jahr nach seinem Abschied sehr nahe war, aber nicht mehr später danach. Es gibt viele Wohnungen im Hause Gottes und wir alle gehen in jene, die unserem Bewusstsein entspricht.

In der katholischen Kirche war (und ist) es eine Sitte, am 2. November zu den verstorbenen Heiligen zu beten. Deshalb „Allerheiligen". Ich erinnere mich, um die Hilfe der hl. Brigid in Zeiten von Krankheit und Verzweiflung gebetet zu haben. Viele Leute trugen ein Leintuch um ihren Rumpf, nachdem es von einer heiligen Frau im Namen Brigids gesegnet worden war. Uns wurde nichts von Brigit erzählt. Das wäre eine Häresie und unter Umständen sogar eine „Todsünde" gewesen, da diese Brigit ja als eine „falsche Gottheit" klassifiziert worden wäre und noch dazu eine weibliche!

Ein Ritual, um loszulassen

Das Ritual, um loszulassen, kann man alleine ausführen. Setz dich in die freie Natur oder zu Hause auf einen bequemen Stuhl; schließe die

Augen und spüre deinen Atem. Ohne etwas am Rhythmus der Atmung zu verändern, achte darauf, wie du einatmest und wie du ausatmest. Dann dehne den Rhythmus aus und bemerke, wie die Einatmung und die Ausatmung länger werden. Zähle beim Einatmen und beim Ausatmen jeweils bis fünf. Mache das fünf ganze Atemzüge hindurch und beobachte, wie sich der Körper dabei immer mehr entspannt.

Werde dir nun bewusst, dass es nach jeder Einatmung und nach jeder Ausatmung eine Atempause gibt, eine ganz natürliche Zeit der Untätigkeit im Raum, einer „Leere" oder totalen Passivität. Dehne die Pausen dann aus, vielleicht während du bis drei zählst. Beachte, ob das in deiner Psyche irgendwelche Veränderungen hervorruft. Führe das fünf Atemzüge lang durch. Noch einmal kurz: Atme ein, während du bis fünf zählst; atme nicht, während du bis drei zählst; atme aus, während du bis fünf zählst; atme nicht wieder ein, während du bis drei zählst. Entspanne dich immer mehr, während du das fünf Atemzüge lang durchführst.

Dann lass wieder den natürlichen Atemfluss laufen, ohne zu zählen. Lass den Körper selbst atmen und sich entspannen.

Nun stelle dir vor, dass das vergangene Lebensjahr vor dir liegt, mit all deinen Erfahrungen, Entscheidungen, Ergebnissen, mit all den Verantwortlichkeiten – ein Potpourri deines Lebens der vergangenen zwölf Monate, eine Zeit, die du nie mehr haben wirst, eine Zeit, die tot ist und begraben werden muss. Dieses vergangene Jahr braucht viel von dir in diesem Augenblick, damit es einen glücklichen Tod sterben und eine fröhliche Wiederauferstehung in ein neues Leben erfahren kann.

Das vergangene Jahr begraben

Wenn du nicht ohnehin schon draußen in der Natur bist, dann gehe hinaus und finde etwas, was die ganzen letzten zwölf Monate symbolisiert. Nimm es mit und lege es auf deinen Altar. Entzünde eine Kerze und etwas Räucherwerk. Stell ein Bild von dir vor die Kerze. Knie dich davor nieder. Sprich die folgenden Worte:

„Ich danke dir, Leben, dass du mir so viele Gelegenheiten gegeben hast, bei denen ich mich entscheiden konnte, nur zu reagieren oder darauf bewusst einzugehen. Ich bitte um Verzeihung für die Male, in denen ich mich entschieden habe, nur zu reagieren. Ich bitte meine eigene Seele um Verzeihung für die Fehler, die ich gemacht habe, die mir selbst und anderen in meiner Umwelt Schmerz und Trauer gebracht haben. Ich lasse jetzt alle Schuldgefühle und Schamgefühle los, welche mit diesen Entscheidungen zusammenhängen. Ich bitte das Universum um Vergebung."

Nimm dann den Gegenstand aus der Natur, den du als Symbol für die vergangenen zwölf Monate ausgesucht hast, halte ihn in deinen Händen, hauche deinen Atem darauf und sprich diese Worte:

„Da diese Monate nun von mir durchlebt worden sind, lasse ich sie los und bitte das Leben selbst, sich nicht meiner Undankbarkeit zu erinnern und meines Mangels an Integrität. Mögen die vergangenen zwölf Monate gesegnet und transformiert werden, wenn ich sie nun ablege. Wie sich der Winter in den Frühling verwandelt, erlaube ich diesem Gegenstand, tief in die Erde zu sinken, zu sterben und so weiterzuleben, dass auch ich sterben kann, um im Frühling ein neues Leben aufzunehmen."

Nimm diesen Gegenstand nun und gehe hinaus in die Natur. Halte ihn in der linken Hand und grabe mit deiner rechten die Erde auf. Lass ihn mit diesen Worten in die Erde fallen:

„Ich danke für die vergangenen zwölf Monate. Alle Fehler sind mir verziehen worden. Möge das Leben in mir sein und verwandeln, was verwandelt werden muss. Seá."

Nun gib Erde über den Gegenstand, verneige dich und gehe fort. Komm in dein Haus bzw. deine Wohnung zurück, wieder zu deinem Altar, nimm das Bild von dir, atme dreimal darauf und sprich die folgenden Worte:

„Während ich fortfahre, Leben zu atmen, treffe ich auch weiterhin Entscheidungen. Möge ich mich an den Folgen der Entscheidungen erfreuen, die ich in den nächsten zwölf Monaten treffe, damit Gnade, Freude und Liebe bei mir sind. Möge die ganze Schöpfung aufgrund dieses Rituals dreifach gesegnet sein. Seá.“

Imbolg

Imbolg, das keltische Fest des Lichtes und des neuen Lebens, wurde am 2. Februar gefeiert. Es wurde als erster Tag der Frühlingstagundnachtgleiche begangen. Es scheint, als ob die Natur aus ihrem Schlummer erwacht wäre und sich nun erst einmal umschauen würde! Die Göttin Brigit soll zu den Bäumen gesprochen haben und mit ihrem warmen Atem die Knospen gelockt haben, wach zu werden und ins Leben zu schießen. Es war eine Zeit des Frohsinns, weil die langen, langen Tage des dunklen Winters bald enden würden. Brigit würde, wie Persephone, über die Felder wandern und durch die Wiesen tanzen, während sie die ganze Natur mit ihrem Gesang zu neuem Leben erweckte. Die folgenden Worte schreibe ich Brigit zu:

> *Sie erweckt die Knospen der Bäume aus ihrem Schlummer,*
> *sie wirft den im Himmel fliegenden Vögeln neue Lieder zu,*
> *sie streckt und dehnt die dumpfen und kalten Tage*
> *und haucht uns einen weichen, milden Südwind zu.*
> Phyllida Anam-Áire

Ein Ritual der Vorbereitung für das Licht war etwas sehr Fröhliches, von viel Gesang begleitet. Am 1. Februar versammelte sich die Gemeinschaft um ein Feuer und fragte, ob eine Geschichte darauf wartete, erzählt zu werden. Die Menschen übten nichts ein und lernten auch keine Lieder oder Geschichten auswendig. Die Erzählerin oder

der Erzähler wusste selbst nicht, wie eine Geschichte enden, und sogar noch nicht einmal, wie sie beginnen würde. Barden, die in der Gemeinschaft hoch geachtet wurden, wurden gerade für die Gabe respektiert, dass sie die Magie der Worte besaßen.

Die katholische Kirche feiert den Todestag der hl. Brigid am 2. Februar. Man nennt es la fheile Brigid. In der Nacht vor Imbolg machten wir als Kinder „Brigitten-Kreuze", die das Kreuz Jesu symbolisierten. (Ursprünglich handelte es sich dabei um das Rad des Lebens mit den vier Himmelsrichtungen und nicht um ein Kreuz.) Das waren handgemachte Kreuze, die aus Binsen geflochten wurden, die wir in der Nähe des Herdfeuers getrocknet hatten. Es hieß, dass ein Haus, in dem sich ein solches Brigitten-Kreuz befand, ebenso wie seine Bewohner vor Schaden bewahrt werden würde und die Familie auch keine Not würde leiden müssen. Der Brauch des Brigitten-Kreuz-Machens wird heute noch in vielen Schulen Irlands gelehrt.

In der vorchristlichen Zeit wurden solche Kreuze auch aus Binsen geflochten; sie symbolisierten die vier Elemente Feuer, Wasser, Luft und Erde. Die Mitte des Kreuzes, ein komplexes Quadrat, war als ein Mandala der Schönheit und Vielschichtigkeit gewebt. Es repräsentierte das Zentrum oder neart – die „Quelle allen Lebens", welche „den Atem schenkte". Das Leben zu feiern, wohnte dem Herzen der Kelten inne und auch vielen Iren.

Das Kreuz wurde auch als der Kreuzweg angesehen oder trasna, als der Ort, an dem Entscheidungen getroffen oder Wege eingeschlagen werden mussten. Jesus war an einem solchen Kreuzweg (trasna) auf dem Kalvarienberg; er war an dem Ort der Transformation, dem Platz der „Schädel" oder golgotha. Der Totenschädel symbolisierte den Tod des Fleisches, aber man glaubte, dass die Lebenskraft bzw. Seele weiterwanderte, transmigrierte, um ein anderes Mal zurückzukommen, um mo scéal, meine Geschichte, fortzusetzen.

Wie feierst du dein Leben in dieser Jahreszeit? Dankst du für das Licht, das niemals ausgeht in dir? Es mag nützlich sein, in dieser Zeit, am Anfang des Frühlings, zusammen mit Freunden ein Ritual durchzuführen.

Ein Ritual für Imbolg

Jede Person, die am Ritual teilnimmt, sucht etwas aus der Natur, das eine Gewohnheit symbolisiert, eine Eigenschaft oder eine dysfunktionale Verhaltensweise, die sie loslassen möchte. Eine typische Gabe aus der Natur für das rituelle Feuer könnte ein Tannenzapfen sein, ein totes Blatt oder ein trockenes Stück Rinde. Die Teilnehmer überlegen auch, welche Tugend sie brauchen, um ihre Bereitschaft zur Wandlung dieses Mal zu unterstützen. Die Frauen sammeln dann Gräser und Zweige, während die Männer größere Äste und Stöcke holen. Dann stellen sich alle in einem Kreis auf und legen das Feuerholz vor sich in den Kreis. Die Person, die ausgewählt worden ist, um das Ritual zu leiten, segnet den Kreis – das nennt man den Kreis formen – und geht außerhalb des Kreises herum und singt oder betet um Segen und Schutz. Diese Person lädt dann vielleicht alle Ahnen ein, der Zeremonie beizuwohnen. Dann geht sie selbst wieder in den Kreis und heißt jeden willkommen, betet, singt oder trommelt. Und dann wird das Feuer auf folgende Weise gebaut.

Die Frauen haben sich bewusst entschieden, was sie in ihrem Leben ändern wollen und welche Gaben sie von den Flammen, die auflodern werden, empfangen möchten. Sie legen ihre Zweige und Gräser in die Mitte, in der Form eines Kreises. Wenn die letzte Frau ihre Zweige niedergelegt hat, kommen die Männer in die Mitte und stellen ihre Äste in den Kreis der Zweige, sodass sie aufrecht gegeneinander stehen. Die Leiterin des Rituals entzündet die Zweige und wenn das Feuer brennt, kommt jede Person einzeln nach vorn mit dem Gegenstand, der das symbolisiert, was sie loslassen möchte, und sie bringt das zum Ausdruck, was sie empfangen möchte. Sie gibt ihren Gegenstand ins Feuer und sagt zum Beispiel: „Ich übergebe dem Feuer meine Neigung, immer Recht haben zu wollen, und ich empfange aus dem Feuer in meinem Herzen die Gabe der Demut." Wenn die großen Äste vom Feuer verzehrt worden sind, fordert die Leiterin die Gruppe auf, sich an den Händen zu halten und die folgenden

Worte gemeinsam zu singen, während sie sich im Uhrzeigersinn rund um das Feuer bewegen: „Wir danken dem Feuer für die Leidenschaft seines Brennens. Wir danken dem Feuer, Dank und Preis." Dieses kleine Lied wird neunmal wiederholt und dann stellt sich die Leiterin wieder hin, lässt die Hände beiderseits los und bringt die Bewegung zu einem Ende. Dann leitet sie zu einem gemeinsamen Seá an. Dann wendet jeder Teilnehmer den verglimmenden Ästen seinen Rücken zu und nach der Aufforderung durch die Leiterin macht jede Person drei Schritte vorwärts und dann löst sich der Kreis auf. Das Ritual ist damit beendet und nun kann der festliche Teil des Abends beginnen.

Bealtaine

Dieses Fest wird am 1. Mai gefeiert. Bealtaine entstammt dem gälischen Begriff, welcher „der Mund des Feuers" bezeichnet wird. Feuer war im Leben der Kelten ein sehr bedeutsames Element, da es die Macht besaß, sowohl destruktiv zu sein als auch Wärme zu spenden und Metalle schmieden zu können. Feuer wurde als machtvolle Reinigung angebetet. In ihm schienen sowohl Dunkelheit als auch Licht enthalten zu sein. Die helle Flamme der Brigit schien aus der dunklen und tiefen Erde zu glühen. Der Mai war eine besondere Zeit, in der man Brigit für die Zuwendung und Fürsorge für die Natur ehrte, die sie mit bunten Farben und reichen Früchten segnete. Am 1. Mai wurde die nahe Ankunft des Sommers gefeiert, wenn die Feen oder sidhe (auch „Devas" oder „Engel") kamen, um Lebens- und Sangesfreude in die Erde zu tanzen, um auf diese Weise die Natur mit ihrem Lächeln zu segnen, das aus der Sonne kam. Bealtaine war auch der Name eines der bedeutenden Götter des Lebens und des Todes, da er die Macht besaß, Leben zu erzeugen, es aber auch fortzunehmen.

Während der Zeit der Kelten gab es die Sitte, am 1. Mai zwei Feuer anzuzünden. Man trieb Vieh zwischen den Feuern hindurch, um sie so zu reinigen und in ihnen die Kraft zu stärken, viel Milch zu geben und gute, gesunde Kälber im folgenden Jahr zur Welt zu bringen. Die jungen Männer tanzten durch die Feuer, um ihren Mut unter Beweis zu stellen und Virilität und Stärke zu demonstrieren. Die jungen Mädchen sahen dem Treiben voller Ausgelassenheit zu. Ein Brauch war, dass die jungen Männer einen Weißdornzweig abschnitten und die Blüten in das Haar jenes Mädchen steckten, von dem sie sich angezogen fühlten, was natürlich dazu führte, dass um diese Zeit den jungen Frauen oft der Hof gemacht wurde. Die Leidenschaften sowohl der Tiere als auch der Menschen wurden also aufgerührt und die Erde feierte ihre Kinder aus ganzem Herzen; Brigit und ihr Geliebter Bealtaine lächelten hernieder und freuten sich ebenfalls.

Es war auch der 1. Mai, als die Männer von Parthalon, die versucht hatten, Irland zu erobern (Eire; ein Name, der von der keltischen Göttin Eriu abstammt), von einer großen und tödlichen Pestilenz heimgesucht wurden und fast seine ganze Rasse innerhalb von kurzer Zeit ausgelöscht wurde. Der Maibaumtanz, der noch heute in vielen Teilen der britischen Inseln Teil der Feiern am 1. Mai ist, entstand zu jener Zeit. Der Baum symbolisierte die Pestilenz, während die langen, farbigen Bänder, die von oben herabhingen, zeigten, wie sich die Krankheit von einem zum anderen verbreitete. Der Tanz stellt das Krümmen der Körper dar, die von der Pest angesteckt worden waren. Der Ursprung war also weit von dem fröhlichen Kreistanz entfernt, den wir heute sehen.

Wir Kinder liebten den Monat Mai mit der Maiprozession, als eine Statue der heiligen Jungfrau Maria, die mit Blüten und einem langen Schleier geschmückt war, durch das Dorf getragen wurde. Vor der Statue gingen kleine Mädchen und warfen Rosenblütenblätter und sangen „Heil, Königin des Himmels, Ave Maria und Heil der Königin des Mai". Wenn wir von der Prozession nach Hause kamen und unser Erstkommunionskleid auszogen – weißer Schleier, feste Lederschuhe und weiße Socken – hatten wir große Freude daran, einen Maialtar zu Ehren der seligen Mutter Maria zu errichten. Ich erinnere mich, dass ich Blumen vom Felde gepflückt habe, die in Marmeladengläsern auf den Altar gestellt wurden. Eine Statue der jungfräulichen Mutter wurde mit Schlüsselblumen und Gänseblümchen verziert und auf einem weißen Spitzentuch in unser Schlafzimmer gestellt. Jeden Abend im Monat Mai knieten wir vor dem Altar nieder und beteten den Rosenkranz, um „Reinheit an Seele und Körper" zu erlangen. Wir beteten auch um gute Gesundheit an Geist und Körper für die ganze Familie und besonders für jemanden in der Gemeinde, dem es gerade nicht gut ging. Diese Sitte hatte ihre Wurzeln aus keltischen Zeiten, als ein kleines Kind von den älteren Maiden geehrt wurde, indem es in einer Prozession durch die Gemeinschaft getragen wurde, nachdem es wunderschön gekleidet und mit Blumengirlanden geschmückt worden war. Das kleine Mädchen hieß cailín na mbláth oder „Blumenmädchen".

Ein Ritual für Bealtaine

Hier ein Ritual für Bealtaine: Errichte deinen eigenen Altar und setze alle Dinge darauf, die dir wichtig sind. Das könnte auch ein Foto von deiner Familie oder von Freunden sein oder von jemandem, den du nicht oft siehst. Stelle eine Vase (oder ein Marmeladenglas) mit Blumen aus dem eigenen Garten oder selbst ausgesuchten aus der Gärtnerei oder der freien Natur darauf. Platziere zwei Kerzen, jeweils eine auf jeder Seite; lege Dinge aus der Natur dazu, wie Muscheln, Blätter, einen Stein und so fort. Wenn du einen besonderen Wunsch oder ein Gebet in deinem Herzen trägst, dann schreibe das nieder und lege das Papier unter den Stein. Jeden Morgen und jeden Abend lies deinen Wunsch dreimal laut vor und sage „Seá" am Ende. Führe das alle 31 Tage im Mai aus und du wirst von den Ergebnissen begeistert sein! Ein Freund von mir hat das im letzten Jahr gemacht und am Ende des Monats traf er die Frau, die jetzt seine Verlobte ist. Sei dir sehr sicher, worum du bittest! Hier ein anderer Vorschlag: Da Mai den Beginn der Sommersonnenwende markiert, ist es gut, die Sonne in dein Leben einzuladen und dort willkommen zu heißen und dich bei ihr für ihre Wärme und Lebenskraft zu bedanken. Gehe um die Mittagszeit am 1. Mai in deinen Garten oder in die Natur und wenn die Sonne sichtbar ist, blicke in ihre Richtung. Strecke ihr deine Arme entgegen, singe die unten stehenden Worte und wende dich nacheinander in alle vier Himmelsrichtungen, nach Norden, Osten, Süden und Westen, und wiederhole dies dreimal.

Ich danke der Sonne für das Leben meines Seins,
ich danke der Sonne, Dank und Preis.
Ich danke der Sonne für die Wunder der Schöpfung,
ich danke der Sonne, Dank und Preis.

Vielleicht wollen Freundinnen und Freunde gemeinsam mit dir feiern, also lade sie ein. Bei keltischen Ritualen ist es üblich, mit etwas zu essen und einem Glas Wein oder Saft in der Hand nach dem Ritual zu feiern. Eine andere Art, die Ankunft des Sommers festlich zu begehen, besteht darin, an „Steingebeten" teilzunehmen bzw. das Ritual der „Weisheit der Steine" durchzuführen. Hier Anhaltspunkte dazu: Sammle neun kleine weiße Steine. Schreib auf jeden Stein eine Zahl, von eins bis neun. Gib die Steine in einen Beutel. Schreib auf weiße Karten die Zahlen eins bis neun und unter jede Karte schreibst du die Kurzbedeutung, zum Beispiel:

1. Einheit mit der ganzen Schöpfung
2. Vereinigung von Seele und Geist
3. Die dreifache Göttin / Der dreifache Gott
4. Kreuzweg
5. Magierin / Magier
6. Mut
7. Die Welten der Psyche
8. Heilerin / Heiler
9. Der Atem des Heiligen Einen / der heiligen Einen

Gebete zu den Zahlen

1. Möge ich lernen, o großer Atem, wie ich mit allen in Frieden bin, die wie ich gelernt haben, auf der Erde ein Heim zu bauen. Möge ich lernen, was All-Eins-Sein heißt.

2. Schenke mir mehr Gnade, damit ich fähig werde, meinen Willen deinem zu ergeben und mein kleines Erdengemüt loszulassen.

3. Mögen Jungfrau, Mutter und Weise Frau, mögen junger Mann, Vater und Weiser Mann in meinen Knochen tanzen und mein Verlangen erfüllen, ein Teil von ihnen zu sein.

4. Wenn ich in der Mitte des Kreuzweges stehe, möge ich die Klarheit deines Lichtes atmen und auf deine Stimme in mir hören.

5. Möge der Zauber deiner Schöpfung meine müden Knochen beleben und mögen alle Welten der Schönheit mich bewusster machen.

6. Verleihe mir den Mut, dem Lied meiner Seele zu folgen, und wenn ich unterwegs stolpere, bringe mich zu mir selbst zurück.

7. Lass mich nicht im Haus des Unwissens wohnen, sondern führe mich zum Licht, damit ich mit den Augen des Mondes sehe und mit Geduld höre.

8. Nimm meine Sinne und reinige sie, damit ich zum Segen für mich selbst und andere werde und für alles, dem ich heute begegne, und möge Heilung in mir fließen.

9. Atme in mir, damit mein Atem ein Lied für die Erde werde;
   möge ich nicht an dem festhalten, was ich für meines halte,
   sondern in Liebe loslassen.

Bei einem Treffen unter Freunden lade jeden ein, den Beutel mit den
Steinen dreimal in einer kreisförmigen Bewegung durchzuschütteln,
während sie den Beutel oben in ihrer Hand halten. Danach lass sie mit
einer Hand in den Beutel greifen und einen Stein herausnehmen. Sie
lesen dann von der entsprechenden Karte laut vor, was zur Zahl ihres
Steins geschrieben steht. Den Stein und die Karte dürfen sie behalten.
   Warum sollte man nicht die eigenen Gebetssteine machen und
Freunde dazu einladen? Das ist ein sehr heilsames Ritual, um es bei
Festen wie Weihnachten oder Ostern zu begehen, wenn sich Freunde
treffen. Ich mache manchmal kleine Steinbeutel und die entsprechenden Karten, um sie als Geburtstagsgeschenke zu vergeben.

Lughnasa

Lughnasa wird Ende Juli, Anfang August gefeiert. Das Wort Lughnasa kommt vom Namen des Gottes Lugh, welcher der Sohn des
großen Sonnengottes Kian war. Lugh war als der Herr des Lichtes
bekannt, obwohl er die meiste Zeit seiner Kindheit im Dunkel der
Unterwelt verbrachte. Er kannte offenbar die Bedeutung von Tod
und Leben, denn er hatte das Land der Lebenden erfahren, das man
auch das Land der Feen oder das Land der Toten nannte, und war
in das Land der Menschen zurückgekehrt, um ihnen das Licht zu
überbringen. Im keltischen Bewusstsein war die Unterwelt nicht
ohne Licht, sondern die mächtige Sonne schien in beiden Welten,
da sie zwischen den Dimensionen bzw. Ebenen keine Unterschiede
machte. Das ist ein Vorbild für uns, dass wir unser Licht überall
leuchten lassen, ohne Unterschiede zu machen, und keine Bewer-

tungen darüber vornehmen, wen wir lieben sollten und wen nicht. Lugh war der Vater des großen irischen mythischen Kriegers Cú Cuchulain. Es hieß, dass er das Fort schützte, solange sein Sohn schlief. Für die Ordnung und die Ideologie der Kelten war es ganz natürlich, dass der Vater die Aufgabe hatte, den Sohn zu beschützen, während er schlief oder unbewusst war, während der Vater seine Seele behütete. In der zeitgenössischen Sprache könnte man das so ausdrücken, dass der Vater seine dysfunktionalen psychischen Züge geheilt hatte, um ganz für seinen Sohn da zu sein – nicht um in dessen Leben einzugreifen, sondern um ihm ein funktionierendes Rollenbild zu geben. Die Vorstellung, eine bestimmte Zeit lang einzuschlafen – drei Nächte und drei Tage oder dreihundert Jahre – kennen wir aus manchen Mythen und Erzählungen der Kelten. Die Zeit des sogenannten Schlafes stand selbstverständlich symbolisch auch für die Reise in die Unterwelt der Dunkelheit und die Rückkehr in diese Welt mit mehr Weisheit und einer stärkeren persönlichen Integration psychischer Aspekte.

An Lughnasa feiern wir die Ernte unserer Früchte und erfreuen uns damit an den Ergebnissen unserer Arbeit. In dieser Jahreszeit treffen sich die Männer der Bauerngemeinden und helfen einem Bauern, Heu zu machen und einzubringen. Das nennt man meithéal. Es war und ist immer noch die Aufgabe der Frauen, Tee zu brühen und warmes Brot zu backen und auf die Felder zu bringen. Kinder beteiligten sich gerne an der Tagesarbeit und am Abend kamen alle wieder zusammen, nachdem sie sich gewaschen und ihre Kleider gewechselt hatten. Die Abendtreffen oder ceilidh brachten immer gute Geschichten hervor und viel Spaß. Man aß Äpfel von den Bäumen, auf die großen, dicken „Scones", eine Art von Haferbroten, wurde reichlich Marmelade und Gelee gegeben.

Die Fidel wurde vom Speicher geholt und ein paar lebendige Melodien brachten Jung und Alt auf den Steinfußboden, um die ganze Nacht hindurch zu tanzen oder bis der Fiedler durstig wurde. Eine Tasse guten, starken Tees und uisge beatha waren seine Belohnung dafür, dass er Musik für die Dreher und Hopser geliefert hatte. Später wurden Tanzen und Fröhlichsein von den meisten Gemeindepfarren argwöhnisch angeschaut und ein ceili-Haus hieß „das Haus des Teufels". Ich erinnere mich, von den Alten gehört zu haben, dass ein gewisser Priester nicht nur das Tanzen ablehnte, sondern jeden verfluchte, der daran teilnahm! Der Fluch konnte den Schuldigen auf folgende Weise treffen:

Möge die Sonne dein Gewicht verbrennen,
möge der Wind deine Füße zum Himmel nehmen,
möge der Regen in Strömen über dich fließen
und mögest du ein Jahr und einen Tag lang kein frisches Brot essen.

Es hieß, dass, wenn ein Priester jemanden verfluchte, dessen Ernte verderben und dessen Vieh sterben würde. So groß war die Macht, die Priester besaßen, und manche Menschen waren voller Angst, dem „guten Priester Gottes" nicht zu gehorchen.

Als Kind liebte ich es, wenn die Alten Geschichten erzählten und Briefe von ihren Söhnen und Töchtern vorlasen, die zur Arbeit nach Schottland und England gegangen waren. Ein oder zwei Leute in der Gemeinde konnten lesen und hatten die sehr angesehene Aufgabe, die Briefe allen laut vorzulesen. Der Humor und die gemeinschaftliche Freude waren Seelennahrung.

Ein Ritual für Lughnasa

Bereite am Vorabend des 1. August einen Korb mit Obst, süßem Brot und Gemüse vor und setze ihn auf die Erde neben einem Platz, an dem man ein Feuer machen kann. Lade ein paar gute Freunde ein und entzünde ein Feuer, wie es im Ritual für Samhain und Imbolg beschrieben wird. Wenn das Feuer hell aufleuchtet, bittet die Person, die zum Ritual anleitet, alle, sich in einem Kreis um das Feuer zu stellen. Jeder streckt die Arme und Hände in die Luft, während man zunächst drei Schritte nach rechts geht und dann drei Schritte nach links. Nun setzt man den linken Fuß über den rechten, dann den rechten über den linken und bringt die Füße mit einem lauten Klatschen der Hände zusammen. Man kann Musik dazu machen, um die Schritte zu synchronisieren. Diese Bewegungen werden neunmal wiederholt. Wenn das vorbei ist, singt jeder das folgende Liedchen, während man dazu um das Feuer tanzt (du kannst dir deine eigene musikalische Begleitung ausdenken):

Wir danken der Erde, dass sie unser Leben nährt.
Wir danken, dass die Ernte sicher eingebracht ist.
Wir danken unserer Freunden und unserer Familie.
Wir geben den Menschen Nahrung, die keine haben.

Die Leiterin nimmt den Korb mit Obst und anderen guten Dingen und verteilt, während sie im Kreis steht, den Inhalt an alle, die anwesend sind; sie achtet dabei darauf, dass noch etwas im Korb zurückbleibt. (Das bringt man dann später Menschen, die wenig Lebensmittel haben oder zu Patienten im Krankenhaus, die sonst von niemandem besucht werden.) Bevor das Feuer ausgeht, setzt man sich nieder und jeder ist eingeladen, Geschichten zu erzählen. Wenn jemand keine Geschichte hat, kann er bzw. sie tanzen oder singen oder ein Gedicht rezitieren. Der Gedanke dahinter ist, dass jeder etwas aus der Ernte seiner schöpferischen Seele mit den anderen teilt. Bevor sich das Zusammensein auflöst, lädt die Leiterin jeden ein, einen verstorbenen Verwandten zu nennen, und dann spricht man gemeinsam oder die Leiterin alleine ein Gebet wie das Folgende:

Mit vollem Bauch und Feuer im Herzen
senden wir euch Grüße von unserem Treffen heute;
möge das Dunkel der Erde euch voller Leichtigkeit erhalten,
möge die Freude der Sonne ihr Licht auf euch strahlen.

211

Meditative keltische Segnungen – Segenszweige

Um selbst einen Segnungszweig zu machen, musst du zuerst folgende Materialien zusammensammeln: einige Stoffbänder, farbiges Garn oder farbige, dünne Kordeln, Wolle, Federn, Glasperlen, alte Ohrringe, Halsbänder, etwas Stroh, chamoisfarbenes Tuch, Pailletten und so fort (auf jeden Fall auch farbige Stoffreste, unter denen auch etwas Schwarzes sein sollte). Leg das alles auf einen Tisch vor dich hin. Du brauchst auch eine Schere, Nadel und Faden und einen starken Kleber. Da die Natur selbst eine reiche Quelle von Segnungen darstellt, verstärken wir sie, indem wir ihre Schöpfungen in unseren Gebeten und Segnungen für uns selbst und andere miteinschließen. Zweige und Äste, Steine und Federn, Tierfell und Haare, Kiesel, Samen, Muscheln und so fort sind unschätzbare Materialien, die ich verwende, um Segenszweige zu gestalten. Hier ein Beispiel, wie man vorgehen kann.

Gehe bewusst hinaus in die Natur und suche dir einen kahlen Zweig, der etwas 45 Zentimeter lang und etwa 2,5 Zentimeter im Durchmesser ist und bereits am Boden liegt. Danke dem Zweig und denke über die Reise nach, die dieser kleine Zweig machen musste, bis er nun zu dir gelangte, vom Samen zum Baum, vom Baum zum Zweig, und von der Verbindung mit dem Baum hier auf die Erde. Überlege, was vielleicht der Rest seiner Reise gewesen sein könnte, wenn du ihn nicht bemerkt und aufgehoben hättest. Bringe den Zweig zu deinem Tisch.

Jetzt zündest du eine Kerze an und führst die folgende Meditation bzw. Visualisierungsübung durch. Was ist das tiefste und größte Geschenk, welches du dir selbst in diesem Augenblick machen könntest? Während du den kahlen Zweig in deinen Händen hältst, stelle dir vor, du könntest fühlen und sehen, wie diese Gabe auf dich zukommt. Achte darauf, wie du dich dabei fühlst, und in diesem Gefühl fange an, den Zweig mit einem farbigen Stück Stoff zu umwickeln.

Halte deine Visualisierung aufrecht und stimme dich weiter auf die Gefühle ein, die du mit diesem wundervollen Geschenk verbindest, das du erhalten möchtest, und fahre fort, den Zweig zu schmücken. Das kannst du mit Glasperlen oder Federn oder anderen Dingen tun, die du auf dem Tisch liegen hast; die Farben, die du aussuchst, symbolisieren deine Gabe. Wenn du an die Spitze des Zweiges gelangst, schneide ein kleines Stück Stoff rechteckig zu, gib eine besondere Perle oder einen kleinen Kristall hinein, die ebenfalls deine Gabe bzw. deinen Segen symbolisieren, wickle den Stoff herum wie einen kleinen Beutel und dann nähe es mit einem Goldfaden oder einem anderen Faden zusammen. Befestige den kleinen Beutel am Zweig. Wenn die Gabe, um die du gebeten hast, deiner Seele nutzt, wirst du sie mit Sicherheit erhalten und erfahren. Falls nicht, dann empfängst du ein anderes Geschenk, das genauso wundervoll ist (manchmal wissen wir nicht, worum wir bitten sollen).

Ganz oben am Zweig könnte man eine Feder anbringen, die Freiheit und Leichtigkeit symbolisiert. Mögest du immer frei sein, bewusst zu wählen, damit die Folgen deiner Entscheidungen dir Freude bringen. Wenn du mit dem Segenszweig fertig bist, verweile eine Weile schweigend und halte den geschmückten Zweig an dein Herz. Atme die Liebe und gute Energie ein und aus, die du beim Gestalten des Zweiges hineingegeben hast, und danke für diese Übung.

Ich mache Segenszweige gerne zusammen mit Freunden. Das ist eine solch schöne Möglichkeit, gemeinsam kreativ zu sein. Segenszweige kann man für die Geburtstage von Freunden machen, für Hochzeiten oder Jahrestage oder als Geschenk für irgendeine Gelegenheit. Man kann sie als Geschenke für Kinder machen oder für junge Leute, die auf Reisen gehen. Sie tragen gute Schwingungen in sich und sind eine Quelle des Trostes für Menschen, die von ihrer Familie getrennt sind. Das ist auch eine kleine Fertigkeit, die man gut Kindern beibringen kann. An einem Regentag gibt es nichts Schöneres, als mit Mama oder Papa zusammenzusitzen, oder mit ihren kleinen Freunden, und solche hübschen Segenszweige zu machen.

Kinder begreifen die tiefere Bedeutung, um die es dabei geht. Ein fünfjähriges Mädchen hatte einen solchen Segenszweig für seine Mutter gemacht, die im Krankenhaus lag und operiert werden sollte. Es und sein Vater kamen zur Mutter ins Krankenhaus und überbrachten ihr den wunderschön farbig gestalteten Zweig, der die Mutter sehr entzückte. Auch Kinder in Krankenhäusern machen gerne Segenszweige und geben sie den Schwestern und Ärzten als Geschenk. Ein Kind, das im Sterben lag, machte einen Segenszweig für seine Tante, die es lange Zeit nicht gesehen hatte und hinterließ diese Botschaft: „Das ist für meine Tante, weil ich sie nicht mehr sehen werde, aber er ist voller Musik und Tanz und Lieder und Liebe und Umarmungen." Als die Tante diesen Segenszweig mit der Botschaft erhielt, war sie tief berührt und entzückt. In den Schulen sollte diese Übung, Segenszweige zu machen, Teil des Lehrplans werden. Es hilft den kreativen Kräften der Kinder, sich zu entwickeln. Es hilft ihnen auch bei der manuellen Geschicklichkeit und Fingerfertigkeit und außerdem wäre es eine schöne Möglichkeit, die alten Rituale am Leben zu erhalten.

Es gibt viele andere Arten von Segenszweigen, die man machen könnte, zum Beispiel einen Lebenszweig, der eine Segnung enthält, die man empfangen hat, wenn man sich an ein ganzes Leben erinnert.

Das geht so: Bereite einen Tisch vor, wie oben beschrieben. Lege dir dieses Mal auch einen Stift und Papier dazu und einen Goldfaden. Finde mit der gleichen Achtsamkeit wie oben erklärt zwei Zweige von derselben Länge, lege sie auf deinen Tisch, kreuzweise übereinander. Entzünde deine Kerze. Wie alt du jetzt auch sein magst: Teile dieses Alter durch 4. Wenn du zum Beispiel 55 Jahre alt bist, dann hat jedes Viertel 13¾ Jahre. Jedes Viertel symbolisiert verschiedene Lebensstadien, im Uhrzeigersinn von der Geburt bis 13 Jahre, dann von 14 bis 27 Jahre, von 28 bis 41 Jahre und von 42 bis 55 Jahre. Wenn du 43 Jahre alt bist, dann gibt es 10¾ Jahre pro Viertel und die Jahre sind dann so angeordnet: von der Geburt bis 10 Jahre, von 11 bis 21 Jahre, von 22 bis 32 Jahre, von 33 bis 43 Jahre. Nachdem du dein bisheriges Lebens also in diese Viertel eingeteilt hast, schließe die Augen und visualisiere dein Leben.

Geh zurück zu dem Tag, an dem du gezeugt worden bist. Wie hast du dich dabei gefühlt, auf die Erde zu kommen? Geh zu dem Tag, an dem du geboren wurdest. Kannst du dir vorstellen, was das für eine Erfahrung für dich war? Nun gehe weiter durch dein Leben, wie es den Vierteln deiner „Alterskarte" entspricht. Denke liebevoll an jedes einzelne Jahr im Verlauf des Lebens und spüre hinein und bringe dabei zum Ausdruck, was immer auch auftauchen mag. (Oft fühlt es sich gut an, wenn jemand anderer dabeisitzt, wenn du deinen Lebenszweig machst. Das schenkt ein Gefühl des Trostes und der Gemeinschaft.) Wenn du das beendet hast, bleibe eine Zeit lang in Stille sitzen. Wenn du dann dafür dankst, auf die Erde gekommen zu sein und so bewusst zu leben, wie es dir möglich ist, fängst du an, den Lebenszweig auf folgende Weise zu gestalten:

Binde die beiden Zweige mit einem goldfarbenen Band zusammen, sodass sie ein X bilden. Das Gold symbolisiert die Mitte deines eigenes Seins, deine göttliche Natur. Fange im Zentrum an und schmücke achtsam den Teil des Zweiges, der für dein erstes Viertel im Leben steht, mit farbigem Material bis zum Ende dieser Zweigspitze. Was immer du innerlich auch spürst, lass es geschehen. Wenn du mit einem Viertel fertig bist, befestige eine Feder am Ende dieses Zweigstückes.

Nimm dir Zeit dabei. Du hast reichlich Zeit. Nun gehst du weiter zum nächsten Viertel und fängst wieder an, von der Mitte nach außen den Zweig mit farbigen Stoffresten, Glasperlen und so fort zu schmücken und zu verzieren. Gehe bei den Vierteln immer im Uhrzeigersinn vorwärts, bis du deinen gesamten Lebenszweig vollendet hast. Jetzt siehst du, auf welche farbige Weise du deine Visualisierung deines Lebens bis zum heutigen Tage gelebt hast.

Früher machten sehr alte Menschen ihren Lebenszweig und der wurde ihnen auf die Brust gelegt, wenn sie starben. Er wurde mit ihrem Körper entweder verbrannt oder beerdigt. Wie das Symbol der leeren Schale oder das Zurückerzählen der Lebensgeschichte diente der Lebenszweig unseren Vorfahren auf dieselbe Weise. Sie segneten so die Seele, während sie an ihren Ruheplatz reiste und es nun keine unerledigten Erdendinge mehr gab. Ich möchte mich nicht dem Körpertode nähern, ohne zuvor mein wundersames Leben aktiv erinnert und geachtet zu haben, und deshalb mache ich in den Jahren immer wieder einmal einen neuen Lebenszweig. Das ist, als ob man ein Testament gemacht hat, und es immer mal wieder neu fasst.

Es gibt so viele Möglichkeiten, uns durch das Anfertigen von Segenszweigen zu bereichern. Mögest du Freude an den Vorschlägen haben, die ich dir hier gemacht habe, und lass mich gelegentlich wissen, wie es viele andere auch tun, ob und wie sie dir gefallen, wenn du Segenszweige entweder allein, mit deinen Kindern oder mit Freunden und in Gruppen machst.

Kapitel 10

Die Zyklen von Tag und Nacht

Der Tageszyklus

Die Sichtweise, dass jeder neue Tag einen Segen und eine weitere Chance darstellt, im Leben zu sein, ist tief im keltischen Bewusstsein verwurzelt. Jeden Tag aufs Neue aufzuwachen mit einem Gefühl der Dankbarkeit im Herzen, dass wir einen weiteren Tag bekommen, an dem wir unser Leben erfüllt leben können, ist eine direkte Lektion aus dem keltischen Bewusstsein. Das folgende Gebet ist dafür ein Beispiel:

> *An diesem Tag erwache ich für die Segnungen der Liebe.*
> *An diesem Tag erwache ich für den Klang des Liedes der Liebe.*
> *An diesem Tag erwache ich für den Wind*
> *der Herausforderung der Liebe.*
> *An diesem Tag erwache ich für die Lebensfreude*
> *in meinen Knochen.*

Das ist die Übersetzung eines gälischen Liedes, das ich vor rund einem halben Jahrhundert in einer kleinen alten Schule aus Feldsteinen in Donegal gelernt habe. Wir sprachen nur Gälisch und dieses Lied ist die ganzen Jahre hindurch bei mir geblieben. Für mich winden und weben sich Worte wie Liebe, Gnade, Klang, Wind, Lebensfreude, Segnung, Lied, Herausforderung und Knochen alle um Bilder des Erwachens. Diese Bewusstheit über die Segnungen in unserem Leben und die Dankbarkeit für alle Gaben des Lebens bilden die Essenz des keltischen Bewusstseins. In Donegal haben wir das Sprichwort „Wie kommst du heute in deinen Tag hinein?" Es geht darum, sich zu sammeln, sich mit anderen zu versammeln, wie man im Sommer Heu macht und wie man die Kühe zusammentreibt. Es ist das Einsammeln unserer eigenen Ernte. Mit dankbarem Herzen erinnern wir uns an alle unsere Erfahrungen unserer Träume und nächtlichen Visionen und sammeln sie in einem offenen Herzen zusammen, das bereit ist für einen neuen Tag.

Das dankbare Herz

2004 nahm ich an einem Seminar teil, bei dem es um Familienstellen ging. Ich empfand es als seltsam, als der Therapeut mich tadelte, weil ich „Danke" gesagt hatte, als ich dran war, aufgestellt zu werden. Er war der Ansicht, dass mein Ausdruck von Dankbarkeit eine psychische Dysfunktion darstellte, und meinte, dass ich offensichtlich ein zu geringes Selbstwertgefühl besaß, weil ich sonst etwas annehmen könnte, auch ohne „Danke" zu sagen. Dieser gute Mann war anscheinend nicht in der Lage zu begreifen, was die tiefere Bedeutung davon ist, offen zu sein zu empfangen, sowie die Tatsache, dass diese Offenheit nichts mit einem Minderwertigkeitsgefühl zu tun hatte. Es macht uns selbst reicher, wenn wir für die Gaben des Lebens dankbar sind und sie offen annehmen.

Gastfreundschaft und die Fürsorge für Nachbarn gehörten ganz tief zur keltischen Psyche. Es gibt ein irisches Sprichwort, das lautet: faoi scáth a chéile a mhaireann na daoine. Es bedeutet: „Unser Leben führen wir im Angesicht von anderen." Irland ist als das „Land der vielen Willkommen" bekannt und wenn ich in den verschiedenen Ländern unterwegs bin, bin ich nicht mehr überrascht zu hören, dass unser Volk sehr freundlich gesonnen und gegenüber Fremden aufgeschlossen ist. Die Alten hätten gesagt: „Es gibt gar keinen, den du Fremden nennen könntest oder doch? Wir sind doch alle auf dieselbe Weise gemacht und wir alle haben dieselben Bedürfnisse."

Ich erinnere mich, dass ich als Kind mit meiner Nanny während der Schulferien an einem Ort gelebt habe, der Kilraine hieß; das war ein wunderschöner Platz draußen im Land in Donegal. Große Steine standen herum, die „Großmütter" hießen, es gab weite grüne Wiesen und Berge, die auf kleine Flüsse und strohgedeckte Hütten herabláchelten. Nanny schloss nachts nie die Tür zu und sie wies auch nie einen Fremden ab, der an die Tür kam. Der Wasserkessel war immer heiß und der schwarze Kessel, in dem ein Eintopf vor sich hin blubberte, stand immer auf dem offenen Feuer. Das war wirklich wie der mythische Wunderkessel der nie enden wollenden Fülle. Im Eintopf waren gute, große Kartoffeln, ein Hammelbein, alle möglichen Arten von Gemüse, Hafermehlklöße, Schweinshaxen, Carrageen-Algen („Knorpeltang", eine sehr nährstoffreiche Seegrasart) und Guinness Stout (Starkbier). Wer auch vorbeikam, wurde erst einmal eingeladen, sich hinzusetzen, und dann bekam er einen Krug „Zeug aus dem Topf" vorgesetzt. Wenn jemand aussah, als ob er „unter dem Wetter" litte, es ihm also gerade nicht so gut ging, dann bekam er ein Marmeladenglas mit uisge beatha, also „Lebenswasser" bzw. Whiskey, um das Unwohlsein gut runterzuspülen. Ein alter Mann sagte einmal: „In Nanny McDyres Eintopf ist Essen und Trinken zugleich!"

Nanny gab auch immer dem Hund unter dem Tisch etwas und ließ ein bisschen für das Feen- und Elfenvolk für die Nacht übrig. Es gab viele Geschichten, die da am Tisch erzählt wurden und sich immer wieder veränderten, zum Beispiel wie die Feen von Kilraine die Ersten waren, die je einen irischen Tanz aufführten, und das war, nachdem sie ihren magischen Trank getrunken hatten. Nanny schloss irgendwie auch immer die Tiere und die Feen und Elfen in ihre Ritualen ein und die Nachtgebete oder beannachtaighe na h-oiche waren nicht vollständig, bis sie diese nicht auch erwähnt hatte. Für mich als Kind war das ein so wunderbares Gefühl des Behütetseins zu hören, wie Nanny betete, während ich im kleinen, handgemachten Bett lag, in dem Alkoven am Feuer, das weiche Daunenbett um mich herum und ihrer summenden Stimme lauschte, während die alte Standuhr uns unsere Existenz in der Zeit bestätigte und die dunklen Vorhänge der Nacht den Tag zur Ruhe brachten. Für diese Geschenke bin ich auch heute noch wirklich dankbar.

Nannys Gastfreundschaft erstreckte sich auch auf Kinder, die Süßigkeiten aus der tiefen Tasche ihrer großen schwarzen Schürze erhielten, die sie niemals ablegte. In dieser Tasche bewahrte sie einen schier unerschöpflichen Vorrat an harten Süßigkeiten auf, die man „Brandy-Kugeln" nannte. Es waren harte Bonbons mit schwarzen und weißen Streifen, die offen aus großen Gläsern verkauft wurden, und zwar immer zu zwei Unzen (etwas mehr als 50 Gramm). Diese Süßigkeiten hatte sie immer in den Tiefen ihrer Schürzentasche und meistens waren sie von Hundehaaren und etwas Erde bedeckt. Wenn Kinder sie besuchten, ließ sie sie alle entlang des Tisches Aufstellung nehmen und sagte wie bei einem Ritual:

> *„Ich bin mal gespannt, ob die Feen uns heute Süßigkeiten dagelassen haben."*

Die Kinder freuten sich immer schon, weil sie wussten, dass sie nicht enttäuscht würden. Und doch warteten sie voller Spannung auf das, was kommen sollte. Nanny ließ ihre rechte Hand lange in ihrer tiefen Tasche verschwinden und tat so, als ob sie wirklich nach etwas suchen würde.

> *„Was haben wir denn hier?"*, fragte sie ganz erstaunt.
> *„Ein Bonbon, ein Bonbon"*, riefen die Kinder im Chor.
> *„Aha, aber was für ein Bonbon?"*
> *„Eine Brandy-Kugel, eine Brandy-Kugel."*

Und schon tauchte eine Hand mit der Brandy-Kugel auf. Ohne noch sonst etwas zu sagen, nahm Nanny das Bonbon in ihren eigenen Mund, lutsche und saugte die Haare und den Schmutz ab, spuckte das aus und steckte das nun saubere Bonbon dem ersten Kind, das in der Reihe wartete, in den Mund, das daran lutschen konnte. Die anderen Kinder warteten geduldig, bis sie an der Reihe waren, das angelutschte Bonbon nacheinander eine Weile im Mund zu haben, bevor sie es weitergaben. Am Schluss kam das inzwischen ziemlich kleine Bonbon zurück zu Nanny, die es mit einem letzten Malmen ihrer wenigen Backzähne, die ihr geblieben waren, zerbiss. Die Kinder bekamen jedes Mal das, warum sie gekommen waren, und Nanny war immer bereit, ihnen etwas zu geben. Sie führte gar kein anderes Gespräch mit ihnen; es war, als ob die wenigen und immer gleichen Worte, die zwischen ihr und den Kindern gesprochen wurden, ein heiliger Teil des ganzen Rituals waren. Ich liebte Nannys Brandy-Kugeln und die anderen Kinder taten das auch. Heutzutage könnte ich mir so etwas oder etwas Ähnliches gar nicht mehr vorstellen! Die Eltern hätten Nanny längst zumindest wegen unhygienischer Praktiken angezeigt! Aber in jenen Tagen damals sah man das als einen Akt der Liebe an.

Ich habe diese Geschichte einmal bei einem meiner Seminare mit Deutschen in Frankreich erzählt. Sie freuten sich an der Geschichte, bis ich am Ende der Sitzung meine Hand in eine tiefe Tasche steckte und sagte: „So, jetzt habe ich für euch ein Geschenk von meiner Großmutter." Die Gruppe erstarrte wie schockiert – von einem Ort des Wohlbefindens gerieten sie nun an einen Platz der Angst: Würden wir alle an einer und derselben Brandy-Kugel lutschen müssen? Als ich eine Banane aus der Tasche herausnahm und sie zu schälen begann, zeigten ihre Gesichter, wie erleichtert sie waren. Jede Person biss ein kleines Stückchen von der Banane ab und dabei erhoben sich Liebe und Dankbarkeit für meine Großmutter auf den Flügeln entzückter deutscher Gesichter. Dabei wurden auch ihre eigenen Vorfahren zum Teil des Rituals. Jede Person fühlte die Energie ihrer eigenen Großmutter und sie wurden jetzt zu Kindern, die an diesem Ritual Anteil hatten.

Von der Sommersonnenwende an, dem 21. Juni, wurde jeden Tag, wenn das Wetter warm war, draußen ein riesiges Torffeuer angezündet. Der große schwarze Kessel wurde mit Kartoffeln gefüllt und dann mit einer Haltevorrichtung in das Feuer gesenkt. Wenn die Kartoffeln gekocht waren, gab man Frühjahrszwiebeln und Salz hinzu und mit den Worten „Im Namen des Vaters und des Sohnes und des Heiligen Geistes" wurde alles zu einem Brei vermantscht. Das nannte man dann „Pfünder", die von Nanny mit einem Kellenschlag auf jeden Teller gehäuft wurden. Jeder machte daraufhin in der Mitte dieses Breis eine Vertiefung, einen „Brunnen", in den ein großer Klumpen selbst gemachter gesalzener Butter kam, die am selben Morgen gebuttert worden war. Dann saßen wir glücklich um das Feuer, vor uns ein großer Krug mit Buttermilch, um alles gut herunterzuspülen. Man sagte damals, dass ein Mann nach einem solchen Essen (das gegen 13 Uhr stattfand) auf die Felder gehen konnte und bis 19 Uhr keinen Hunger mehr hätte!

An vielen Orten in Donegal gab es im Sommer besondere „Pfünder", die nur den Männern vorbehalten waren. Man goss 50 % selbst gebrannten Alkohol statt Butter in die Brunnen in die Mitte des Tellers hinein; dieser Selbstgebrannte hieß „Kesselwasser" oder „Bergtau". Man sagte, dass ein Mann nach einem solchen Essen und Trinken ein Pferd mit Wagen würde hochheben können, ohne dass es ihm etwas ausmachte. Man erzählte sich auch, dass ein Mann, nachdem er einen ganzen Krug von dem Zeugs getrunken hatte, die 172 Verse des Beati in einem Singsang aufsagen könnte, einen alten keltischen Psalm, ohne einmal zwischendurch Luft zu holen! Diese Zeiten sind vorbei, die Feuer werden nicht mehr so häufig draußen angezündet, der Psalm von Colmkille wird nicht mehr rezitiert und den Bergtau brennt man auch nicht mehr in den Bergen da oben. Aber manche guten Rituale sterben nicht aus. Wir laden Fremde immer noch in unsere Heime in Donegal ein, da wir ja „alle dieselben Bedürfnisse" haben.

Ein Ritual für die Tageszeit

Wenn du morgens deine Augen aufmachst, wäre es gut, eine Weile noch im Bett liegen zu bleiben, und wenn du dich an einen Traum erinnerst, ihn aufzuschreiben. Vielleicht steckt eine Botschaft drin, die du hören sollst. Wenn Körper und Geist ohne Schmerzen sind und du dich gut fühlst, halte einen Augenblick inne, atme tief ein und danke dem Kosmos oder der Göttin oder Gott oder deinem eigenen weisen Selbst, dass es dir gut geht und du fit bist, dem Tag zu begegnen. Wenn du im Bett liegst und dich nicht so gut fühlst, bleib ein paar Sekunden still liegen und schaue dir deinen Körper bzw. Geist sozusagen von innen heraus an und sprich liebevoll mit ihm, wie du es mit einem Kind machen würdest, das krank ist. Jetzt ist die richtige Zeit, dir selbst ein großes, liebevolles Mitgefühl zu schenken. Wenn du im Krankenhaus bist und dich nicht gut fühlst, nimm dir Zeit, bevor dein Arzt seine Runde macht, diesen inneren Dialog mit dir selbst zu führen und dich selbst zu trösten. Das wird dir helfen, deine eigene Stimme zu hören, die dich am Anfang eines neuen Tages barmherzig anerkennt und stärkt.

Du kannst zu dir selbst sprechen und sagen: „Ich weiß, dass du dich heute nicht so gut fühlst. Ich möchte nur, dass du weißt, dass ich dich sehr lieb habe und du mir wirklich wichtig bist. Was brauchst du jetzt gerade? Ich werde dich heute nicht allein lassen. Ich bin nahe deinem Herzen und es tut mir leid, dass du dich heute nicht so gut fühlst."

Ich rate auch dazu, dass du dein schmerzvolles Selbst liebevoll anerkennst, so wie es für dich stimmig ist, so wie du als kleines Kind oder als junger Mensch gerne umarmt oder gehalten werden wolltest. Es ist keineswegs zu spät, dass du für dich selbst eine gute Mutter bzw. ein guter Vater bist. Vielleicht findest du es seltsam, so mit dir selbst zu sprechen, aber ich weiß, dass diese kleine Übung für Menschen, die alleine leben oder im Krankenhaus sind, oft eine große Hilfe gewesen ist.

Wir müssen den Klang unserer eigenen Stimme hören, die uns versichert, dass mit uns alles in Ordnung ist. Das ist die Stimme der Liebe und wir selbst sind Liebe. Ich habe in Zeiten der Belastungen und Sorgen oft zu mir selbst gesprochen; in solchen Zeiten werden wir wieder zum kleinen Kind, das gar nicht weiß, was es tun soll, weil man als Kind nur weiß, wie man die Welt spürt und was man fühlt, aber selbstverständlich noch keinen Zugang zur Vernunft der Erwachsenen besitzt. Deswegen sage ich mir selbst: „Mach langsam, ja, so ist es gut. Jetzt atme erst einmal tief durch und jetzt noch einmal." Diese Art von innerem Dialog hilft uns, bewusster in unserem Umgang mit der Welt zu werden, und bestärkt uns darin, dass wir uns in schwierigen Situationen mehr um uns selbst kümmern, wenn wir nicht mehr „geradeaus" denken können.

Während des Tages ist es sinnvoll und hilfreich, dass wir die Segnungen bewusst wahrnehmen, wenn sie zu uns gelangen. Sei dankbar dafür und erkenne sie laut hörbar an, da dies ihre Existenz noch einmal verifiziert und dein Herz noch mehr für die Fülle deines Tages öffnet. Ich danke oft den Bäumen dafür, dass sie so total majestätisch aussehen, und den Vögeln dafür, dass sie mir ein Morgenlied singen. Ich spreche auch mit den Kühen auf der Weide und danke ihnen, mir zu zeigen, wie man langsamer macht und sich genügend Zeit nimmt! Gänseblümchen und Sonnenuntergänge entzücken mein Herz ebenso sehr, dass ich meine Freude gar nicht still bei mir behalten kann. Ich bin sicher, dass sich manche Menschen schon gewundert haben, wer denn meine unsichtbaren Freunde sein könnten, denen ich gut hörbar gedankt habe: „Danke, lieber Wind, ich brauche dich wirklich für meinen Kopf, damit meine Gedanken klarer werden!" Die keltischen Christen glaubten an die Gnadengabe, dass man anderen Menschen Herzensgaben übermitteln konnte. Die Idee dahinter ist, dass wir, wenn wir anderen eine Gabe geben, selbst gnadenvoll beschenkt werden – da wir im Leben ja immer nur aus jener Fülle empfangen, die sich aus dem Springbrunnen der Segnungen und Gnadengaben ergießt.

Gaben opfern

Das ist eine sehr liebevolle Weise, ein Herzensgeschenk zu geben:

- Drücke deine Daumen aneinander, deine linke Hand hält deine rechte; du bringst nun beide zu deiner Brust.
- Verneige dich zum anderen Menschen, während du die ineinandergelegten Hände ihm zustreckst und sagst: „Von meinem Herzen zu deinem Herzen."
- Dann reckst du beide Hände in den Himmel und fährst fort: „Bringe ich dir die Gabe der Lebensfreude (oder eine andere Gabe)."

- Nun verneigst du dich erneut vor dem anderen mit offenen Händen und sagst: „Damit du gesegnet sein mögest im Empfangen."
- Jetzt bringst du deine Hände wieder zurück zu deinem Herzen und schließt mit den Worten: „Und damit ich gesegnet sein möge im Empfangen."

Brigit lehrt, dass, wenn wir dankbar für eine Gabe sind, die uns ein anderer Mensch übergibt, wir dafür dreifach danken; deshalb wird im Folgenden der „dreifache Dank" beschrieben.

Ein Ritual zur Danksagung

Danke, danke, danke. Der erste Dank geht an die Person, die das Geschenk bringt. Der zweite Dank richtet sich an die Gabe selbst. Der dritte Dank ist für mich, dass ich offen bin zu empfangen. Man muss diese drei Danke nicht laut sagen, einmal reicht, aber vergiss nicht, den Dank noch zweimal still für dich im Herzen zu wiederholen. Indem du den dreifachen Dank abstattest, machst du dich bereit, noch mehr vom Universum zu empfangen.

Wenn du dir bewusst darüber bist, wie du mit anderen umgehst, so stärkt das deine Wachheit. Die Menschen, die dir anscheinend keine Segnungen bringen, gibt es vielleicht deshalb, weil sie dir etwas über dich zeigen! Diejenigen, die dein Herz begeistern, sind natürlich viel offensichtlichere Segensbringer. Sie zeigen dir auch etwas von dir selbst. Gleich, wen du triffst, wirst du letztlich doch immer dir selbst in unterschiedlichen Verkleidungen begegnen! Und das ist ja aufregend und wundervoll genug. Wenn wir alle und alles als Geschenke ansehen, leben wir in Frieden und Dankbarkeit für alles, was uns geschieht. Ich habe da noch eine weite Wegstrecke vor mir, weil ich ganz sicher noch nicht da bin, wo ich in dem Moment, in dem mir etwas begegnet, alles schon als Geschenk betrachte. Man braucht oft erst noch eine Distanz, um die Lektion darin wirklich zu erkennen oder die Heilung, die mit etwas verbunden ist. Ich bin da eher jemand, der langsam lernt.

Der Nachtzyklus

Für die Kelten war das bewusste Loslassen der Alltagsbeschäftigungen am Abend, wobei man sich auch an die vielen Segnungen des Tages erinnerte, ein wichtiges Ritual. Die Abendzeit war die Zeit, in welcher der Geist der Dunkelheit kam, um den Tag im Schlaf zu beschließen. Im Sommer passierte das langsamer und allmählicher als im Winter. Die Kelten waren sich auf natürliche Weise immer des Todes bewusst und für die keltische Psyche war die Nacht die beliebteste Zeit, in welcher der Tod kommen und eine Seele in die „Sommerlande" nehmen würde, die schon als tír na-n-óg behandelt wurden. Die Nacht war auch die Zeit, in der Dubha kam, die Göttin der Dunkelheit, um die verkörperten Seelen einzuladen, in die Unterwelt zu gehen und bei den Seelen zu sein, die schon gestorben waren und doch noch litten, da sie von sich aus nicht in die Sommerlande (oder tír na-n-óg) gelangen konnten. Diese verkörperten Seelen hießen „Hüter" oder „Begleiter".

Heute ist eine meiner Übungen und Aufgaben als Priesterin der Brigit, „mit den Sterbenden zu sein". Dazu gehört, in die Unterwelt zu gehen und der Seelenreise der aite, der Durchgänge, oder den Bardos in der tibetischen Philosophie zu folgen, bis zu einem Ort des Friedens und der Ruhe. Diese Rituale finden in der Zeit statt, wenn eine Person stirbt – vorher, während und bis drei Tage danach. (Siehe auch „Keltisches Totenbuch", ebenfalls im Ennsthaler Verlag erschienen.)

Ich erinnere mich klar an die Abendrituale, die in unserem Hause stattfanden, als ich noch ein kleines Mädchen war. Angelus um 18 Uhr abends (Angelus = Zeit für das katholische Abendgebet mit

Mariengebeten; Anm. d. Ü.) war „Teezeit"; danach fand die Vorbereitung für die Nacht statt. In den meisten katholischen Heimen wurde
ein Rosenkranz gebetet, um Maria zu ehren, die Mutter Jesu, und dabei mussten alle Familienmitglieder anwesend sein. Wir Kinder wurden nicht so sehr wegen der Rosenkranzgebete müde, sondern wegen
der sogenannten Ausschmückungen.

Bis alle Gebete gesprochen und etliche Amen gemurmelt waren,
war es auch schon Bettzeit. Obwohl der Rosenkranz viel länger dauerte als geplant, steckte dahinter doch das Bewusstsein, dass es notwendig war, den Tag bewusst loszulassen und sich schließlich auch daran
zu erinnern, dass man beim körperlichen Tode loslassen muss. In den
keltischen Lebenszyklen ganz allgemein tauchen immer wieder diese
Themen auf: Bereitschaft zu sterben, die Probleme des Tages loszulassen, für all das zu danken, was der Tag gebracht hat. Das ist eine Auffassung und eine Einstellung, welche die christliche Kirche durch die
Zeiten bewahrt und fortgeführt hat. Mir war eine enge Verbindung
zu den Spirit-Welten nichts Fremdes.

Ein Ritual für die Abendzeit

Wenn du zu Bett gehst, ganz gleich wann, am besten jedoch vor
Mitternacht (weil wir danach bereits in der Energie des neuen Tages
sind), dann achte darauf, alles langsamer zu machen. Iss nicht später
als 19 Uhr, weil das sonst den Verdauungstrakt unnötig belastet und
den Schlaf beeinträchtigen kann. Eine zuverlässige Art und Weise,
den Atem zu verlangsamen, geht so (Achtung, falls du zu niedrigen
Blutdruck hast!):

• Sitz auf einem Stuhl oder warte, bis du im Bett bist, und atme langsam ein. Bemerke, wie sich der Bauch dabei dehnt. Atme dabei langsam aus, um den gesamten Atem herauszulassen. Mach das fünfmal.

- Wenn du ausgeatmet hast, warte und zähle bis zwei, bevor du wieder einatmest. Nachdem du eingeatmet hast, halte inne mit dem Atmen und zähle derweil bis zwei. Führe das ebenfalls fünfmal durch.
- Nach einer Weile musst du dich nicht mehr auf das Zählen konzentrieren, sondern lass den Atem einfach langsam kommen und wieder langsam gehen. Du wirst zu einem gleichmäßigen Rhythmus gefunden haben, der dir hilft, dich zu entspannen.

Ich rate den Menschen, sich vorzustellen, wenn sie im Bett liegen, dass ihr Engel, ihr geistiger Führer oder liebevoller spiritueller Begleiter am Fußende sitzen oder stehen wird, um sie während ihres Schlafes zu behüten; besonders dann, wenn sie Probleme mit dem Einschlafen haben oder sich vor irgendetwas fürchten. Manchen Menschen habe ich auch schon vorgeschlagen, ein Symbol ihres liebevollen geistigen Begleiters auf einen Stuhl am Bett zu legen, damit sie sich so selbst daran erinnern, immer beschützt zu sein, und leichter und besser einschlafen.

Kapitel 11

Durchgänge und Verwandlungen

Den Sterbenden helfen

Eine Frau sagte mir, sie wollte mich bei der Begleitung von Sterbenden unterstützen. Sie gab mir eine Telefonnummer. Eines Tages rief ich sie an, um sie zu bitten, bei der Betreuung einer jungen Mutter zu helfen, die an Krebs starb. Das Telefongespräch lief so ab:

„Mary, ich brauche Hilfe für Mrs. Smith und ihre Familie, und du hast gesagt, du könntest mitarbeiten."
„Ja, Phyllida, ich lasse alles stehen und liegen. Sag mir, wo du bist, ich komme heute hin." „Mary, folgende Hilfe wird gebraucht. Kannst du bitte ihre beiden Kindern von der Schule abholen und wenn du bei ihr zu Hause ankommst, könntest du bitte helfen, die Küche aufzuräumen und sauber zu machen."
„Aber Phyllida, ich habe doch gesagt,
dass ich Sterbende begleiten wollte."
„Ja, das weiß ich und jetzt muss eben gerade das erledigt werden."
„Liebe Phyllida, du weißt doch, dass ich Arthritis habe, und es ist so schwierig für mich, schwere Arbeit zu tun."
„Danke Mary, aber denke bitte daran, dass du den Sterbenden auch damit dienen kannst, dass du ihre Kinder von der Schule abholst und ihre Küche sauber machst."

Irgendwie haben manche Leute die Vorstellung, dass Arbeit mit den Sterbenden zu Hause bedeuten würde, dass sie an deren Bett sitzen und entweder für sie beten oder dass sie darauf bestehen, deren Hand zu halten (ihre eigene Angst), und sie alle fünf Minuten fragen, ob sie etwas brauchen. Das ist jedoch nicht der Normalfall. Und manchmal kann die Hilfe für eine sterbende Person auch darin bestehen, ihr bester Advokat zu sein. Auch dazu habe ich eine Geschichte.

Meine gute Freundin Jo starb in einem Krankenhaus in Nordirland und hatte mir gesagt, dass sie den Gemeindepfarrer nicht sehen wollte, wenn er seine Runde im Krankenhaus machte, um die Katholiken in den verschiedenen Stationen zu besuchen. Ich versicherte ihr, dass ich mein Bestes geben würde, um ihn nicht in ihr Zimmer kommen zu lassen. Sie las dann weiter in ihrem Buch, einer Liebesgeschichte. Der Priester hatte ihren katholischen Namen an der Tür gesehen (das ist eine andere Geschichte), klopfte einmal an und öffnete die Tür. Ich grabschte mir sofort das Magazin mit der Liebesgeschichte, Jo schloss ihre Augen und tat so, als ob sie schliefe. Ich ging zur Tür, bevor der Priester eintreten konnte, und teilte ihm mit, dass sie nicht gestört werden wollte.

> *„Sie wird sich mehr beunruhigt fühlen"*, sagte er,
> *„wenn sie hört, dass ich da war und wieder gegangen bin und sie ihre letzte Ölung nicht erhalten hat. Sie wissen es vielleicht nicht, Mrs. Templeton (das ist mein angeheirateter Name), dass Katholiken die letzte Ölung benötigen, bevor sie sterben."*
> *„Doch, das ist mir wohlbekannt"*, antwortete ich.
> *„Aber Jo hat mir versichert, dass sie keinerlei Sünden hat, die ihr vergeben werden müssten."*
> *„Sagen Sie ihr, wenn sie aufwacht, dass ich morgen zurückkomme und sie dann besuche."*

In diesem Stadium überlegte ich mir, was ich tun sollte, und so sagte ich dem Priester, dass ich ihn später am Abend anrufen und mit ihm über Jos Situation sprechen würde. Als ich zurück ins Zimmer kam, setzte sich Jo im Bett auf, mit einem breiten Lächeln von Ohr zu Ohr, und sagte: „Gott sei Dank musste ich nicht so tun, als ob ich Sünden hätte. Zwischen mir und Gott ist alles in Ordnung, Phyllida. Ich kann jederzeit gehen, aber diesen Mann will ich nicht wieder sehen."

Am Abend rief ich den Priester an und erklärte ihm, so einfühlsam ich konnte, dass Jo keinen Priester bei sich haben wollte, wenn sie starb. Ich habe die katholischen Sitten und Riten im Hinblick auf das Sterben sehr wohl kennengelernt und ich bin sicher, dass der arme Mensch sehr überrascht war, als ich unser Gespräch mit diesen Worten beendete: „Es tut mir leid, dass Ihnen das Kummer verursacht, und ich kenne die katholischen Lehren, da ich vier Jahre lang Nonne war. Wir müssen aber auf die Bedürfnisse der Sterbenden hören, ob wir an ihre Wünsche glauben oder nicht."

Was würdest du den Sterbenden bringen? Lieber Freund, liebe Freundin: Wie gehst du mit den Lebenden um? Wie handhabst du deine alltäglichen Beziehungen mit den sogenannten Lebenden? Wie sehr bist du mit dir selbst in Einklang? Bitte erinnere dich daran, all das den Sterbenden mitzubringen.

- Bringe den Sterbenden das Geschenk deines eigenen Lebens, das du jeden Augenblick ganz lebst.
- Bringe ihnen dein von Schmerz und Trauer gebrochenes Herz.
- Bringe ihnen deine Lebensfreude und deine guten Träume.
- Bringe ihnen deine Erfahrung einer Leidenschaft für das Leben.
- Bringe ihnen deine Bereitschaft, viele Male am Tage zu sterben und über das Überleben hinauszugehen.
- Bringe ihnen deine Tränen, wenn es welche gibt.
- Und wenn die Sonne scheint, lächle sie ihnen zu
- und dann öffne das Fenster und lass sie fliegen.

Ich bin von Elisabeth Kübler-Ross ausgebildet worden und habe danach mit vielen lebenden und sterbenden Menschen gearbeitet. So erkenne ich, wie wesentlich es ist, in mir selbst immer einen geerdeten, natürlichen, offenen und verletzlichen Raum zu bewahren. Für mich gibt es keinen Unterschied, Freundschaft mit den Lebenden und den sogenannten Sterbenden zu pflegen. Warum sollte ich meine Persönlichkeit ändern, um mich einem Pseudobild vom Tod anzupassen? Wenn ich farbenfrohe Kleidung trage und eine rote Strähne in meinem Haar, warum sollte ich plötzlich mein äußeres Erscheinungsbild verändern und schwerer und dunkler auftreten, um so bei Sterbenden zu sein? Für alle unsere Beziehungen ist es wichtig, authentisch zu sein. Auch einer sterbenden Person einmal Nein zu sagen, kann ebenso ein Akt der Liebe sein, wie wenn man dieses Nein einer lebenden Person sagt. Dazu gibt es eine Geschichte ...

Wenn Liebe schwerfällt

Die Mutter meiner Freundin lag zu Hause im Sterben. Die Freundin bat mich, sie zu besuchen. Ich sagte gerne zu. Als ich im Haus ankam, sah ich, dass meine Freundin völlig erschöpft war, weil sie jeden Wunsch erfüllen wollte, den ihre Mutter äußerte. Ich fragte meine Freundin, warum sie sich so erschöpfte und nicht um Hilfe bat.

„Meine Mutter will nur mich um sich herum haben", antwortete sie mit dunklen Ringen unter den Augen.

„Das dient aber weder dir noch deiner Mutter", entgegnete ich. Als ich realisierte, dass die Mutter wirklich darauf bestand, dass meine Freundin Stunde um Stunde bei ihr war, falls sie etwas brauchen würde, schlug ich vor, dass Nachbarn auch einspringen könnten und würden, wenn wirklich etwas gebraucht würde, und die Tochter nun endlich selbst eine Pause brauchte.

„Sag du ihr das, ich kann das nicht", antwortete meine Freundin.

Meine Freundin und ich unterhielten uns lange an diesem Abend allein, obwohl die Mutter versucht hatte durchzusetzen, dass wir uns in ihrer Gegenwart unterhalten sollten. Meine Freundin begriff schließlich, dass es so etwas wie „raue Liebe" gibt, eine Liebe, die etwas härter anpackt und anscheinend lieblos ist, in Wahrheit aber für alle Beteiligten das Beste ist. Sie sprach dann mit ihrer Mutter und teilte ihr einfach mit, dass die Nachbarn sich um sie kümmern würden, wenn sie etwas brauchte, damit sie selbst eine Pause bekam. Zunächst war ihre Mutter eingeschnappt und sagte, „Nein, ich will nicht, dass die Nachbarn vorbeikommen", aber dann erklärte ich der Mutter noch einmal die Lage und sagte ihr, dass ihre Tochter krank würde, wenn sie nicht endlich eine Pause ganz für sich hätte. Dann gab die Mutter schließlich nach. Sie starb in den nächsten sechs Wochen nicht und meine Freundin hatte die Chance, eine Unterbrechung in ihrer Fürsorge für die Mutter zu erleben und sich ganz um sich selbst zu kümmern, was ihr ihre Energie wieder zurückgab. Liebe ist deshalb nicht weniger Liebe, weil sie nein sagt, weder gegenüber den Lebenden noch gegenüber den Sterbenden.

Die richtige Zeiteinteilung

Es scheint, dass die Menschen, die in der Zeit der Kelten lebten und alt wurden und nicht mehr in der Lage waren, in Familie und Gemeinschaft ein aktives Leben zu führen, sich mit ihren Angehörigen hinsetzen und ihnen Fragen stellten. Sie fragten, wie sie selbst als Eltern gewesen waren, wie gut es ihnen gelungen war, die Enkelkinder anzuleiten, und welche Gaben sie den Einzelnen in der Familie hatten geben können. Dann teilten sie ihrer Familie mit, dass ihre Zeit auf der Erde an ihr Ende gelangt sei, und sie kündigten die Zeit an, wann sie scheiden würden. Als dieser Tag dann herangekommen war, gaben sie sich gegenseitig giftige Beeren und starben zusammen. Das scheint als *marbh trathúil*, als „zeitlich bestimmter Tod" bekannt gewesen zu sein.

Das war natürlich kein alltägliches Ritual. Nur alte Eltern, welche die Erde verlassen wollten, während sie noch bei klarem Verstand waren, führten es aus. Man fragt sich, was ihre Ängste im Hinblick auf Gebrechlichkeit gewesen sein möchten und ob sie vielleicht meinten, dass sie der Familie zu sehr zur Last fallen könnten. In der Psyche der Älteren von heute tauchen dieselben Probleme auf und es gibt eine intensive Diskussion über die Frage nach einer freiwilligen Euthanasie. Wie schon gesagt, ist jede Entscheidung, die man aufgrund von Angst trifft, tatsächlich keine freie und echte Entscheidung!

Theologie, Psychologie und Soziologie rund um das bewusste Sterben erweitern unser Gewahrsein, lassen uns neue Fragen stellen, bieten neue Informationen und streben eine offene Diskussion über den Tod, die Familie und Gott an. Damit öffnet sich für uns ein kreativeres Erleben des Sterbevorgangs. Bedeutet bewusstes Sterben, dass man das Recht hätte zu entscheiden, wo, wann und wie man stirbt?

Die Antwort auf die erste dieser Fragen scheint am meisten Aufmerksamkeit auf sich zu ziehen – ich möchte zu Hause in meinem eigenen Bett sterben, mit Freunden um mich herum, das Begräbnis ist schon geplant, das Testament geschrieben, der Beerdigungsplatz ausgesucht. Die äußerlichen, physischen und praktischen Dinge sind dann alle schon erledigt. Es macht uns aber Angst, wenn wir uns das Wann und Wie unseres Sterbens ansehen. Sofort tauchen Moral, Gott, Religion und gesellschaftliche Bewertungen auf, die sich als schwierig erweisen. All diese Schwierigkeiten, die kulturell oder religiös definiert und soziologisch oder theologisch so tief in uns eingeprägt sind: Verhindern sie jede persönliche und subjektive Sichtweise und Entscheidung?

Ob das nun allgemein bekannt sein mag oder nicht: Viele Menschen in medizinischen Berufen intervenieren, wenn der Tod nahe bevorsteht. Manche „terminale Sedierung" oder hoch dosierte Schmerzmittelgabe ist akzeptabel, weil es ja darum geht, dass es den Patienten sich besser fühlen lässt, dass es den Körper sozusagen am Leben hält und das ohne Schmerzen. Die Medikamente werden im vollen Wissen darum gegeben, dass sie die Atmungsorgane beeinträchtigen und dass jeder Atemzug flacher wird. Anders gesagt: Sie beschleunigen den Tod des Patienten. Das ist zwar nicht das, was wir unter dem Begriff Euthanasie verstehen, aber doch ein medizinisch annehmbarer Weg zu helfen, dass die Menschen einen „glücklichen Tod" haben. Haben wir also das Recht, einzugreifen, wann und wie unser eigener Tod erfolgt? Oder bedeutet bewusstes Sterben etwa genau das – dass wir nämlich bewusst selbst entscheiden, wann unser Leben endet? Das sollte aber doch nicht heißen, dass wir einfach Selbstmord verüben, wenn sich das Leben als zu schwierig erweist, oder? Wenn es keine Religion gäbe, keinen Gott, dem man gegenüberstünde, keine gesellschaftlichen Gesetze und Regeln: Würden wir einfach „unser Leben in die eigenen Hände nehmen"?

Es ist irgendwie völlig unethisch und absolut gegen die Gesetze Gottes und es hinterlässt in der Psyche bewusster menschlicher Wesen ein Gefühl des Abscheus, wenn ein junger Mann mit einer Augenbinde, voller Angst, auf den elektrischen Stuhl geführt wird, mit einer Familie, die er voller Trauer hinterlässt. Dann wird er absichtlich, willentlich, mit dem angeblichen Segen Gottes, der von einem Pastor gesprochen wird, vor einer Galerie von Zuschauern getötet – „Auge um Auge", wie es manche Religion und mancher Staat ausdrückt.

Stell dir zugleich eine alte Frau vor, die in einem Krankenhausbett liegt, weint, bittet und den Arzt anfleht: „Ich bin 87 Jahre alt, ich bin mit meinem Gott im Frieden. Ich habe ein gutes Leben gehabt. Ich möchte nicht, dass meine Kinder jeden Tag eine lange Strecke fahren müssen, um mich zu sehen. Ich möchte nicht mehr immer noch weitermachen, wenn es keine Würde mehr gibt. Bitte geben Sie mir eine Spritze, um das zu Ende zu bringen."

Und der Arzt hält sich an die Vorschriften seines hippokratisches Eides und an die Regeln der Gesellschaft und Religion und muss das verweigern. Wenn ihre Schmerzen immer schlimmer werden oder wenn noch eine Infektion im Brustraum dazukommt und sie das Bewusstsein verloren hat, erst dann darf er die „terminale Sedierung" anordnen.

Bitte überlege einmal beide Situationen. Ich habe sie skizziert, nicht um irgendjemandem irgendeine Schuld zuzuweisen oder irgendwelche Ultimaten zu stellen. In beiden Situationen scheint es, dass die Medikamente als Strafe eingesetzt werden. Im Falle des Mannes auf dem elektrischen Stuhl ist das offensichtlich, während die alte Frau darunter leidet, dass ihr die Medikamente vorenthalten werden. Auch das kann sie als eine Art von Strafe empfinden.

Andere Methoden, um unbewusst den Tod in manchen Altenheimen zu beschleunigen, sind (und ich habe viele solche Erfahrungen in entsprechenden Institutionen sammeln müssen):

- Essen, das für den Patienten nicht geeignet ist.
- Mangelnde Hilfestellung beim Essen, weil Personalmangel herrscht.
- Mahlzeiten, die außerhalb der bequemen Reichweite von Patienten abgestellt werden, zum Beispiel auf dem Nachtkästchen, das schwierig zu erreichen ist.
- Nichtbereitstellung von Ernährungszusatzstoffen, die verschrieben wurden.
- Schlechte Mundhygiene.
- Mangelhafte Unterstützung der Ausscheidungsvorgänge.
- Seltene körperliche Bewegung.
- Nichterfüllung kultureller Bedürfnisse.
- Ungenügende Schmerzmittelgaben.

Vielleicht hast du Zweifel, wenn du es hörst, es stimmt jedoch: Mangelernährung ist bei älteren Patienten, die längere Zeit in Pflege sind, sehr verbreitet.

Im Alter von 82 Jahren kam mein Vater mit einem Herzversagen ins Krankenhaus. Gegen seinen eigenen Willen wurde er über einen Schlauch durch die Nase, der direkt in den Magen führte, ernährt, was ihm Übelkeit einbrachte und großen Stress. Wir als Familie bestanden darauf, dass er nicht künstlich ernährt werden sollte, obwohl wir wussten, dass das seinen Tod schneller geschehen lassen würde. Als wir ihn jedoch nach Haus nahmen, konnten wir ihm jeden Wunsch erfüllen. Einmal nahm ich selbst im Krankenhaus die Schläuche heraus, damit mein Vater richtig atmen konnte und nicht mehr die Dehnung in seinem Magen spürte. Als meine Mutter im Krankenhaus starb, zog sie selbst die Schläuche heraus und wurde wie ein freches Kind getadelt, dass sie das gewagt hatte. Für manche Menschen bedeutet es ein Gefühl der völligen Hilflosigkeit, wenn sie ihren Sterbeprozess nicht selbst kontrollieren können. Ihnen wird damit jede eigene innere Autorität und Kompetenz genommen.

Wie kann es sein, dass ein Mensch, der ein ganzes Leben lang bei klarem Verstand ist und der ausreichend Bewusstsein während des Sterbens hat, so oft wie ein kleines Kind behandelt wird und dass der Staat, die vermeintliche Fachkompetenz, und die Religion das Heft in die Hand nehmen? Würde ist doch nichts, das nur für die Lebenden reserviert ist, sondern eben auch den Sterbenden zugestanden werden sollte. Würde bedeutet für viele Menschen, dass sie bewusst selbst entscheiden, wann sie meinen, dass für sie die richtige Zeit herangekommen sei, ihren Körper zu verlassen. Das ist eine Debatte, zu der man so vieler Information als möglich bedarf. Vielleicht ist es an der Zeit, einen „glücklichen Tod" als einen Aspekt eines Testaments bzw. einer Patientenverfügung zu betrachten, welche die sterbende Person zuvor niedergelegt hat und die für ihre Seele eine wesentliche Voraussetzung ist.

Ich persönlich glaube, dass wir bis zum letzten Atemzug Lektionen lernen, und obwohl ich in meiner Patientenverfügung festgehalten habe, dass ich nicht wiederbelebt und auch nicht künstlich ernährt werden möchte, wenn ich meine letzten Tage erreicht habe, möchte ich doch noch Wasser in meinen Mund getropft haben. Unterdessen bewusst zu leben und an meinen unerledigten Dingen zu arbeiten (das tägliche Sterben), wird mich klar genug machen, dass ich das Physische hinter mir lassen und mich in das fantastische Abenteuer des Sterbens begeben kann, wenn die natürliche Zeit dafür gekommen ist. Wenn wir mehr über den Sterbeprozess beigebracht bekämen, würden die Menschen vielleicht mehr innere Autorität in Bezug auf ihr eigenes Sterben spüren. Sie wären in engerem Kontakt mit dem Zeittakt ihrer Seele und würden die körperlichen Veränderungen der Energien spüren. Während ich mich darum bemühe, immer seelenvoller zu leben, solange ich im Körper bin, weiß ich, dass, wenn der Tod kommt, ich ihn mit demselben Gefühl des Wunderns und Staunens begrüßen werde, wie ich das gegenüber meinem körperlichen Leben tue. Das heißt, dass ich mir sehr wohl darüber klar bin, dass es notwendig ist, die vorherrschenden Ansichten darüber zu überprüfen und in Frage zu stellen, wer wann den Zeitpunkt des Todes bestimmen darf. Wenn ich mich darum bemühe, in allen Situationen ein offenes Herz zu bewahren, dann hilft mir das, mit Anteilnahme und Barmherzigkeit zuzuhören.

Die Lebensgeschichte erzählen

Es war eine alte keltische Sitte, dass ein Nachbar oder ein guter Freund bei der sterbenden Person saß, solange sie noch kommunizieren konnte, und die Lebensgeschichte so niederschrieb, wie diese Person sie erzählte. Dann erzählte der Freund oder die Freundin Teile dieser Geschichte dem sterbenden Menschen wieder zurück und hob dabei verschiedene Ereignisse und wichtige Erlebnisse ihres Leben hervor. Oft sah man sich dabei auch Fotos an und so konnte die Person auf ihrem Sterbelager jedes Ereignis, das ihr wichtig war, besprechen und wieder erleben. Die Idee dahinter war, dass der sterbende Mensch seine eigene Geschichte in seinem Körper absorbieren konnte, damit seine Seelenenergie diese Geschichte in seinem neuen Leben einbringen konnte. Die Wesen in seinem neuen Leben wurden über die Lebensreise der neu angekommenen Seele unterrichtet und gratulierten ihr, dass diese ihre Reise beendet hatte.

Man verwendete auch Ton oder Lehm, um in ihm die Geschichte sozusagen einzuprägen. Die kranke Person knetete den Ton auf einem Tablett auf dem Bett, während sie einem Freund ihre Lebensgeschichte erzählte. Damit wurde ihre Geschichte „geerdet" und sie konnten sie hinter sich lassen, ohne irgendwelche unerledigten Dinge. Es war wichtig, dass die ganze Geschichte ohne Beurteilung oder Kritik erzählt wurde und dass jeder sogenannte Fehler vergeben werden konnte, bevor die sterbende Person ihren Körper aus Erdenlehm hinter sich ließ. Oft sprangen Freundin oder Begleiter ein, um abwesende Menschen zu ersetzen, mit denen die sterbende Person noch sprechen wollte. Wenn es um Verzeihung ging, so war das dann stellvertretend möglich.

Tanz war eine weitere Form, um die Geschichte auszudrücken. Eine junge Tänzerin oder ein junger Tänzer kamen, hörten sich die Geschichte an und tanzten dann ganz intuitiv einen Tanz des Lebens und Sterbens, damit die kranke Person die Bewegung ihres eigenen Körpers spüren und dann den Körper und seine Geschichte besser loslassen konnte. Es ging darum, sich an Bewegungen zu erinnern, sich an den Tanz des Lebens zu erinnern und von dort aus immer weiter und tiefer in diesen Tanz, den Tanz des Todes, zu gehen.

In Irland wurde das Leben eines Menschen ihm viele Male mit spontaner Musik aus der Seele des Sängers zurückgesungen. Die Musik war ähnlich wie indische Volksmusik; man kann hier einen Einfluss aus dem Osten auf die traditionelle irische Musik beobachten. Musik, so wusste man, ging tiefer in die Psyche als Worte und vermochte den Seelenton zu treffen, durch welchen die Seele verführt worden war, zur Erde zu kommen, und Musik konnte auch den Weg für den Seelenton freimachen.

Todesklagen, so hieß die Totenmusik, die man auf Gälisch seisigbhais nannte. Diese Musik erklang in der Form einer Todesklage oder eines Trauerlieds und wurde üblicherweise von einer älteren Frau gesungen. Sie begann mit einem Geheul aus dem Schoß, aus dem Unterbauch, und ging in einem Crescendo hinauf bis zu einem lauten Kreischen. Der Name der verstorbenen Person wurde immer und immer wieder gesungen, wie ein Mantra, das dann mit den Worten oconoconooh endete, was „o Kummer, o Kummer" bedeutet. Dieses Klagelied wurde dann von allen aufgenommen, die sich versammelt hatten, wie als Antwort auf den Schrei der alten Frau. Ich erinnere mich als Kind, dass ich mitmachte und dachte, dass es sich so anhörte wie das Rauschen des Meeres, wie der Klang von bean sidhe. Wenn die Klage vorbei war, hob natürlich wieder Singen und Tanzen an.

Heutzutage nehmen Leute an Seminaren von Schulen für Thanatologie teil (Sterbeforschung) und lernen dort gregorianische Gesänge, die von der Harfe begleitet werden, um sie Sterbenden vorzusingen. Therese Shroeder-Sheker leitet eine solche Schule in Amerika. Sie meint, dass man den Sterbenden besser helfen kann, ihren Erdkörper zu verlassen, wenn sie ihnen nicht vertraute Musik hören, die gesungen und auf der Harfe gespielt wird. Die Musiker sitzen dann an beiden Seiten des Bettes und singen in den höheren Oktaven, um die Seele aus dem Körper hervorzuziehen.

Der keltische Weg, die Methode unserer Vorfahren, ist, sich mit dem zu umgeben, was natürlich und vertraut ist, wo wir uns heimisch fühlen. Mit dem Klang der natürlichen rhythmischen Stimmen unserer Nachbarn, mit Lehm und Erdtönen, mit dem Bellen von Hunden, dem Duft der Suppe aus der Küche, mit dem Klang des Fiedlers in der Kneipe und den Geräuschen der Kühe auf dem Feld hinter dem Schlafzimmer. Meine Freundin Hannah möchte die Esel schreien hören und sie lässt sich vom Atem ihrer Töne tragen. Das Wohlgefühl für viele sterbende Menschen, sich in einer vertrauten Umgebung zu befinden, ist unschätzbar. Die keltische Seele kommt gut zurecht mit der Natur, mit dem Natürlichen, dem Vertrauten, mit dem Alltag, der selbstverständlich über das Gewöhnliche hinausgeht und auch Mysterium, Transformation und Tod enthält. Aye!

Meine Arbeit besteht darin, den Tod aus dem Salon herauszubringen, aus dem „schönen Zimmer", aus dem sauberen, gut staubgewischten Raum, wo wir unsere besten Kleider tragen, wo wir nichts Ungebührliches sagen, wo alles nett und hübsch ist. Die Geburt ist nicht sauber. Leben ist nicht sauber. Warum sollten wir also den Tod domestizieren? Das offene Herz des Todes, das ich in meinem vorigen Buch beschrieben habe (Keltisches Totenbuch), lädt uns alle ein, ob wir nun schmutzig oder sauber sind, ob wir kompetent erscheinen oder verletzlich sind, ob wir etwas wissen oder nicht, mit am Tisch zu sitzen und an der Mahlzeit teilzuhaben, die im Ofen der Weisheit gut durchgebacken ist. Dann kann uns das gute Brot des Lebens auf einer tieferen Ebene nähren, während wir die Paradoxien des Mysteriums leben, während wir unsere Geschichte erfahren, während wir leben und sterben. So viele Menschen haben um eine „gute Sterbestunde" gebetet, um richtig und ordentlich und sauber zu sterben, mit einem Lächeln auf ihrem Gesicht, obwohl sie während der Zeit in der Körperform Glück nur durch Erfolg beim Erwerb materieller Dinge gesucht haben.

Die Mutter meines Freundes Ian Oughtred, Jean, schrieb folgende Zeilen, bevor sie starb: „Ich war von Ideologien und Dogmen gefangen. Ich bin für die Erkenntnis befreit worden, dass alle Manifestationen des Lebens kostbar sind und ich selbst auch. Die Achtung für das Selbst ist ein Aspekt, wie wir uns mit anderen Lebensformen austauschen, mit anderen Wesen, mit allen Prozessen des Lebens an sich, das immer ein Ganzes ist. Ist das Leben nicht voll von wunderbaren Formen des Seins, die sich ständig in ihrer Gestalt verändern, die sich immerzu erneuern und darin nie aufhören? Ich habe Mitgefühl mit jenen, die um alle möglichen Dinge kämpfen, um Mode, um Erfolge; das ist alles recht schön, aber kann nie wirklich zufriedenstellen."

Der physische Körper und die Psyche

Wenn wir den Körper und seine strukturelle Form beobachten, sein Skelett, können wir relativ einfach den emotionalen Zustand bemerken, der hinter der Erscheinung wirkt. Das wissen wir aufgrund der Forschungsarbeit über Körpersymbolik bzw. Körpergeografie. Am emotionalen Zustand können wir den Zustand der Psyche ablesen. Das mag auf den ersten Blick wie eine arrogante Anmaßung klingen. Aber liegt es nicht nahe, dass ein gewisser körperlicher Rahmen leicht auch den Allgemeinzustand des Trägers dieses Rahmens bestimmen könnte? Es scheint mir logisch zu sein, dass der Körper den Zustand der Seelenenergie zum Ausdruck bringt. Wenn die Seele eine bestimmte Aufgabe hat und die Persönlichkeit sich dessen nicht bewusst ist und stattdessen einen eigensüchtigen Weg verfolgt, wird sich das im Körper irgendwie manifestieren.

Die Aufgabe der Seele besteht darin, die Persönlichkeit aufzuwecken. Der keltische Ausdruck dafür lautet gutha – „zurückrufen" oder „erinnern" – oder airscroí – das heißt buchstäblich „wieder beherzen", also in das Herz das wieder zu geben, was wir vergessen haben. In unseren Zeiten, in denen liebe Seelen große Schwierigkeiten haben, Entscheidungen zu treffen, über ernste Verletzungen in persönlichen Beziehungen klagen, tiefes Leiden wegen Anhaftens an irgendwelchen Dingen oder Personen erleben und es eine allgemeine Unzufriedenheit im Hinblick auf die politische Situation gibt, glaube ich, dass wir ein starkes spirituelles Immunsystem entwickeln und aufbauen müssen. Wie geht das? Du wirst deine eigenen Wege und Mittel dafür haben und ich bin ganz und gar dafür. Ich empfehle Mitgefühl mit sich selbst, Verwirklichung unserer spirituellen Ansprüche und reden im Alltag, bewusstes Engagement mit der Welt, Güte gegenüber allen Wesen und Eingehen auf die emotionalen Probleme, die gerade jeweils auftauchen.

Wenn wir dies üben, werden unsere dysfunktionalen Emotionen transformiert und in dieser Verwandlung kann Liebe atmen, aber erst Übung macht den Meister! Ich stelle fest, dass ich das oben Gesagte einen Tag lang verwirkliche und dann vielleicht noch die Hälfte des nächsten Tages, aber spätestens am dritten Tag stehe ich wieder am Anfang. Manchmal entschuldige ich mich vor mir selbst so: Ich bin zu müde, ich kann mich nicht um alles kümmern. Was macht das schon? Das hilft jedoch alles nichts, weil ich mich nur selbst täusche. Nach all diesen Vorwänden erkenne ich, dass mein Erdengemüt mich im Status quo gefangenhält, alte Gewohnheiten verstärkt und Angst davor hat, in die Welt der Veränderung hinauszutreten. Die Anforderungen unserer Popkultur – erfolgreich zu sein, etwas zu leisten, zu gewinnen, an die sogenannte Spitze zu kommen, zu überleben und, koste es was es wolle, jugendlich auszusehen, selbst wenn man dafür kosmetische Operationen durchführen lassen müsste, die den Alterungsprozess verzögern, oder Herz- und Organtransplantationen zu erbitten, um dem Tod zu trotzen – verursachen für unsere Psyche große Störungen.

Organspenden – Blutspenden

In der Zeit der Kelten wurde eine Person, die krank war, mit Kräutern und Heilpflanzen behandelt und auch mit Wasser aus Bergbächen, dem die eigenen Segenssprüche hinzugefügt wurden. Wenn ein inneres Organ nicht funktionierte, machte man ein Ersatzorgan aus Holz oder Stein und begrub dieses in der Erde, während man Lobpreis an die Große Mutter sang mit der Bitte um Heilung. Wenn es um Kopfschmerzen oder Verrücktheit ging, bohrte man ein Loch in den Kopf, um den Geist der Dunkelheit zu befreien, von dem man annahm, dass er den Patienten besetzt hatte. Krankheiten, die man nicht mit Kräutern und Pflanzen, durch Operation oder die Anwendung von feuchtem Lehm behandeln konnte (der benutzt wurde, wenn man allgemeine Beschwerden oder Schmerzen spürte), wurden auf die Besetzung durch einen dunklen Geist zurückgeführt oder auf eigene schlimme Taten.

Die Weisen wussten dann Rituale der Auflösung von Besessenheit durchzuführen. Älteren Frauen, den Crones oder „Weisen Frauen", wurde die Fähigkeit zugeschrieben, aufgrund der Dankbarkeit der Erde heilen zu können – mar gheal ar an fodladh dearg a thainig ó bhroin an chailín. Das bedeutet „weil das rote Blut vom Schoß einer jungen Frau der Erde gegeben wurde". Ihre Heilung hatte die Form von beannaíonn oder „Wiegensegen", der von tröstenden Tönen begleitet wurde.

Es gibt heute viel Menschen, die sich bewegt fühlen, Teile ihres Körpers als Organspende zu geben, wenn sie sterben. Durch diesen so bemerkenswerten Akt der Liebe wächst den buddhistischen

Lehren nach der Wert der betreffenden Seele. In unserer keltischen Tradition glauben wir indes, dass wir jedes Mal, wenn wir auf die Erde kommen, mit einem ganz speziellen Körper hierherkommen, durch den sich die Seele manifestieren wird. Da wir Energiesysteme sind, müssen wir uns Gedanken machen, was es insgesamt bedeutet, das Organ eines anderen Menschen in uns aufzunehmen. Wenn wir glauben, dass jede Zelle im Körper ein Gedächtnis besitzt, dass sie ihre eigene Quelle von Wissen birgt, das nur für dieses besondere menschliche Wesen bestimmt ist, dann werden alle Erfahrungen eines Lebens in der eigenen „Datenbank" dieses Individuums gespeichert. Obwohl sich die Chirurgen selbstverständlich darum kümmern, dass Blutgruppen und Gewebearten übereinstimmen, stößt dennoch ein Patient bisweilen ein Spenderorgan ab. Das entspricht der inneren Weisheit des Körpers; ist es dann ethisch, darauf zu bestehen und alles zu unternehmen, dass der Körper dieses Organ dennoch annimmt?

Es ist interessant zu beobachten, dass die wissenschaftlichen und medizinischen Kreise beginnen, diese Fragen jetzt auch näher zu untersuchen. Am 26. Juni 2006 lief in England auf Kanal 4 ein Programm mit dem Titel „Geistiger Schock: Transplantation von Erinnerungen". Darin ging es um die Möglichkeit, dass ein transplantiertes Herz eine eigene Intelligenz besitzen könnte und auch sein eigenes Gedächtnis. Bei einem Mann wurde eine Rückenmarkstransplantation durchgeführt; er berichtete danach über deutliche Veränderungen in seiner Persönlichkeit (im Hinblick auf sein Gedächtnis, Essensvorlieben, Ängste, Musikvorlieben und so fort). Nachdem er die Spenderfamilie gefunden hatte, mit der er darüber sprach, stellten sie gemeinsam fest, dass er wesentliche Charaktermerkmale des Spenders übernommen hatte.

Ein Arzt von der Yale Universität in den USA stellte fest, dass das Herz über einen Feedback-Mechanismus verfügt, ein systemisch „eingebautes" Gedächtnis, wo Neuronen kommunizieren, indem sie Informationen aussenden und empfangen. Das Herz ist ein sehr energetisches Organ, das ständig in Kommunikation mit dem Gehirn steht. Anscheinend sehr wesentliche Erinnerungen bleiben im Spenderherzen abrufbar. Ein kanadischer Arzt und Forscher entdeckte, dass hinter dem Herzen mehr steckt, als die gegenwärtig gültigen Modelle erklären können. Es ist nicht nur eine Pumpe, sondern es gibt innen und außen Neuronen, über die eine sehr komplexe Kommunikation läuft. Es ist sozusagen ein „Gehirn im Herzen", das dem Herzen erlaubt, wieder zu schlagen, wenn es transplantiert worden ist. Manche Wissenschaftler meinen, dass das Herz eine ganz eigene Intelligenz und sowohl ein Kurzzeit- als auch ein Langzeitgedächtnis besitze. Wenn es stimmt, dass eine höhere Form von Erinnerung im Herzen gespeichert ist, dann stellt sich die Frage nach der Ethik von Transplantationen auf neue Weise.

Man hat auch festgestellt, dass Medikamente, welche das Immunsystem teilweise unterdrücken, Stimmungsschwankungen, Euphorie und auch merkwürdige, gestörte Gedankenmuster hervorrufen. Manche Ärzte geben gezwungenermaßen zu, dass Transplantationspatienten Persönlichkeitsveränderungen zeigen, können oder wollen aber noch keinen Zusammenhang mit der Organspende sehen. Natürlich finden es Naturwissenschaftler, die sich auf harte empirische Daten stützen, schwer zu akzeptieren, dass ein fühlendes Herz damit zu tun haben könnte, wie wir denken.

Dr. Rollin McCraty hat eine Studie geleitet, bei der die Stimulierung von Herz und Gehirn überwacht wurde. Zufällig ausgesuchten Menschen wurden Bilder gezeigt. Manche Bilder waren wunderschön, andere aggressiv und so fort. Ergebnis dieser Untersuchung war, dass das Herz schneller reagierte als das Gehirn. Nachdem immer mehr Bilder gezeigt wurden, entwickelte das Herz eine Erwartungshaltung, aus welcher dann eine Botschaft an das Gehirn folgte, sich auf eine bestimmte Körperreaktion vorzubereiten. Das ließ sich an den entsprechenden Monitoren klar ablesen.

Die wissenschaftlichen Entdeckungen der inneren Zusammenhänge und Funktionsweisen des menschlichen Körpers verändern sich laufend. Einst glaubte man, dass kein Bakterium im Magen überleben könne, wegen der dort vorhandenen Magensäure. Mit dem Auftreten des Heliobacter pylori ist das widerlegt worden. Wenn Beschwerden oder Erkrankungen an Gaumen und Mundschleimhäuten nicht behandelt werden, kann auch das auf das Herz einwirken. Das ist ein weiterer Hinweis darauf, dass das Herz kein isoliertes Organ, sondern mit allen physiologischen Systemen verknüpft ist und dass es von allen abhängt. Dr. McCraty bezeichnete das Herz als ein fühlendes Organ, welches die Erinnerungen an Ereignisse und an das gesamte Leben speichert, das erfahren wurde. Wenn auch in anderen Organen so etwas wie ein Gedächtnis existieren sollte, welche Folgerungen wären dann daraus für das Thema Transplantation ganz allgemein zu ziehen? Was heißt das für die Medizin der Zukunft? Was bedeutet es für deine eigenen Entscheidungen? Und wo steckt das Seelenbewusstsein bei alledem?

Um eine Organtransplantation möglich zu machen, ist es notwendig, dass die Entnahme des Spenderorgans erfolgt, wenn zwar das Gehirn tot ist, der Körper aber mit Blut und Sauerstoff versorgt wird. Ein Herz bleibt bis zu vier Stunden nach der Entnahme lebendig, wenn es gekühlt aufbewahrt wird. Da die tote Person mechanisch zumindest teilweise am Leben erhalten wird, ist es nahe liegend anzunehmen, dass die Seele so lange gefangen ist. Manche Menschen betrachten diese Intervention der Organentnahme zwar als unangemessen, aber fortschrittlich. Sehen Mediziner den Tod als einen Fehler, als ein Versagen, als etwas an, gegen das man nur mit einem Aufschrei reagieren kann? Steckt eine solche Haltung hinter manchen medizinischen Eingriffen?

Die Seele sollte bei den Diskussionen über die Sterbebegleitung und über die zeitliche Bestimmung des eigenes Todes auch eine Rolle spielen. Auch das spirituelle Wohlbefinden ist es wert, ihm eine gewisse Priorität einzuräumen. Wir scheinen die Seele meistens mit religiösen Glaubensmustern gleichzusetzen. Unsere Tradition informiert uns, dass die Fürsorge für die eigene Seele nicht nur das Leben betrifft, sondern auch den Tod. Das Problem hier scheint also ein Mangel an Information zu sein oder Angst vor dem Unbekannten.

Wenn wir glauben, dass jedes Organ im Körper ein eigenes dynami-

249

sches Leben besitzt und zugleich mit anderen Organen und Systemen verknüpft ist, dann liegt es doch nahe, dass es eine ganze Zeit lang braucht, wenn ein fremdes Organ – eine Niere, ein Herz, eine Leber – in den Körper gebracht wird, bis sich die eigenen Organe an das gespendete Organ gewöhnt und darauf eingestellt haben. Außerdem: Wo bleibt der Respekt vor der verstorbenen Person, wenn man ihren Körper als wiederverwertbares Material behandelt. Das reduziert das menschliche Wesen auf die Summe seiner Teile, nicht mehr.

Mir persönlich ist im Verlaufe tiefer Meditation und Kontemplation offenbart worden, was tatsächlich geschieht, wenn solche Transplantationen vorgenommen werden; sonst würde ich ja darüber auch nicht mit solcher Leidenschaft schreiben. Ich bin von einer medizinischen Universität auch genau darüber aufgeklärt worden, wie solche Transplantationen ablaufen. Über die mangelnde Achtung für die lebendige Seele und ihren bei einer Transplantation verwirrten Zustand „zwischen den Welten" kann man nur traurig sein.

Manchmal wird der Tod so gesehen, als ob man kampflos aufgeben würde. Nehmen wir den Fall eines Kindes an. Eine mögliche Transplantation macht Hoffnung, während man auf ein passendes Organ wartet. Diese Hoffnung verwandelt sich allerdings in Verzweiflung, wenn es kein passendes Organ gibt. Dabei gibt die Wartezeit den trauernden Eltern Zeit, mit ihrem Verlust umzugehen. Nun taucht doch ein passendes Organ auf. Viele werden dann sagen: „Wie wunderbar, dass das Kind mit den neuen Nieren ein neues Leben bekommt." Vielleicht lebt dieses Kind dann auch viele Jahre lang, aber nur mit der Unterstützung durch Medikamente, die die Reaktion des eigenen Immunsystems unterdrücken, welches das fremde Organ abstoßen will. Diese Medikamente sind übrigens krebsauslösend. Die ganze Zeit hindurch müssen sich Kind und Eltern darüber im Klaren sein, dass sich Veränderungen abspielen, wenn das Spenderorgan vom Empfängerkörper abgestoßen wird. Und das ist dann für die meisten Eltern eher akzeptabel, als einen „zu frühen Tod" ihres Kindes anzunehmen. Aber für dieses Kind waren die kurzen natürlichen Jahren in einem Körper und die Liebe der Eltern in dieser Zeit vielleicht alles, was die Seele bei diesem Mal auf der Erde gewollt hatte.

Eltern, die eine solche Situation aus einer größeren Sicht heraus betrachten und dabei auch die Seele bedenken, brauchen viel Unterstützung dabei. Diese Unterstützung ist oft nicht vorhanden. Wenn die Erziehung und Bildung der Seele einmal überall möglich und nicht nur als ein Teil bestimmter festgelegter religiöser Glaubensmuster gesehen wird, dann werden die Menschen bewusste, gut fundierte Entscheidungen über Organspenden und Transplantationen für sich und ihre Kinder treffen können.

Bluttransfusionen helfen, Leben zu erhalten; sie werden in Krankenhäusern viel verwendet. Es ist möglich, dass man vor einer Operation sein eigenes Blut spendet, damit sich nachher die Frage nach einem eventuell notwendigen Spenderblut gar nicht stellt. Unseren keltischen Ahnen zufolge ist die Geschichte unseres Lebens in unserem Blut. Damit ist gemeint, dass sich unsere Seelenreise des Lebens und Sterbens symbolisch im Blutkreislauf wiederfindet. Das Blut in unseren Venen symbolisiert das Loslassen dessen, was uns nicht länger dient, welches dann in das rote, leidenschaftliche Blut der Arterien transformiert wird, das uns Leben schenkt.

Das Herz ist der Kessel, in dem alles zu bedingungsloser Liebe umgerührt und eingekocht wird. Hier ist der Ort, an dem gefiltert wird, aufgerührt wird, hier sitzen die Gefühle. Könnte es sein, dass ich, wenn ich einem anderen Blut spende, meine subtilen Energien mit seinen vermische? Dass ich dabei meine noch unerledigten Dinge energetisch genauso weitergebe wie meine Vorlieben und Abneigungen? Bisweilen wird darüber berichtet, dass Menschen nach Bluttransfusionen, die sie erhalten, Persönlichkeitsveränderungen erleben oder zumindest vorübergehend andere Neigungen und Bewertungen erfahren. Das kann ich im Hinblick auf eine energetische Ebene gut nachvollziehen. Mein Gefühl ist, dass wir mehr und mehr akzeptieren müssen, dass wir Menschen nicht nur Blut, Schweiß und Tränen und auch nicht nur Knochen, Haut und Muskeln sind.

Vielleicht sollten wir wieder auf die Weisheit unserer Ahnen hören und diese mit der modernen medizinischen Technik verbinden und dann in einer Haltung der Weisheit, für die auch die Seele eine Rolle spielt, Entscheidungen für unser Leben und unseren Tod treffen. Medizinisch betrachtet ist es wichtig, dass man bei Transfusionen die richtige Blutgruppe hat; das betrifft aber nur den physiologischen Aspekt. Was ist mit der ganzen Person?

Du könntest diese Gesichtspunkte mit deiner Ärztin bzw. mit deinem Arzt besprechen, mit deinen Freunden, damit du noch mehr Aspekte dieser Thematik kennenlernst. Nur dann gelangst du zu einer bewussten Entscheidung, falls du vor die Frage gestellt wirst, ob du Blut oder ein Organ spenden oder empfangen solltest.

Je mehr Einblick wir in die Dynamik von Energien erhalten, desto besser werden wir verstehen, dass Leben nicht von einer Form abhängt, und auch, dass das geformte Leben, das Leben in einer körperlichen Gestalt, nicht die einzige Wirklichkeit darstellt.

Meine Freundin Hannah, die derzeit mit Metastasen an Nieren, Lunge, Rückgrat und Lymphsystem lebt, sagt: „Ich würde Spenderorgane aus mehreren Gründen nicht annehmen. Ich glaube wirklich, dass jede Zelle in meinem Körper nicht nur meine DNA enthält, um sich reproduzieren zu können, sondern auch meine Lebenserinnerungen, alles, was ich erfahren habe. Mein Körper ist das Geschenk meiner Seele, um damit das Leben zu erfahren. Wenn ich versuchen würde, mein Leben künstlich zu verlängern, dann ist das so, als ob ich versuchen würde, meine Seelenreise zu beherrschen. Obwohl ich erst fünfzig Jahre alt bin, habe ich keine Angst vor dem Sterben und deshalb spüre ich keine Notwendigkeit, mein Leben zu verlängern. Ich mache jetzt meine Trauerarbeit und das lässt mich die Unvermeidlichkeit des Todes, dem wir alle eines Tages gegenüberstehen, nicht nur erkennen, sondern auch annehmen. Die Festlegung, wann die Zeit dafür gekommen ist, liegt nicht in meiner Hand.“

Für mich ist wichtig, dass ich etwas gebe, dass ich „Spenderin“ werde, während ich im Körperleben bin. Ich frage mich, wie ich anderen

Menschen Zeit widmen kann, damit ihr Leben bereichert wird. Mir scheint es wohl auch schwieriger zu sein, das Herz zu öffnen, während wir leben, als „großzügig" Organe zu spenden, wenn ich gestorben bin.

Krankheit als Durchgang

Wenn wir Krankheit als eine Form der Belehrung betrachten, eine Methode, um uns zu helfen, in Kontakt mit dem Göttlichen zu gelangen, dann heilen wir in der Tat dieses Mal unser Leben. Viele Seelen von Menschen haben den Weg der Krankheit gewählt, um zu einer Quelle der Erleuchtung zu werden. Andere tragen ihre Krankheit voller Wut und Aggression. Auch ihnen werden Chancen zur Heilung präsentiert, aber sie können sie durch den Nebel ihrer eigenen Agonie nicht sehen. Viele andere Menschen erlangen zwar nicht mehr ihr körperliches Wohlbefinden so zurück, wie es einmal war, aber dennoch erfahren sie eine ungeheure Heilung. Ich bin vielen solchen Menschen begegnet, die ich große Heilerinnen und Heiler nennen würde. Hannah ist ein solcher Mensch. Wenn Menschen sich selbst gegenüber ihr Herz mit liebevollem Mitgefühl öffnen können, dann wird ihr Erleben von Krankheit transformiert. Wenn wir nur vom Kopf aus die Dinge ansehen, dann haben wir oft Schuld- und Schamgefühle und wir erfahren Selbsthass.

Es kommt häufig vor, dass sich ein kranker Mensch verantwortlich für seine Krankheit fühlt, in dem Sinne, dass er oder sie „Schuld" daran trügen oder dass es ihr eigener „Fehler" gewesen sei. Der innere Dialog läuft dann etwa so ab: „Wenn ich bewusster gelebt hätte, wenn ich gute Gedanken gehabt hätte, die richtigen Lebensmittel gegessen hätte, ein gutes Leben geführt hätte, ein besserer Mensch gewesen wäre, wenn ich also bewusster gewesen wäre, dann würde ich jetzt nicht an Krebs sterben und meine Familie sich selbst überlassen müssen."

Wir müssen auch an die ganze Umweltbelastung denken und wie die Tatsache, dass wir unsere Erde vernachlässigt haben, uns bis an den Rand der Auslöschung als Spezies gebracht hat. Das ist unser kollektives Problem, zu dem wir alle beigetragen haben. Soweit wir bewusst werden und bleiben, können wir daran etwas ändern. Je bewusster ich werde, desto weniger physische und energetische Umweltbelastung werde ich verursachen.

> *„Selbstvergebung und Selbstannahme ist etwas, was wir während unserer lebendigen Augenblicke des Lebens üben müssen, damit wir in den Augenblicken unseres Sterbens uns in den Tod voller Freude heilen können."*
> **Hannah Cunningham am 2. Februar 2006, dem Tag der Feier der Brigit.**

Sie hat uns noch mehr mitzuteilen:

> *„Wenn ich meinen Körper mit all den Einschränkungen ablehne, die der Krebs auferlegt, wenn ich meine Emotionen unterdrücke, und es gibt so viele verschiedene, wenn ich meine Sexualität leugne – also all das, was mich weiblich macht, dann bin ich nicht spirituell, sondern neurotisch. Wie kann ich also Heilung finden, wie kann ich Ganzheit finden, meine eigene Heiligkeit, wenn ich irgendeinen Teil meiner selbst ablehne?*
>
> *– Es gibt kein Wachstum durch Kampf – keine Heilung, bis du nicht deine Bürden ablegst.*
> *– Es gibt kein Wachstum durch innere Konflikte – keine Heilung, bis du verzeihst und dir verziehen wird.*
> *– Es gibt kein Wachstum, keine Heilung – bis du alles wirklich lebst.*
> *– Leben ist nicht Kampf.*
> *– Kein Verdienst, kein Wachstum und keine Heilung entsteht aus Kampf."*
> **Hannah Cunningham, 2006**

Sprache und Krankheit

Sprache ist das Mittel, mit dessen Hilfe wir kommunizieren. Es gibt unseren Ideen, Gedanken und Tagträumereien Fleisch. Die Worte werden Fleisch und wohnen in uns. Sie sind an sich neutral, bis wir ihnen eine Bedeutung verleihen; aber sie stecken voller Assoziationen aus früheren Erfahrungen. Die Kelten verwendeten Sprache sehr sorgfältig, da sie Kraft enthielt und eine Macht, entweder zu heilen oder zu zerstören. Geschichtenerzählen war ihr Mittel, um aus den Erlebnissen und Erfahrungen von heute die Geschichte von morgen zu erschaffen. Worte waren die heiligen Gefährten der Barden und Druiden und viele Worte, die eine Magie für Priesterinnen enthielten, durften von gewöhnlichen Leuten nicht ausgesprochen oder gedeutet werden.

Es heißt, dass der Seegott Mannannon McLir auf der Rückseite seiner Zunge ein geheimes Zauberwort besaß. Wenn er unter Druck stand und gezwungen werden sollte, es zu offenbaren, wurde seine Zunge zu einer Feuerflamme, die den Angreifer verbrannte. Die Geschichte von Rapunzel erinnert ebenfalls an die Magie von Worten und Namen. Als junge Frau wuchs ich mit der alten irischen Sprache auf, die frisch aus meinem Mund kam, und ich erinnere mich, dass der Begriff für „Seele" und „Name" gleich ausgesprochen wurde. Wenn wir etwas benennen, erden wir es damit. Wir verleihen ihm Eigenschaften, die das Unbenannte nicht erfahren kann. Wenn es benannt wird, wird es in seiner Existenz bezeugt; es hat ein Recht, seinen Ausdruck im Leben zu finden. Wir müssen also vorsichtig mit der Sprache umgehen, auch wenn es sich um eine Krankheit wie Krebs handelt. Die Vorstellung, den Krebs zu „bekämpfen", ist ziemlich lieblos und unbarmherzig. Krebs wird allgemein als der „Feind" betrachtet, als irgendetwas außerhalb unserer eigenen Psyche, gegen das man Krieg führen muss, das man töten und auslöschen muss, als etwas, das man fürchten muss. Wenn der Gegenstand unserer Angst als etwas betrachtet wird, worüber wir keine Kontrolle haben, dann wird es die Herrschaft übernehmen und Schlimmes bewirken.

Wenn wir in diesem Zusammenhang eine missbräuchliche Sprache benutzen, so werden wir uns noch unwohler und kränker fühlen. Wenn wir die Zellen in unserem Körper, die vom Krebs befallen sind, Eindringlinge nennen, dann wird uns das von uns selbst entfremden. Wenn nur die Liebe allein heilt, dann müssen wir uns angewöhnen, eine liebevolle Sprache zu verwenden, wenn wir wirkliche Heilung erleben möchten. Und Heilung bedeutet nicht etwa, dass nur der Körper genesen soll. Heilung beinhaltet auch das Heilen in den Tod hinein.

Es ist wunderbar zu wissen, dass unser Nervensystem nicht zwischen einem wirklichen und einem vorgestellten Ereignis unterscheiden kann. Vorstellungen, Imagination, das ist der Stoff für die Seele. Visualisierung gibt uns die Möglichkeit, dass wir unsere sogenannte Alltagsrealität überschreiten und die Wirklichkeit der Götter erfahren. Tír na-n-óg – das Land der ewig Jungen, das Land, in dem Milch und Honig fließen, das Land am anderen Ende des Regenbogens: Das können wir erreichen, wenn wir unseren rationalen Verstand abstellen und uns für den zauberhaften, geheimnisvollen Ort der kreativen Erscheinungen öffnen. Kinder kennen diesen Platz. Das Kind in uns kennt diesen Platz. Das Staunen der Kinder scheint in vielen Erwachsenen verschwunden zu sein, wenn wir jedoch dazu eingeladen werden, uns eine kreativere Realität vorzustellen als die gegenwärtige Alltagswelt, dann besitzen auch wir Erwachsene die Fähigkeit, uns über gegebene Umstände zu erheben und uns für einen weiteren Platz zu öffnen. In diesem Raum, in diesem Zauberkessel der Fülle bietet sich die Imagination mit ihrer unbegrenzten Großzügigkeit uns zu Diensten an.

Krankheit ist eine Zeit, wenn wir aus der gegebenen, leidvollen Realität in den Raum der Heilung reisen müssen. An jenen Ort, an den die Krankheit nicht gelangt ist und den sie nie wird erreichen können. Hannah würde wohl sagen: Das ist der Ort der Seelenzeit. Ein Platz, an dem göttliche Vollkommenheit und absolute Heilung selbst wohnen und nur darauf warten, dass wir sie aufsuchen und uns mit ihrem heilenden Balsam vertraut machen.

Eine reicht aus

Wenn eine Zelle im Körper eine Fehlfunktion hat, wird die gesamte Umgebung davon physiologisch negativ beeinflusst. Sogar Zellen, die weiter entfernt sind, können nun auch anfangen, Fehlfunktionen zu zeigen. Die Verknüpfung von allem mit allem beginnt also mit den Zellen des Körpers. Im Fall von Krebszellen kann man vielleicht einen primären Krebs in der weiblichen Brust entdecken, aber bald tauchen unter Umständen sekundäre oder gleichgeschaltete Zellen in der Gebärmutter auf. Ein Sekundärkrebs kann auch zuerst entdeckt werden, während die primären Krebszellen erst noch nur latent vorhanden sind und sozusagen „schlafen". Krebszellen können zum Beispiel die Leber eines Mannes besiedeln, während entsprechende bösartige Zellen auch in der Prostata auftauchen. Es scheint so, als ob in der Physiologie des Menschen die Homöostase, die Selbstregulierung, von der friedlichen Koexistenz zwischen den Zellen des Körpers abhängt.

In der äußeren Physiologie, im größeren Körper der Welt, können wir etwas Ähnliches beobachten: Ein Mitglied der Familie bekommt vielleicht Grippe. Bald sind andere angesteckt. Das breitet sich auf die Nachbarschaft aus. Das Gleiche gilt für unsere Gedankenmuster, unser Denken in Bezug auf die Beziehung zu anderen Menschen. Wenn ich einen Groll hege, wenn ich auf Rache sinne, wenn ich von Hass erfüllt bin und mich weigere, mit einem anderen Menschen zu sprechen, werde ich damit – aufgrund unserer gegenseitigen Verknüpfung unter allen Menschen – das Denken eines Menschen irgendwo anders auf der Erde entsprechend beeinflussen. Ich trage dazu bei, dass in einem anderen Körper dysfunktionale Gedanken entstehen. Die gestörten elektromagnetischen Impulse, die von mir ausstrahlen, wirken auf andere Wesen in anderen Teilen des „Weltkörpers" ein.

Wenn wir erkennen, wie wir mit allem verbunden sind, mit allem, was es an erschaffenen Erscheinungen nur gibt, dann werden wir – hoffentlich nicht zu spät – realisieren, wie sehr die Gedanken, die wir hegen, und die Glaubensmuster, die wir manifestieren, uns umhauen können.

Die Kraft eines Einzigen – einer Zelle, eines Menschen – ist mächtig, weil Krankheit oder Wohlbefinden durch sie verwirklicht werden können. Eine schlecht funktionierende Zelle im Körper kann für Bösartigkeit in anderen Teil des Körpers verantwortlich sein. Ein Mensch, der bösartige Gedanken hegt, kann für die Krankheit im Körper der ganzen Welt verantwortlich sein und so zu Kriegen, Unruhen oder sogenannten tödlichen Unfällen beitragen. Hass, stille Wut, das Predigen eines Separatisten-Evangeliums, auf Rache zu sinnen: Das alles ist wie bösartige Zellen im Gedankenkörper der Menschheit. Ich bin insofern für den Weltfrieden verantwortlich, indem ich zunächst ein friedliches Zusammenleben in meiner Familie erschaffe. Frieden beginnt zu Hause. Die gegenseitige Verbundenheit unter den Menschen kann eine globale Heilung erzielen, welche das Individuum allein nicht erzielen kann, aber es beginnt dennoch immer mit dem Einzelnen. Wer war in deiner Familie der oder die „Eine", der bzw. die dein Denken geprägt hat?

Wir alle tragen Verantwortung dafür, das Wassermannzeitalter mit fröhlichen Herzen und Seelen herbeizubringen, die bereit sind, sich mitzuteilen und auszutauschen. Wasserträger sind diejenigen, die sich selbst gestärkt haben, tiefer und tiefer in die Welt hineinzugehen und zu helfen, den Durst der anderen zu stillen. Wir treten in eine schwierige Zeit für den Kosmos ein; wie innen, so außen. Möge es nicht zu spät sein, die Ströme der Angst zurückzuhalten, die Krieg erzeugen.

Eine Visualisierung zur Selbstheilung

* Setz dich bequem hin oder lege dich aufs Bett, was dir angenehmer ist. Schließe die Augen, komm mit deinem Atem in Berührung. Nimm wahr, wie du einatmest und ausatmest: Jedes Einatmen ist eine Einladung zu leben, jede Ausatmung eine Einladung zu sterben. Mach das fünf Atemzüge lang.

- Stell dir den Teil des Körpers vor, der gerade jetzt um deine Liebe bittet. Verstehe den Körper als ein verletzliches, ungeliebtes Kind, dass die Bestätigung braucht, dass es geliebt wird. Mit deiner rechten Hand halte diesen Teil deines Körpers und mit deinem Atem sendest du diesem bedürftigen Kind warme, liebevolle Güte und Barmherzigkeit. Halte deine Aufmerksamkeit auf den Atem gerichtet.
- Bleibe mit dem Kind in Verbindung. Lass den Atem deine Aufmerksamkeit auf jeden Schmerz richten, den du in diesem Moment spürst. Mit dem nächsten Atemzug stellst du dir vor, dass sich dein ganzes Herz für göttliche Liebe und Gnade öffnet und dass sich deine Lungen vollständig mit diesem heilsamen Balsam füllen. Nun richte deine Ausatmung dorthin, wo deine Hand liegt, an den Platz, der deine Liebe braucht, der göttliche Barmherzigkeit braucht.
- Fahre fort, so zu atmen, bis du abgelenkt wirst, und wenn das geschieht, öffne deine Augen. Halte deine Hand noch weiter auf deinem Körper, schließe die Augen erneut und mach mit der Übung wieder weiter. Jedes Mal, wenn du abgelenkt wirst, musst du dir darüber keine Sorgen machen – keinerlei Beurteilung ist notwendig. Öffne einfach deine Augen und wenn du dazu wieder bereit bist, fahre mit der Übung fort.

Vergebung ist für unsere Heilung entscheidend. Die folgende Übung hat vielen Menschen geholfen, die mit Krebs leben und heilen.

- Spüre, wie die folgenden Worte durch deinen Atem in deinen Körper kommen: „Verzeih mir, dass ich dich nicht gesehen habe. Vergib mir, dass ich dein Leid nicht gehört habe. Verzeih mir, dass ich deine Angst nicht gespürt habe. Vergib mir, dass ich deine Verletzlichkeit nicht bemerkt habe. Verzeih mir, dass ich deine Lebensreise nicht anerkannt habe. Verzeih mir, dass ich deine Verluste nicht betrauert habe."
- Dann atme ein, atme Heilung und liebevolle Energie ein und richte diese Energie wieder auf deinen Körper mit den Worten: „Ich

sehe dich. Ich spüre deine Schmerzen und dein Leid. Ich fühle deine Angst. Ich erkenne und achte deine Verletzlichkeit. Ich schätze deine Reise. Ich betrauere deinen Verlust."

- Nachdem du das dreimal wiederholt hast, bleibe in der Stille. Spüre die Wärme deiner Hand, die deinen Körper hält, als ob man ein krankes Kind halten würde. Wenn du bereit bist, öffne die Augen. Bewege dich eine Weile lang noch nicht, sondern nimm deine ganze Umgebung mit allen Sinnen wahr.

Mit dem Krebs in einen Dialog treten

Wenn dein Körper gerade Krebs angenommen hat (vielleicht um dir zu helfen, dass du deine emotionalen Verletzungen bewusster anschaust), dann bitte einen Freund oder eine Freundin, die folgende Übung auf Tonband zu sprechen:

Setze dich auf einen Stuhl oder einen Sessel oder liege auf deinem Bett. Mach es dir bequem und atme leicht. Werde dir des Teils deines Körpers bewusst, der in diesem Moment den Krebs in sich trägt.

Finde ein Bild, lass dich auf das Bild ein und sprich zu dem Bild: „Ich verstehe vom Kopf her, dass du ein Bote für mich bist. Ich verstehe vom Kopf her, dass du mir etwas Wichtiges über mein Leben zu sagen hast und über meinen Tod. Ich fürchte mich vor dir. Du machst mir Angst. Du könntest das Werkzeug meines Todes sein. Ich möchte dich nicht ansehen müssen. Ich möchte dir nicht zuhören müssen. Vom Kopf her betrachtet bist du mein Feind. Ich hasse dich. Ich möchte dich töten. Ich möchte dich loswerden. Ich möchte so lange leben wie möglich, ohne an den Tod denken zu müssen." Du kannst dem noch weitere Anschuldigungen hinzufügen.

Nun fühle das alles auf einer tiefen Ebene. Spüre deine Wahrheit darin. Fühle, wie es ist, in das Gesicht des sogenannten Henkers zu schauen. Unterdrücke oder leugne deine Gefühle nicht. Spüre sie und benenne sie laut und deutlich. Atme tief. Achte darauf, dass du während der nächsten fünf Atemzüge deinen Körper entspannt und bequem sein lässt.

Nun öffne die Augen. Sieh dich um, strecke und recke deine Arme und bitte deine eigenen geistigen Führer und Engel, dir zu helfen. Bitte sie, bei dir zu sein oder zu sitzen und dir ihre Hilfe und Führung zu geben.

Nun setze dich in einen Stuhl oder Sessel gegenüber hin. (Wenn du vom Bett nicht aufstehen kannst oder willst, führe die nächsten Schritte in deiner Vorstellung durch, als ob du auf dem Stuhl sitzen würdest.) Schließe deine Augen. Du bist jetzt das Symbol für den Krebs. Wie fühlt sich das an? Spüre, wie es ist, gehasst zu werden. Spüre, wie es ist, die Quelle von so viel Kummer und Leid zu sein. Fühle, was es bedeutet, so viel Macht zu besitzen. Bleibe an diesem Platz, bis sich das Symbol verändert, und wenn es das tut, dann male dieses neue Symbol mit Buntstiften auf ein Papier.

Nun gehst du zurück zu deinem ursprünglichen Stuhl (bzw. legst dich wieder auf das Bett). Mit offenen Augen nimm die Energie deiner weisen Geistführer in dich auf und höre, was sie dir zu sagen haben. Du selbst bist ein weiser geistiger Führer, der bereit ist zu helfen; und du gibst nun deinen bedachten Rat dieser Person auf dem zweiten Stuhl, nämlich dir selbst. Erlaube diesem weisen Führer, dir alles über deine Krankheit mitzuteilen – warum du sie hast und welche Botschaft sie dir bringt. Dieser weise Führer weiß genau, warum du dir diese Krankheit zugezogen hast und warum es für dich wichtig ist zu hören, was sie dir sagen will. Höre schweigend zu, während dein geistiger Führer vom anderen Stuhl aus spricht. Später schreibst du alles auf, was du gehört hast.

Heilende Kunst

Seit den Tagen der Höhlenmenschen ist Kunst ein Mittel, um die Umwelt darzustellen, innere Landschaften abzubilden, dem Unbewussten Ausdruck zu verleihen. Sprache allein soll und kann nicht in die tieferen Gefilde unsere Bewusstseins eintauchen. Sie ist zu sehr vom Verstand als dem Instrument von Wissen abhängig. Die Seele spricht zu uns, singt uns sogar zu, durch Farben und Symbole. Die Seele ist eine zuverlässige Quelle für jenes Wissen, das sich nicht dem Verstand erschließt. Deshalb verwende ich Kunst als eine wundervolle Führung und als Helferin im Heilungsprozess. Ich habe allerdings etwas Probleme mit den sogenannten Therapeuten, welche die Kunst eines anderen Menschen deuten wollen, weil der Künstler selbst der wahre Interpret ist. Wir müssen einfach wissen, was die richtigen Fragen sind, die wir ihm bzw. ihr stellen sollen. Dafür hier ein Beispiel. Bitte wiederum eine Freundin oder einen Freund, bei deiner Übung zugegen zu sein, als „Zeuge" sozusagen.

• Besorge dir Buntstifte und Papier und setze dich bequem hin. Schließe die Augen und stimme dich auf die Krankheit in deinem Körper ein. Atme langsam ein und aus. Finde ein Symbol oder eine Farbe, die sie repräsentieren. Lass dich davon ganz erfüllen, sodass du diese Farbe oder dieses Symbol leicht und rasch immer wieder parat haben kannst.
• Öffne die Augen und male das Symbol auf das Papier. Du kannst die Farben verwenden, die du nehmen möchtest. Schreibe auf das Papier auch alle Gefühle, die du über die Krankheit hegst. Werde dir bewusst, welche Farben du benutzt hast und was sie dir sagen.
• Dann fängst du an, Fragen zu stellen. Was bist du (die Krankheit)? Warum bist du hier? Was brauchst du von mir? Woran willst du mich erinnern? Was hätte ich nicht bemerkt, wenn du nicht aufgetaucht wärest? Wie kannst du mir helfen? Schreibe alles auf. Lass nichts aus, gleich wie grotesk oder sinnlos es erscheinen mag.

- Nun höre zu.
- Wenn du diese Übung beendet hast, dann danke und schließe die Augen. Lass dich von deiner Atmung tiefer in die Verbindung mit dem betroffenen Körperteil führen und indem du mit beiden Händen den Schmerz deines Körpers liebevoll hältst, sprich Worte der Liebe und der auf keine Weise verurteilenden, süßesten Barmherzigkeit und herzlichen Anteilnahme für diesen Körperteil, der diesem Boten in deinem Leben Raum gegeben hat. Dieser Teil des Körpers hat sich für dich geopfert. Mache dir die Trauer bewusst, denn in diesem Schmerz steckt große Trauer und dein Körper erlebt die Schmerzen. Je mehr du wirklich daran glauben kannst, dass alle Krankheiten mit Verlusterfahrungen zu tun haben, mit Trauer, desto mehr wirst du ihr dein Mitgefühl zuwenden können und mit der Krankheit so umgehen wie mit einer Person, die Trauer trägt.

Meine Freundin Hannah sagte heute zu mir: „Wenn jemand den Verlust eines anderen beklagt, ist es klar, dass der andere Mensch entweder gestorben oder fortgegangen ist. Obwohl du das Gefühl von Verlust und Trauer tief in dir spürst, befindet sich die Ursache doch letztlich außerhalb deiner selbst. Wenn man aufgrund von Gesundheitsbeschwerden oder möglicherweise wegen einer unheilbaren Krankheit Trauer trägt, dann hat die Trauer mit dem sich ständig verändernden Zustand des Körpers zu tun, der täglich, stündlich wechselt. Es gibt da keinen Ausweg. Ich fühle mich oft wie in einer tiefen Trauer versunken, die ich gar nicht in Worten ausdrücken könnte. Und wenn diese Zeit vorbei ist, wenn ich sie angenommen habe, fließt wieder Öffnung. Dieses Kontinuum von Trauer und Annahme ist vermutlich für jeden von uns eine sehr einsame, isolierte Erfahrung."

Die isolierte Erfahrung, von der Hannah spricht, ist das Wissen, dass, gleich welche Hilfe sonst von außen kommen mag, es im Wesentlichen vom bewussten Alleinsein, von der bewussten Bereitschaft und von der bewussten Kreativität abhängt, ob wir uns transformieren (lassen) können. Der Alchemist, die Alchemie und das Gold sind alle drei in der menschlichen Psyche existent. Dieses schöpferische innere Wesen lädt unser äußeres Sein ein, hereinzukommen und an der Feuerstelle unserer eigenen Sehnsucht zu sitzen und liebevoll zuzusehen, wie es das Blei unserer Schmerzen in das Gold des reinen Bewusstseins formt und verwandelt.

Eine der wunderbarsten Verwandlungen in der Natur ist die Metamorphose einer Raupe in einen Schmetterling. Die Raupe löst ihren Erdenstoff auf. Wenn diese Auflösung nicht stattfindet, kann kein farbenprächtiger Schmetterling auftauchen. Falls sich die Raupe diesem transformatorischen Prozess widersetzen würde, diesem Stadium, in dem nichts zu passieren scheint, diesem Raum zwischen zwei Atemzügen, in dem die Bewegung zum Stillstand gekommen ist, dieser Haltung der Selbsthingabe, diesem stillen Platz, an dem Wunder geboren werden, dann müsste die Metamorphose darum kämpfen, neues Leben erzeugen zu können. Wir Menschen widersetzen uns leider diesem Raum, wir kämpfen gegen diesen Raum scheinbarer Bewegungslosigkeit an, gegen dieses Schweigen, das oft Depression oder Lethargie genannt wird und das manche als Auslöschung fürchten. Und doch geht es dabei nur um die Auslöschung unserer Begrenzungen.

Innere Landschaften (Tírdhreach istigh)

Die Kreativität der Kelten drückte sich auf mannigfaltige Art aus, besonders aber in der subtilen Kunst, die bei Grabsteinen und an rituellen Orten angewandt wurde. In New Grange in Irland ist der Stein, der vor der Grabkammer steht, sehr bekannt und er zieht Touristen aus aller Welt an. Viele haben versucht, die Symbole zu deuten, aber wer wollte den Geist einer Kultur, die über 2.500 Jahre alt ist, wirklich erfassen können? Wir sind wie Kinder, die versuchen, Physik zu studieren. Für mich ist die subtile Komplexität meiner eigenen inneren Landschaften und rituellen Räume ein Studium, ein Forschungsgegenstand, ein

Mysterium, ein Wunder und eine demütig machende und zugleich Erleuchtung schenkende Entdeckungsreise – sehr viel Ehrfurcht gebietender als jeder stehende Stein oder jedes keltische Schmuckstück. Die Entdeckung meiner inneren, alten Kraftorte entlang von Durchgängen und Wegen, durch die Höhlen meines eigenen Dunkels, meiner Grabkammern, ist das, was ich ausgrabe. Das tue ich nicht mit Spaten und Rechen, sondern mit den Werkzeugen meiner eigenen Heilung. Ich habe die Ehre, dabei die Hilfe solch wunderbarer, schöpferischer Quellen wie jene meiner keltischen Ahnen herbeizurufen, um den unauslotbaren Reichtum der alten Vergangenheit und des gegenwärtigen Bewusstseins meiner eigenen Seele aufzuzeigen und zu erkunden.

Bewusstseins-Meditationen

Diese innere Landschaft, über die wir sprechen, ist jener fruchtbare Boden, der die alten Prägungen natürlicher Erscheinungen enthält. Es ist der heilige Ort, der die DNA all meiner Entwicklungsstadien vom Einzeller bis zum Menschen enthält. Die Seele in uns ist die Trägerin all unserer evolutionären Erfahrungen. Sie speichert die Eindrücke, die ich erlebt und geerdet, also integriert habe. Ich vertraue auf diese Wahrheit, wenn ich dir jetzt die folgende Meditation vorstelle, die – wenn du sie zur rechten Zeit in deiner eigenen Bewusstseinsentwicklung durchführst – dich an einen Ort der Non-Dualität bringen kann und wird, in einen Zustand des Eins-Seins mit allem und zu einem Gefühl der Heilung, selbst wenn du auf deinem Sterbebett liegst.

• Wenn es möglich ist, halte dich dazu unter freiem Himmel in der Natur auf, am Meer, in den Bergen, an einem See, im Wald. Wenn das nicht möglich ist, dann stelle dir vor, du wärest dort. Sei allein. Finde einen Platz, an dem du dich niedersetzt, und werde dir deines Atems bewusst, den du absichtlich langsamer werden lässt.

- Werde dir deiner Umgebung bewusst. Wenn du zum Beispiel am Meer bist, dann achte auf die Wasser vor dir, auf die Wellen, die sich am Strand brechen. Es ist während dieser Visualisierungen wichtig, dass du nur Erfahrungen über die Sinne machst, keine kognitiven, keine mentalen. Unsere Sinneserfahrung zeigt uns einfach das Meer oder Blumen oder den Berg, ohne irgendeine Bewertung, und zwar so, als ob wir sie zum ersten Mal sehen, ohne unsere präkonditionierten Projektionen. Das verleiht uns Achtsamkeit ohne Voreingenommenheit oder vorgefertigte Ideen, sodass wir ein reines Bild sehen, kein verfälschtes.

- Atme und während du atmest, atme das Meer ein (bzw. den Berg, den See, den Wald). Atme es in das Wasser in deinem eigenen Wesen. Stelle dir vor, dass, während du das Meer einatmest, sich das Wasser in deinem Körper darin auflöst, so sehr, dass du ganz in den Wassern des Meeres vor deinen Augen eintauchst, dass du mit allen anderen Meeren und Ozeanen verschmilzt, bis dein eigenes Sein schließlich nicht mehr vom Sein des Meeres getrennt ist (bzw. von dem des Berges, Sees, Waldes und so fort).

- Die Schmerzen in deinem Körper tauchen ebenfalls in diesen großen Ozean ein; so sehr, dass sie nicht mehr deine eigenen Schmerzen sind, sondern die des Ozeans; es sind die Schmerzen. Und wenn die Meere und Ozeane miteinander verschmelzen, lösen sich die Schmerzen auf, bis nur noch das Fließen der Wasser bleibt. Bleibe in dieser Bewusstseinshaltung, während du weiter in das Meer vor dir blickst und mit den Wellen atmest. Du bist präsent und wach und doch ist das Du, das die Schmerzen getragen hat, verschwunden und die Schmerzen sind aufgelöst worden. Nun ist da nur noch Sein und dieses Sein ist einfach der Atem, nicht dein Atem, nicht das Atmen der Wellen, sondern der Atem. Atem ist Leben, Leben ist Spirit, und wir sind eins.

- Wenn du dazu bereit bist, schließe deine Augen und aus einer Haltung der Dankbarkeit für das Element des Wassers atme tief ein und lächle.

Verwende das gleiche Vorgehen, wenn du Wald, Berg oder See in dein Bewusstsein holst. Es stellt ein großes und wunderbares Geschenk dar, einem sterbenden Menschen die Möglichkeit zu bieten, am Meer, am Berg, im Wald oder am See zu sein, und ihm zu helfen, diese heilsamen Meditationen zu erleben. Die Dauer, wie lange man in jeder Meditation bleibt, hängt von der Energie der sterbenden Person ab. Man muss jedoch nicht erst dem physischen Tode nahe sein, um den Nutzen dieser Visualisierungen zu erleben. Probiere sie einfach aus und erlebe selbst, was geschieht.

Kapitel 12

Versammelt sein

„Heavy Metal Heilung" – Danke, Schlachter

Ich möchte eine weitere wundervolle Geschichte erzählen, von Steffen, der erst 23 Jahre alt war und an einem bösartigen Gehirntumor, der nicht mehr weiter operiert werden konnte, starb. Er hatte mehrere Operationen durchgemacht, aber der Krebs konnte nicht gestoppt werden. Er hatte Probleme zu sprechen, weil die linke Seite seines Gesichtes gelähmt war. Er hatte einen jüngeren Bruder, Paschal, der 13 Jahre alt war. Ihre Mutter weinte viele Tränen an meiner Schulter über Steffen und ich konnte jede ihrer Tränen nachempfinden. Steffen hatte einige Male gegenüber seiner Physiotherapeutin Annette Selbstmordgedanken geäußert, worüber sie sich Sorgen machte.

Als ich mir die verschiedenen Dinge in Steffens Zimmer ansah, spürte ich intuitiv, was sie ihm bedeuteten. Ich sah diesen großen Mann, erst 23 Jahre alt, in einem Rollstuhl, ohne Haare, zahlreiche Operationsnarben sichtbar am Kopf, neue schwarze Rockerstiefel, die nicht zugeschnürt waren (das war damals Mode), ganz in Schwarz gekleidet mit einem T-Shirt, auf dem quer über die Brust das Wort „Slayer" (Schlachter) in großen Buchstaben wie herausgeschrien stand. Offensichtlich war Steffen ein Heavy-Metal-Fan. Ich sah zwei E-Gitarren in einer Ecke stehen und etliche CDs sowie ein weiches, flauschiges Häschen. Heavy Metal ist (für die, die das nicht wissen) sehr aggressiv in Musik und Text und hat gar nichts mit einem flauschigen Häschen zu tun. Steffen lud mich ein, mich zu ihm zu setzen.

„Ich denke, Steffen, dass es sehr schlimm sein muss, in diesem Rollstuhl zu sitzen und nicht herumgehen zu können."

„Das stimmt, Phyllida", antwortete er und hielt seine Augen auf mich gerichtet.

„Du konntest in deinen neuen Stiefeln noch nie herumlaufen, hm?"

„Nein!"

„Das muss schlimm sein."

„Ja, das ist schwer."

„Ich sehe, du magst Slayer."

„Ja, und ich mag die Texte."

„Mein Sohn war auch ein Heavy-Metal-Fan und ich erkenne ihre Bilder."

„Ich hab die mal in Hamburg gesehen; sie waren super und ich habe Bilder von mir mit ihnen machen lassen."

„Kann ich die mal sehen?"

Steffen bedeutete Annette, eine Schachtel hinter ihr vom Regal zu nehmen, und sie zeigte uns die Fotos, die von Steffen mit der Band aufgenommen worden waren. Das zauberte ein breites Lächeln auf sein trauriges Gesicht.

„Du hast damals, vor zwei Jahren, lange Haare gehabt, Steffen."

„Ja, Phyllida, die hab' ich mir alle abschneiden lassen, als ich die Operationen hatte."

„Das muss ziemlich traurig gewesen sein, nicht?"

„Ja, ich hatte gern langes Haar, aber ich hab' es noch, da drüben in einer Schachtel."

Annette brachte die Schachtel und wir bestaunten die langen, goldenen, lockigen Haare, die noch ganz intakt waren. Offensichtlich mit Tränen in den Augen sagte er: „Alles jetzt hier drin", als er die Schachtel mit seinen armen, entstellten Händen wieder zumachte.

„Du hast Gitarre gespielt, Steffen."

„Ja, ich hab' gern Heavy Metal gespielt, aber die Wohnung hier war zu klein dafür." Er lebte in einem Häuserblock mit vielen Wohnungen.

„Das muss ja schrecklich sein, dass du nicht mehr Gitarre spielen kannst, Steffen."

„Ja, nicht so super, Phyllida."

„Heavy Metal hat ziemlich viel Schlagzeug, oder?"

„Ja, das Schlagzeug mag ich, das ist aber zu laut hier drinnen und auch zu teuer."

Da kam mir die Idee! Ich wusste nun, warum ich hier war, und war ganz aufgeregt: „Ich kann ein Konzert geben und Geld für das Schlagzeug bekommen und wir werden einen Platz für dich finden, wo du an ein paar Tagen in der Woche hingehen und deine CDs und das Schlagzeug spielen kannst."

Steffen hatte seinen Kopf zur Brust geneigt und schaute nicht auf. Ich wusste, dass er mich gehört hatte und dass er Zeit brauchte, um das alles aufzunehmen. Schließlich sagte er: „Das wäre gut, Phyllida, das wäre wirklich gut."

Tränen verschleierten seine Augen, als ich vorschlug, dass die Familie sich zusammensetzen und seine Haare so aufnähen könnte, dass er auch seine eigenen Haare tragen würde, wenn er spielte. Heavy Metal-Musiker wollen, dass ihr Haar immer um ihr Gesicht fliegt, wenn sie spielen. Die Familie war begeistert, der Tag für das Konzert kam, alle waren da.

Steffen spielte Schlagzeug, das Annette in der Zwischenzeit gekauft hatte. Von überall kamen Menschen, um dabei zu sein und das Konzert zu unterstützen; der Höhepunkt war, als Steffen Schlagzeug spielte. Während des Konzerts entzündete Steffen eine gelbe Kerze für Patrick, der in Nordirland war und auch an Gehirntumor starb.

Ich habe Steffen noch viele Male danach besucht und erkannte, wie viel Freude ihm und seiner ganzen Familie dieser Tag gegeben hatte. Sie konnten sich so viele schöne Erinnerungsfotos ansehen. Das verschaffte ihnen eine Möglichkeit, ihre Trauer und ihre Freude miteinander zu teilen, und es brachte auch die Menschen aus ihrer Umgebung auf eine sehr schöne Weise als Gemeinschaft näher. Ein Paar war bei dem Konzert, dessen Baby vor einigen Jahren gestorben war, und sie konnten nun wieder gemeinsam um ihr Kind weinen. Das Konzert hatte auch in ihnen etwas geheilt.

Am Abend, bevor Steffen starb, wusste ich, dass er das erledigt hatte, was er bei diesem Mal zu tun hatte. Sein Traum, öffentlich Schlagzeug zu spielen, war ihm so viel wert gewesen und die Fotos waren ein lebendiger Beweis dafür, dass Träume auch wahr werden können, bevor wir sterben. Ich war überrascht, dass Steffen darum gebeten hatte, dass ich bei seinem Begräbnis „Amazing Grace" mit einem schnelleren und fröhlicheren Takt singen sollte. Er trug sein Slayer-T-Shirt und ich gab ihm die CD mit in den Sarg. Steffen hatte seine Form eines glücklichen Todes.

Paschal ging durch eine sehr schwere Zeit, während sein großer Bruder so krank war. Mitten in seiner eigenen Trauer und Verwirrung tat er so viel für Steffen. Es ist für Eltern wirklich schwierig, mit all den Gefühlen in der Familie umzugehen, und oft bekommen die Geschwister wenig Hilfe, die jedoch auch viel Aufmerksamkeit brauchen. Da sie ja nicht sterben, wird von ihnen erwartet, dass sie dankbar sind. Paschal kümmerte sich bis zum Ende mit um die Pflege seines Bruders.

Kleine Kinder und Tod

Das Folgende sind Auszüge aus einem Workshop, das ich 1990 abgehalten habe.

Kleine Kinder nehmen ihre Umgebung, die Gefühle, Ideen, Glaubensmuster und nonverbalen Kommunikationsformen der Erwachsenen aus ihrer Umwelt unmittelbar in sich auf. Es ist für sie ganz natürlich, das zu tun. Auf diese Weise können Kulturen überleben und sich fortsetzen. Was wir Kindern beibringen oder was kleine Kinder aufnehmen, bildet ihre psychologischen Gedankenmuster und ihre persönlichen Verhaltensmuster mit aus. Es besteht ja kein Zweifel daran, dass alles, was ein Kind von den Eltern lernt, besonders von der Mutter und von den Lehrern in der Schule, sei es verbal oder nonverbal, das Kind auf die eine oder andere Weise beeinflusst. Deshalb hinterlassen Botschaften über den Tod, über Gott, Liebe und Gefühle wesentliche Eindrücke, die oft zu einem Teil der Denkprozesse des Kindes über Leben und Tod werden.

Wenn man einem kleinen Kind erzählt, dass sein Bruder gestorben ist, weil Gott ihn als Engel haben wollte, dann sieht das Kind Gott womöglich als einen Dieb an, als einen, der jemandem das Leben wegnimmt. Als ich in den 80er-Jahren Montessori-Lehrerin war, sagte mir ein Kind gerade heraus: „Gott ist ein Schlägertyp. Der klaut die Leute." Ein anderes Kind meinte: „Gott ist ein großer Körperräuber." Gott wurde immer mit „Er" bezeichnet, er wurde als männlich und groß angesehen und deshalb mächtig. Wir vergessen, dass Kinder die Dinge buchstäblich nehmen. Ihr Geist sieht abstrakte Konzepte in Form von Bildern, die sie schon kennen. Kinder besitzen ihre eigenen symbolischen Übersetzungen für Ereignisse und Traumata. Wenn wir einem Kind zum Beispiel sagen: „Papa ist in das Haus vom lieben Gott gegangen und dort ist er sehr glücklich", dann glaubt das Kind unter Umständen, dass Papa die Familie verlassen hat und in das Haus von Gott gegangen ist, weil er ihr Heim nicht mehr mochte und mit seiner Familie nicht mehr glücklich war.

Einem kleinen Kind wurde eines Tages gesagt: „Hör auf zu weinen oder Mama wird weggehen." Die Mutter starb drei Tage später völlig unerwartet an einem Herzinfarkt und das Kind glaubte nun, dass es die Ursache für den Tod der Mutter gewesen war. Wenn wir einem Kind zum Beispiel sagen, dass Gott seine kleine Schwester bei sich haben wollte, weil sie so besonders gewesen war, dann glaubt das Kind unter Umständen, dass es selbst nichts Besonderes ist, und es wird Gott dann vielleicht mit Zorn und Frustration betrachten. Ein solches Kind wächst dann vielleicht mit dem Bemühen auf, „besonders gut" zu sein, um so auch jemand Besonderes zu werden. Gott als derjenige, der das Leben nehmen kann, besitzt alle Macht und das Kind hat keine Möglichkeit, sich zu beschweren, es kann seine Verletzung und Wut, seinen Verlust und das Gefühl von Unfairness nirgendwohin richten. Wenn das Kind sieht, wie die Eltern die Trauer tapfer ertragen, nicht dagegen protestieren, ihren Schmerz nicht offen herausweinen und schreien, weil der Tod als „Gottes Wille" angesehen wird, dann wird das Kind stumm, lernt auch, die Trauer tapfer zu ertragen, und sieht das dann als die richtige Art und Weise an, Verlust zu erleiden. Der Wille Gottes darf nicht in Frage gestellt werden.

Wenn umgekehrt ein Kind miterlebt, wie die Eltern weinen und so ihrer Trauer Ausdruck verleihen, versucht das Kind unter Umständen, „alles besser zu machen", indem es den Verlust gar nicht mehr erwähnt und so seine eigene Trauer passiv mit sich herumschleppt. Es ist also wichtig, dass Familien gemeinsam trauern.

In unserer westlichen Kultur ist es noch immer nicht die Norm, dass kleine Kinder um das Sterbebett der Eltern oder Geschwister versammelt werden. Wir behalten den Tod still und geheim und meistens in Krankenhäusern. Kinder nehmen an den Ritualen nicht teil. Sie werden fortgeschickt, um sie von trauernden Erwachsenen fernzuhalten. Wenn man Kinder jedoch von den Todeszeremonien ausschließt, dann werden sie auch vom Heilungsprozess in der Familie ausgeschlossen. Kinder spüren innerlich, wie man einen traurigen Verlust verarbeitet. Sehen wir uns ein kleines Kind an, dem man das Spielzeug wegnimmt. Es schreit: „Gib mir mein Spielzeug zurück" oder „meins, meins, meins." Es wird wütend und manchmal wird es mit dir zu handeln versuchen: „Ich bin ganz lieb, wenn du mir mein Spielzeug zurückgibst." Es wird launisch, wenn es das Spielzeug nicht wiederbekommt, und schließlich findet es etwas anderes, um sich damit zu beschäftigen. Aber zuerst einmal wird das Kind seine ganz natürlichen Gefühle ausdrücken, bis es lernt, dass „nette Mädchen nicht schreien" oder „dass es gar nicht gut ist, wenn du so wütend wirst".

Wenn wir einem Kind nicht erlauben, natürlich zu trauern, dann bringen wir ihm bei, seine Gefühle und das innere Bedürfnis zu weinen zu unterdrücken, seine Verletzung zu schlucken, sich immer an anderen und deren Art zu trauern auszurichten und ihrer eigenen inneren Autorität zu misstrauen, was ihre natürlichen Reaktionen auf Verwundung und Verlust angeht.

Vor langer Zeit war es in Irland üblich, dass Kinder immer an Totenwachen und Begräbnissen teilnahmen. Sie weinten zusammen mit den Nachbarn und deren Kindern, wenn diese kamen, um ihr Beileid auszusprechen. Sie blieben am Sterbebett von Mutter oder Vater, wenn diese ihren letzten Atemzug machten. Oft war es das jüngste Kind in der Familie, das sterbenden Eltern oder Großeltern den Rosenkranz in die Hand drückte. Viele Erwachsene erinnern sich daran, als Kind am Sterbebett der Eltern gestanden zu haben, dass sie miterlebten und sich darauf konzentrierten, dass die Eltern aus diesem Leben schieden und ganz natürlich in das Leben danach eingingen.

Ich erinnere mich an ein kleines Kind, das mir sagte: „Mama ist gestorben und ihre Augen waren offen und Papa hat sie geschlossen und dann konnte sie schlafen." Der Tod ist solchen Kindern nichts Fremdes. Sie sehen ihn als den natürlichen Verlauf des Übergangs vom Leben durch den Tod zu einem anderen Leben. Sie sprechen vom Leben danach mit Leichtigkeit und Sachlichkeit. Der Tod hat für sie keinen Stachel und verbreitet keine Angst. Kinder wurden von seinem Besuch nicht ausgeschlossen – und sie betrachteten übrigens auch eine Geburt nicht als etwas, was nur Ärzten und Krankenschwestern vorbehalten war. Sie waren vertraut mit den Wegen des Lebens und Sterbens und mussten als alte Menschen davon nicht abgehen.

Kinder verwenden eine symbolische Sprache, wenn sie dem Verstand eines Erwachsenen versuchen zu erklären, was sie durchmachen. Eine Möglichkeit dafür ist Malen und Zeichnen. Auf diese Weise kann sich das Unbewusste zeigen. Wenn wir als Erwachsene Augen haben, um die Botschaften zu erkennen, und Ohren haben, um sie zu hören, werden wir verstehen, was ein Kind mitteilen möchte, obwohl es noch nicht die Sprache dafür hat. Carl Gustav Jung und andere große Seelen haben uns aufschlussreiche Einblicke in Bezug auf die Interpretation von Kunst und Kindern hinterlassen. Greg Firth, ein Amerikaner, mit dem ich in Virginia arbeiten durfte, hat viele Beispiele von Kinderbildern erforscht und sie dazu verwendet, Dysfunktionen in der Kindheit zu erklären. Auch meine eigene Arbeit mit Seelenbildern hat mir und anderen viel geholfen.

Wenn man mit Klienten auf therapeutische Art arbeitet und Verlust- und Missbrauchsthemen behandelt, so hinterlässt das Spuren auf dem Papier, und nicht nur das, was das physische Auge sehen kann. Zwei Kinder wurden gebeten, den Tod zu malen, als eine Übung, nachdem jemand in der Familie gestorben war. Ein Kind malte einen schwarzen Kreis und das andere malte eine untergehende und eine aufgehende Sonne in leuchtendem Orange und Rot. Es war interessant zu hören, was die Kinder zu ihren eigenen Bildern sagten. Ein Kind sah den Tod als „ein großes schwarzes Loch" und als ich fragte, was denn in dem Loch steckte, antwortete es: „Monster, wenn du nicht artig bist." „Und wenn du artig bist?", fragte ich. „Ich glaube, Gott", war die Antwort. Das andere Kind sagte: „Das ist die Sonne, die aufgeht und untergeht." Auf die Bitte, mir mehr darüber zu erklären, sagte das Kind: „Wenn du stirbst, dann geht die Sonne unter, und wenn du geboren wirst, geht die Sonne auf." Ich habe nie vergessen, was ich von Kindern über den Tod gelernt habe. Kinder sind unsere Lehrer und Lehrerinnen. (Ich empfehle The Snowman[14] als ein wunderbares Buch, um Kinder zu helfen, loszulassen und mit ihrer Trauer umzugehen.)

Ein Tanz der Ganzheit

Dann werde ich tanzen, einen Tanz der Ganzheit
direkt in das Herz der Liebe.
Die Traumzeiten zwischen den Atemzügen sind jetzt kürzer,
da die Seelenerinnerung den traurigen Nebel
von unseren geschwollenen Augen wischt,
um unsere Fingerabdrücke zu enthüllen, deine und meine,
feucht,
vollende den Becher unseres Werdens.
Beim nächsten Mal werde ich einen sanfteren Landeplatz aus-
wählen,
wo warmes, weiches Gras
meinen Fall aus der Gnade auffangen wird,
und noch weicher
werden die Arme meine Entwöhnung liebkosen,
und frohe, fröhliche Lieder
werden meine Unschuld in den Schlaf singen.
Phyllida Anam-Áire, 1991
Seá.

Dank

Ein tief empfundener Dank an Hannah Cunningham, für ihr dauerhaftes Vertrauen in die alte Weisheit, für ihre lebendige Verkörperung dieser Weisheit. Darin liegt die höchste Lehre. Deine Begleitung von Workshops, deine Vorträge bei Konferenzen, dein Heilen, deine seelenerfüllte Präsenz – all das ist ein Teil deiner Leidenschaft als eine wahrhaft keltische Frau. Vielleicht werden auch meine Augen eines Tages die Welt sehen, wie du sie siehst, in all ihrer Weite und mit einem ganz offenen Bewusstsein.

Dank auch an Findhorn Press und besonders an Sabine Weeke ... eine schöne Frau. Herzlichen Dank! Dank an Barbara Faro für ihren sanften Antrieb und ihre Liebe, an Sarah Arivanna Trevelyan für ihre Freundschaft und Hingabe an das Thema. Dank an alle meine lieben Menschen in Deutschland und in der Findhorn-Gemeinschaft. Tiefe Achtung möchte ich ausdrücken für meine Ahnen und für meine eigenen Eltern, die für mich für diese Lebenszeit genau richtig waren. Danke an Richard und Anthea, meine erwachsenen Kinder, und an Tom, ihren Vater, für all das, was wir miteinander teilen und für euren Glauben an mich. Meine Schwester Mary hat mich ermutigt, die Geschichten weiterzugeben und euch, meine größere Familie, daran teilhaben zu lassen. Tá grá agam duit a Mháire.

Ich bin sehr dankbar und liebe euch alle.

Anhang

Glossar

Im Buch verwende ich die Pronomen er und sie bzw. ihm und ihr im Wechsel und austauschbar, statt nur er und ihm.

Wenn ich von Lehren spreche, so beziehe ich mich damit auf die irischen keltischen Wege, Weisen, Traditionen und Sitten.

- **Archetyp:** Das, was sich uns als ein lebendiges Konzept darstellt, das Dispositionen (Neigungen) deutlicher sichtbar macht, die bereits in der Psyche bestehen.
- **Bewusstsein:** Das, was Bewusstheit an sich ist, die sich immerfort neu zum Ausdruck bringt, die sich transformiert und sich in die Materie hineingibt und wieder daraus hervorkommt.
- **Brigid:** Die Heilige.
- **Brigit:** Die keltische Göttin.
- **Erdengemüt:** Die Bewusstseinsanteile des Geistes, die uns durch Kultur, Glaubensmuster und andere Faktoren in unserer Inkarnation auf der irdischen Ebene konditionieren.
- **Göttin / Gott:** Geschlechtsspezifische Namen, die man gewählt hat, um die Geburt weiblicher bzw. männlicher Archetypen in der menschlichen Psyche zu erleichtern.
- **Magick:** Die alte weibliche Schreibweise für „Magic", Magier (ist für die englische Ausgabe des Buches von Belang).
- **Seá:** Wie „Amen" oder „So sei es".
- **Seele (Anima):** Bote des Geistes bzw. von Spirit; das, was unsere Verträge auf der Erde erfährt und durchlebt. Die Lebenskraft, welche die Schöpfung belebt.
- **Spirit (Animus):** Der ursprüngliche, göttliche, natürliche „Aktivator", das „DNA". Der Atem allen Lebens.

Aussprache gälischer Worte und Ausdrücke
(in englischer Lautschrift!)

an athair:	*an ahar*
anam úilíoch:	*anam ill-ee-och*
an cailleach:	*an kail-yach*
an Eolath:	*an yolach*
an maighdean:	*an myd-chen*
an mathair:	*an mach-ar*
an óige:	*an oy-gih*
ag leanbh-áire:	*egg lanv-ayre*
aite:	*atcha*
an duach:	*an dooach*
aonacht:	*eanacht*
bean céile:	*ban kayla*
beatha:	*ba-ha*
céile:	*kay-le*
claddagh:	*kladda*
cú cuchlainn:	*hu kulanns*
duine aoifa:	*dinna eefa*
dul amach:	*dil amach*
Fion MacCumhaill:	*Finn Mack-Kuhill*
láimhe céile:	*lava kayla*
lé céile:	*leh kayla*
mat ahir mór:	*ma har more*
marbh tráthúil:	*marv trah-hool*
ordú nádúrtha:	*ordu nadurha*
Queen Meadhbh:	*Queen Meev*
scéalte:	*skayl-tah*
sebhéans:	*shavans*
tír na-n-óg:	*cheer na n-og*
Tírdhreach ishtigh:	*cheer-dra istee*
tuahta de Dannan:	*tu-ha de Dannan*

Die Kelten

Die Kelten kamen aus dem heutigen Russland im dritten Jahrtausend vor unserer Zeitrechnung. Sie waren als leidenschaftliche, erdverbundene Stammesvölker bekannt. Sie studierten Mathematik, Astrologie und den Schlaf der Toten. Drei Stämme siedelten sich in Kleinasien an, wo sie die Stadt Ankara gründeten (anam acra: „Seelenfreund"), das später Galatia genannt wurde. Der Kessel von Gundestrop wurde in einem dänischen Sumpf bei Gundestrop gefunden; er zeigt die hohe Entwicklung der keltischen Kunst. Er stammt aus dem ersten Jahrhundert v.Chr. Der gehörnte Gott, Cerunnos, der in einer halben Lotusposition dargestellt wird, hält dort einen keltischen Halsreif in seiner rechten Hand, während er in der linken eine Schlange hält. Der Halsreif, der vorne offen ist, repräsentiert den Kreislauf von Leben, Tod und erneutem Leben; die Schlange stellt die Kundalini-Energie der Lebenskraft dar.

Auf dem Kopf des Cerunnos sieht man das Geweih eines Hirsches, das an jeder Stange sieben Ende aufweist, die vielleicht auf die sieben Hauptenergiezentren des Körpers hinweisen. Neben ihm steht ein Hirsch. Da diese Art einer Buddha-Haltung, eine Haltung der Meditation und Zentrierung, hier einem keltischen Gott zugeschrieben wird, können wir erkennen, wie stark der indoeuropäische Einfluss in der keltischen Geschichte zu veranschlagen ist. Die Kelten weigerten sich, schriftliche Aufzeichnungen zu führen, und wehrten sich erfolgreich dagegen, in das nur langweilige Kontinuum von „Geschichte" gezogen zu werden. Sie hielten sich an die „Traumzeit", an das ewige Jetzt. Das ist der Grund, warum die mündliche Überlieferung, das Erzählen und das Ausschmücken von Geschichten eines der großen Geschenke unserer keltischen Ahnen ist.

Die Iren sind sehr romantische Menschen und es scheint, als ob wir unser Herz, das immer ganz am Leben teilhat, aus unseren keltischen Ursprüngen bekommen haben. Wir lieben eine lebendige Vorstellung, zu der auch Dichtung und Drama gehören. Das Drama des

Sterbens ist ein Thema, über welches meine persönlichen Ahnen sehr viele Gedichte und Geschichten geschrieben haben. Der Vater meines Vaters pflegte eine dramatische, sinnliche und prägnante Sprache. Die keltische Seele ist durchtränkt von Symbolik und ein symbolisches Leben zu führen verleiht der mundansten Situation Farbe und Dynamik. Dafür bin ich dankbar, denn nichts ist wirklich so, wie es scheint, sondern der Strom der Natur ist voller Mysterien und Magie. Wenn wir ein Leben in Verbindung mit den Kräften der Natur führen, dann bringt uns das näher zu unserem eigentlichen Wesen, zu unserer Seele.

In der keltischen Zeit glaubte man, dass die Seele durch Feuer und Luft befreit werden könnte, und Brigit verkörperte das, wenn der Erdkörper zum Himmel entflammte, sodass die Seele sich in allen ihren Farben zeigte, wenn sie sich löste, vom erdigen Rotbraun über Orange und Gelb, über Türkis, Violett und Weiß. Der Rauch war das Opfer an Spirit als ein erdhafter Ausdruck, wie sich Spirit selbst wieder dem großen Atem gibt. Man war sich immer der Gegenwart des Todes bewusst, der gerade etwas außerhalb der Wahrnehmung auf geheime Weise die menschlichen Handlungen leitete und Ritualen ihre Fülle verlieh. Die Rhythmen und Pulsschläge der Natur wurden zu den metrischen Mustern der Dichtung, welche die keltischen Barden pflegten. Sie atmeten Dichtung, während sie sich wie in Trance befanden, um die Visionen, die sie empfangen hatten, im Gedächtnis einzuprägen.

Die Kelten erforschten auch Kräuter und sie lehrten, dass das Land ein lebendiges Wesen war, der Menschen bewusst und auf sie reagierend. Sie mussten sich der „unmenschlichen" Natur und ihren Erfordernissen beugen, da die Natur die letzte und höchste Wirklichkeit ist, der sich schließlich alle beugen müssen. Die personalisierte Erde manifestiert sich in der Göttin Natur, deren Gunst errungen werden musste. Verwandtschaft war das einzige Element, das gesellschaftliche Bindekraft besaß. Die einzige Gefolgschaft, die nicht angezweifelt werden konnte, war die zur Natur und der eigenen Familie; der Stamm stellte dabei die erweiterte Familie dar. Kinder wurden von anderen Menschen adoptiert, mit denen man zwar eine Beziehung hatte, zu denen jedoch keine Blutsverwandtschaft bestand, damit die Kinder Talente und schöpferische Fähigkeiten aus einem unterschiedlichen Hintergrund erlernen konnten. Die Kelten haben uns einen Weg aufgezeigt, wie wir nicht in barbarische Lebensumstände zurückfallen müssen, sondern eine reiche Seelenfülle erfahren können, ohne die kein Individuum, keine Familie, kein Stamm und keine Nation sich bewusst entwickeln kann.

Kurzfassung christlicher und keltischer Glaubensinhalte

Christliche Glaubensmuster

- Erbsünde; wir sind hier, um zu leiden und können (müssen) erwarten zu leiden.
- Der Himmel ist die Belohnung, die Hölle ist die Bestrafung; beides ohne das Selbst.
- Die Nachkommen Adams müssen erlöst werden; wir bedürfen eines Erlösers.
- Eva ist das archetypisch Weibliche, eine Verführerin, die ungehorsam ist.
- Der Mensch hat die Herrschaft über die ganze Schöpfung inne.
- Gott ist unser Vater im Himmel; wir haben eine Kindbeziehung zu ihm.
- Gut und Böse; die Polaritäten werden betont.
- Menschen sind schuldig am Tod des Sohnes Gottes; die Konsequenzen sind Schuld und Scham.
- Gott muss entweder gefürchtet oder geliebt werden; wir befinden uns immer in einem Widerspruch.
- Der Körper wird als unwürdig betrachtet; Frauen werden unterjocht.
- Das Evangelium der guten Werke: Liebe zuerst deinen Nächsten.
- Patriarchalische Sprache: Hölle, Qualen, Gebote, Strafen, Forderungen.
- Bestimmte Tage werden als heilig erklärt; Sonntag und Feiertage.
- Der Tod wird als das Ende des Lebens angesehen; es gibt nur eine einzige Chance für Erlösung.
- Das Bewusstsein des Patriarchats dominiert.
- Demut bedeutet, das Selbst zu hassen, und das ist gut so.
- Weil wir schuldig sind, müssen wir bereuen.
- Der Glaube ist eine intellektuelle Reise.
- Es gibt bestimmte Zeiten, die für Gebet und Meditation reserviert sind.
- Das Ego ist der Feind, der in uns selbst wohnt; das Ego muss zerstört werden.

Keltische Glaubensmuster

- Es gibt ein uranfängliches Mysterium; Leiden wir als übertriebene Identifikation betrachtet.
- Wir entstammen der Liebe und sind hier, um das Göttliche zu erden.
- Es gibt keine Philosophie der Belohnung oder Bestrafung.
- Wenn wir aus der Fülle der Seele geleitet werden, brauchen wir keine äußerlichen Erlöser.
- Die Seele ist die archetypische „Eva", die sich an ihrer irdischen Verwirklichung erfreut.
- Die Natur ist unsere Führerin und unsere Mentorin.
- Wir selbst sind für unser Leben hier und danach verantwortlich.
- Es gibt keine Polarität von Gut und Böse, vielmehr geht es um die Integration von Dunkelheit und Licht, von Tod und Leben.
- Es gibt eine nicht geschlechtlich definierte Lebenskraft, die alles in Bewegung hält.
- Wir sind nicht für den Tod von Jesus, dem Christus, verantwortlich.
- Reine Liebe vertreibt alle Angst.
- Erleuchtung erlangt man durch den Vorgang der Inkarnation.
- Die Dreieinigkeit beinhaltet sogenannte maskuline und feminine Energien.
- Alles ist Teil der Heiligkeit des Lebens; wir werden nicht erst heilig, sondern wir sind heilig.
- Der Tod wird als eine Pause im Verlauf einer Reihe von Leben gesehen; es gibt viele Gelegenheiten, um zu heilen.
- Sprache ist Seelensprache; alles besitzt eine symbolische Bedeutung.
- Demut heißt, zu wissen, wer ich bin, ohne eine falsche Darstellung.
- Glauben ist eine seelengeführte Reise, bei der die Betonung nicht auf dem Ziel liegt.
- Gebet ist ein integraler Bestandteil täglicher Segnungen.
- Mitgefühl mit sich selbst stellt den Beginn von Heilung dar.
- Das Erdengemüt ist keine Kraft, die zerstört werden müsste, sondern die in die Ganzheit geliebt werden sollte.
- Alles ist Information für mich selbst über mein Leben. (Information = Formgebung, die sich nach innen wendet.)

Anmerkungen

* In der Vorlage spricht die Autorin von „Celtic Wombman". Das ist ein nicht übersetzbares Wortspiel von „Woman" und „Womb" und „Man", also von Frau, Schoß und Mann bzw. richtiger „Mensch". Damit soll zum Ausdruck kommen, dass die Frau der Mensch mit dem schöpferischen Schoß ist. Wenn in diesem Abschnitt von „die Frau" oder „die keltische Frau" die Rede ist, ist immer die „Wombman" im o.g. Sinne gemeint. Manchmal verwendet der Übersetzer auch den Begriff „Frau des Schoßes". (Anm.d.Ü.)
** In der Vorlage „Croning ceremony"; „crone" ist die ältere, weise Frau. (Anm.d.Ü.)
*** In der englischen Vorlage „Embodiment" und „In-body-meant"; nicht übersetzbares Wortspiel über „Verkörperung" als „Sinn, im Körper zu sein". (Anm.d.Ü.)

1 Louise B.Young, The Unfinished Universe, (New York: Oxford University Press, 1983).
2 Phyllida Anam-Áire, Love Beyond Understanding , CD, 2005.
3 Phyllida Anam-Áire, Let Love In, CD, 2000.
4 Phyllida and Healing Voices, Touched, CD, 2003.
5 Phyllida Anam-Áire, Keltisches Totenbuch, Ennsthaler Verlag, Steyr 2006
6 Phyllida Anam-Áire and Healing Voices, Touched, CD, 2003.
7 Phyllida Anam-Áire and Healing Voices, Touched, CD, 2003.
8 Phyllida Anam-Áire and Healing Voices, Touched, CD, 2003.
9 Phyllida Anam-Áire, Love Beyond Understanding, CD, 2005.
10 Phyllida Anam-Áire, Love Beyond Understanding, CD, 2005.
11 Phyllida Anam-Áire, Love Beyond Understanding, CD, 2005.
12 Phyllida Anam-Áire, Love Beyond Understanding, CD, 2005.
13 Phyllida Anam-Áire, Keltisches Totenbuch, Ennsthaler Verlag, Steyr 2006
14 Raymond Briggs, The Snowman, (London: Penguin Books Ltd.), 1989.

Phyllida Anam-Aire

Keltisches Totenbuch
Wachen mit den Sterbenden, die Toten auf ihrem Weg begleiten

ISBN 978-3-85068-690-7, Format A5, 176 Seiten, br.

Auf der Grundlage ihrer eigenen spirituellen Erfahrungen und der langjährigen praktischen Hospizarbeit hat die Irin Phyllida Anam-Aire die keltische Tradition und Kultur des bewussten Lebens und bewussten Sterbens wieder entdeckt. Sie integriert auf authentische Weise die alte Weisheit von Bedeutung und Ablauf des Sterbeprozesses und dessen Zusammenhang mit dem vorher geführten Leben mit modernem medizinischen und psychologischen Wissen. Sie zeigt, wie körperlicher und seelischer Frieden und Harmonie für Menschen, die diese Welt verlassen, durch die bewusste Zuwendung von Verwandten und Freunden möglich werden. Man spürt, wie dieses Buch auch vor allem den Lebenden ein neues Licht und eine starke Liebeskraft vermittelt.

Ennsthaler VERLAG